LE
DROIT D'ASSOCIATION
ET LE
DROIT DE RÉUNION

DEVANT LES CHAMBRES ET LES TRIBUNAUX

PAR

GEORGES DENIS WEIL

Juge au Tribunal de la Seine

PARIS

ANCIENNE LIBRAIRIE GERMER BAILLIÈRE ET Cⁱᵉ

FÉLIX ALCAN, ÉDITEUR

LE

DROIT D'ASSOCIATION

ET DE RÉUNION

PUBLICATIONS DU MÊME AUTEUR

DES ASSURANCES MARITIMES ET DES AVARIES, commentaire
pratique du Livre II du Code de commerce.

L'ASSURANCE SUR LE FRET EN ANGLETERRE. (Extrait de la *Revue
maritime et coloniale*).

DE L'EXERCICE ILLÉGAL DE LA MÉDECINE ET DE LA PHARMACIE.
(Législation pénale et jurisprudence).

DES RELATIONS DIPLOMATIQUES DE L'ANGLETERRE ET DE LA
PAPAUTÉ (Extrait de la *Nouvelle Revue*).

LE BANC DES ÉVÊQUES A LA CHAMBRE DES LORDS. (Extrait du
Bulletin de la Société de Législation comparée).

LES RELATIONS DE L'ANGLETERRE ET DE LA FRANCE A LA SUITE
DE L'ATTENTAT D'ORSINI.

DU JUGEMENT DES ÉLECTIONS CONTESTÉES (Mœurs parlementaires
anglaises).

JURIDICTION PÉNALE DES CHAMBRES ANGLAISES POUR LA DÉ-
FENSE DE LEURS PRIVILÈGES.

LA MAGISTRATURE INAMOVIBLE ET LA RÉVOLUTION DE 1830.

L'ATTITUDE DE L'ANGLETERRE VIS-A-VIS DE LA FRANCE EN
1870-1871.

Imprimerie de Poissy. — S. Lejay et Cⁱᵉ.

LE
DROIT D'ASSOCIATION

ET LE

DROIT DE RÉUNION

DEVANT LES CHAMBRES ET LES TRIBUNAUX

PAR

GEORGES-DENIS WEIL

Juge au Tribunal de la Seine.

PARIS

ANCIENNE LIBRAIRIE GERMER BAILLIÈRE ET Cⁱᵉ

FÉLIX ALCAN, ÉDITEUR

108, BOULEVARD SAINT-GERMAIN, 108

1893

AVANT-PROPOS

Nous avons voulu tracer ici une étude purement historique du droit d'association, indiquer les législations successives auxquelles il avait été soumis, les incidents auxquels ses phases diverses avaient pu donner naissance dans les Chambres ou dans le pays, rappeler enfin certains procès intentés pour réprimer dans des circonstances mémorables l'abus de ce droit, ou pour entraver son exercice prétendu illégal.

Nous ne nous sommes occupé strictement que de rechercher à quelles conditions les associations obtiennent le droit de vivre.

Quant à examiner quels privilèges certaines catégories d'entre elles sont admises à invoquer, ou quels avantages il conviendrait de leur concéder, si par exemple elles jouissent ou s'il y aurait lieu de les faire jouir de la personnalité civile, c'est là un terrain sur lequel nous ne nous sommes pas engagé. On ne trouvera dans ce travail que le tableau des modifications apportées ou des sanctions appliquées au droit naturel de se réunir ou de s'associer.

Nous relevons les cas où on laisse l'existence aux associations, et ceux dans lesquels on la leur supprime. Mais nous n'abordons pas cette autre question, pleine d'ailleurs d'un intérêt tout actuel, la question de savoir quelles faveurs un État bien policé peut juger bon de leur octroyer. Sur ce point, le Parlement est saisi ; nous laissons aux hommes politiques et aux économistes le soin d'exercer leur polémique sur ses délibérations. Nous nous sommes borné à leur préparer un champ d'études en déroulant sous leurs yeux les annales d'un siècle entier.

ESSAI SUR L'HISTOIRE
DU DROIT DE
RÉUNION ET D'ASSOCIATION

INTRODUCTION

L'ANCIEN RÉGIME

Les droits de réunion et d'association appartiennent à cette catégorie de droits primordiaux auxquels, en théorie pure, nul gouvernement ne saurait porter la moindre atteinte à peine de refouler abusivement les instincts les plus nobles et les aspirations les plus légitimes de l'homme. En fait, et quand on descend des hauteurs de la spéculation pour étudier la vie des peuples, on constate que ces droits dont la nature est de ne pouvoir s'exercer qu'en société, doivent avoir pour limite nécessaire le cercle dans lequel ils se développent. Ce cercle, il ne faut pas qu'ils le fassent éclater. Il ne faut pas qu'ils puissent saper la constitution qui les a consacrés précisément afin d'y trouver pour elle un élément de prospérité et de vigueur. Suivant la façon dont ils sont pratiqués, ils sont, comme la langue d'Esope, ce qu'il y a de meilleur ou de plus mauvais. Leur influence bienfaisante dépend donc de la direction qu'une administration sage sait imprimer à leur développement. Elle se fait justement honnir si par une tentative néfaste, et le plus souvent d'ailleurs bien vaine, elle veut arrêter le cours d'un torrent qui féconde les rives sur son passage. Mais aussi malheur à elle si elle ne l'endigue, quand grossissant ses eaux impétueuses il dévaste au loin les campagnes!

Depuis 1789, nos gouvernants se sont vainement engagés à la découverte d'un moyen terme au delà ou en deçà duquel ils ont oscillé. La législation remaniée tour à tour en des temps de despotisme et en des temps de liberté, en des temps de paix et en des temps d'orage, a parcouru des sinuosités rappelant la ligne courbe que suivent le progrès et la civilisation, s'élevant à des hauteurs inattendues pour descendre aux abîmes et remonter encore. Les partis se sont inspirés en la matière de craintes exagérées qui de part et d'autre les ont induits à des mesures excessives. Le journal *le Globe*, sous la Restauration, caractérisait d'une façon humoristique mais très juste, ces tendances malheureuses lorsqu'il s'écriait : « Il est des gens que le lustre du Palais-Bourbon fait frémir parce qu'il leur rappelle les séances de nuit de la Convention, d'autres qui pâlissent à l'aspect d'une robe de capucin parce qu'en Espagne les capucins sont tout puissants. » On retrouvera la trace de ces paniques et de ces divagations passionnées dans les épreuves qu'a subies le droit dont nous nous occupons.

Sous l'ancien régime on ne pouvait s'assembler sans la permission du roi. Cette restriction n'avait pas la même portée qu'elle a de nos jours, où entraver les associations ce serait entraver par là même des actes licites en vue desquels elles sont formées, et faire œuvre dès lors de pure tyrannie. Pour ce qui est des associations politiques, la prohibition offrait peu d'intérêt, puisqu'en ce temps là, c'était un terrain que les masses ne connaissaient pas encore, ou que, si une minorité s'y hasardait, c'était en vue soit d'ourdir des ligues et des complots contre le monarque, soit de susciter des troubles dans l'Etat, et qu'en ce cas, la loi de majesté suffisait pour atteindre les coupables.

Quoi qu'il en soit, ceux qui auraient eu par hasard un but honnête avaient à compter avec l'arbitraire d'une administration ombrageuse, qui n'admettait guère qu'on pût se réunir autrement que pour conspirer. La police n'a jamais aimé les rassemblements. « Ces sortes d'assemblées, dit De la Poix de Freminville (au mot *Assemblées particulières* dans le Dictionnaire de la Police) sentent toujours le libertinage et n'ont pour but que de mauvaises fins. » — « Si les Assemblées que l'on fait, dit Denizart, n'ont pas seulement pour but de traiter une affaire commune à ceux qui se réunissent, mais de former entre particuliers ce qu'on appelle une *association*, elles sont contraires au bon ordre à moins qu'elles ne soient légalement autorisées, parce que, dit l'avocat général Joly de Fleury, dans l'état toute assemblée particulière qui n'est point autorisée par le souverain donne lieu à des soupçons légitimes que la police a intérêt de vérifier. »

Il existe un mandement de Philippe le Bel au Prévôt de Paris à la date de 1305 lui enjoignant de faire publier de sa part des défenses à toute personne de s'assembler dans Paris au delà du nombre de cinq, soit de jour, soit de nuit dans les lieux publics ou secrets sous peine de prison. Des lettres de Philippe de Valois au baillage d'Auvergne en 1343 défendent à toute personne de faire assemblée *sous couleur de confrairie ou autrement.*

L'ancienne jurisprudence nous offre quelques exemples des répressions qui furent exercées pour infractions aux édits sur la matière. En 1717, trente neuf personnes s'étaient assemblées, et avaient signé un acte qu'elles firent signifier au Parlement en la personne du greffier. Arrêt du Parlement du 18 juin 1717 prononçant contre l'huissier qui avait signifié l'acte, interdiction de six mois et faisant très expressément inhibitions et défenses à toutes personnes... de s'assembler sans permission expresse du roi sous les peines portées par les Ordonnances.

Une sentence de police du 14 septembre 1737 défend toute association et notamment celle des *Freys-maçons,* et à tous les cabaretiers de les recevoir, et condamne Chapelet, marchand de vins à la Rapée, en 1,000 livres, et avoir son cabaret muré pendant 6 mois pour avoir contrevenu aux arrêts, sentences concernant les assemblées prohibées (1).

(1) Il s'était formé à Paris une assemblée de peintres et brocanteurs en tableaux dans laquelle ces particuliers revendaient entr'eux les tableaux et marchandises que chacun d'eux avait acheté dans les ventes publiques. 70 personnes se réunissaient chez un cabare-

Un arrêt du parlement de Paris en date du 7 septembre 1778 rendant exécutoire une sentence de police de la ville de Lyon du 1er août précédent, faisait « défense à toute personne de quelque qualité et condition qu'elles fussent, de s'assembler ou s'attrouper dans la ville, faubourgs et banlieue sans y être autorisées..., défendait particulièrement à tous ouvriers de former, avoir, ni entretenir aucune association sous prétexte de se connaître, de se placer, de s'aider, etc. ».

Pour ce qui est des associations religieuses, l'intérêt de l'autorisation préalable était restreint à celles qui pouvaient se former dans le culte catholique. Quand la liberté de conscience n'existait pas, le législateur n'aurait eu que faire de règlementer la profession en commun de pratiques dont l'exercice individuel constituait déjà un crime. C'eût été une amère raillerie que de viser les hérétiques dans les ordonnances qui soumettaient le droit de réunion à la permission du roi. Pour ceux-là d'autres mesures étaient réservées. On connaît les édits impitoyables d'octobre 1685, du 1er juillet 1686, du 12 mars 1689, du 24 mai 1724, portant défense de s'assembler pour faire aucun exercice de la religion prétendue réformée. Vers la

tier. Sentence de police du 23 novembre 1742 : « Nous..... disons que les arrêts du Parlement, ensemble nos sentences et ordonnances concernant la prohibition de toutes sortes d'assemblées seront exécutées selon leur forme et teneur; et en conséquence pour la contravention commise par Latour (*le cabaretier*), le condamnons à 500 livres d'amende..... Défendons pareillement à tous cabaretiers, marchands de vins, limonadiers et autres, de quelque état qu'ils soient, de recevoir chez eux de pareilles assemblées sous les peines ci-dessus ».

dernière date, on relève une sentence de l'intendant de Languedoc jugeant *en dernier ressort*, de l'avis des officiers du présidial de Montpellier, plusieurs individus coupables d'avoir tenu différentes assemblées à Montpellier : « Déclarons X... X... atteints et convaincus d'avoir fait les principales fonctions de prédicant et de ministre dans les assemblées..... Déclarons Marie Blayne atteinte et convaincue d'avoir participé aux dites fonctions, d'avoir fanatisé et d'être la principale motrice des assemblées. Pour réparation de quoi les avons condamnés à faire amende honorable..... etc..... Après quoi ils seront pendus et étranglés jusqu'à ce que mort s'en suive. Avons pour le cas résultant du procès, et avoir assisté X. X. dans leurs fonctions aux assemblées, condamné, et condamnons A... A... d'assister à leur exécution, après avoir aussi fait amende honorable....., et à servir de forçats à perpétuité sur les galères du roi..... Ordonnons que la maison de la veuve X... où se sont faites les dites assemblées sera rasée jusqu'aux fondements sans pouvoir être réédifiée, et qu'il sera posé une croix au milieu du sol au piédestal de laquelle il sera fait mention par une inscription du présent jugement ».

Les autres religions étant ainsi hors la loi, c'est donc pour la foi orthodoxe seule que les prohibitions du pouvoir avaient vraiment leur application. Ces règles portaient notamment sur les congrégations. Ainsi en 1760 le Parlement fait informer au sujet de congrégations non autorisées, dites *de la Croix* et sous le titre de *dévotion au Sacré-Cœur de Jésus*. Un arrêt de règlement du 18 avril 1760 sur les conclusions de l'avocat général Joly de Fleury fait défense à toutes personnes..... de former aucune assemblée illicite, ou *confrérie*, congrégation ou association sans l'expresse permission du roi et lettres patentes vérifiées en la cour.

L'arrêt mentionne les *confréries*. Le *Nouveau Denizart* les définit des espèces de sociétés formées entre plusieurs personnes pour quelque dévotion particulière. Il s'en était formé dans un grand nombre de corps et métiers. Elles dégénérèrent bientôt en réunions de plaisirs ou en foyers de conjuration. Supprimées par diverses ordonnances au XVIe siècle, notamment par celle de 1539, elles reparurent, mais furent réglémentées par la déclaration du 7 juin 1659 et l'édit de décembre 1666 qui en soumirent l'établissement au consentement de l'autorité ecclésiastique et de la puissance royale, et les assujettirent en outre, à peine de se voir supprimées, à l'observance de certaines conditions.

CHAPITRE PREMIER

LA RÉVOLUTION ET LE RÉGIME INTERMÉDIAIRE

Nous venons de résumer les documents de l'ancien régime au sujet d'un droit dont l'exercice n'était guère dans les mœurs du temps.

La situation change à l'heure de la Révolution. Ce droit devient le plus impérieux des besoins, et c'est par ses excès qu'il va s'affirmer.

L'Assemblée constituante en proclame solennellement l'existence. Elle essaie en même temps de mettre un frein à ses écarts. Malheureusement l'esprit assurément fort louable dont elle est animée ne se révèle que par les lois les plus insuffisantes. Celles-ci accusent une timidité de conception qui n'est égalée que par la mollesse dans l'exécution. Pour les apprécier à leur juste valeur, il faut bien se garder de les envisager d'une façon abstraite, et sans se référer à la société qu'elles devaient régir. Car si elles ne semblent pas trop mal appropriées à des jours calmes et à un peuple docile, mises en regard des passions contre lesquelles on prétendait les dresser, elles n'apparaissent plus que comme un obstacle dérisoire.

A un autre point de vue, on remarque aussi en les parcourant que le législateur ne distingue pas nettement encore entre le droit de réunion et le droit d'association. Ce n'est que bien des années plus tard que la confusion disparaîtra.

Le premier règlement qu'on rencontre sur la matière est l'article 62 du décret du 14 décembre 1789 relatif à la Constitution des Municipalités. Cet article dit que « les citoyens actifs ont le droit de se réunir paisiblement et sans armes en assemblées particulières pour rédiger des adresses et pétitions soit au Corps municipal, soit aux Administrations de département et de district, soit au Corps législatif, soit au Roi sous la condition de donner avis aux officiers municipaux du temps et du lieu de ces assemblées, et de ne pouvoir députer que 10 citoyens pour apporter et présenter ces pétitions et adresses. »

En 1790 l'Assemblée intervenait dans un différend entre la municipalité de la ville de Dax et la Société des amis de la Constitution de la même ville. Le rapporteur s'exprimant au sujet des sociétés de ce genre disait « qu'elles propagent l'esprit public et le patriotisme, et que les municipalités ne peuvent les dissoudre que dans le cas où elles formeraient dans leur sein des complots contre l'exécution des lois. » C'est en ce sens que se prononça l'Assemblée qui, par son décret des 21 octobre et 19 novembre 1790, « déclare que les citoyens ont le droit de s'assembler paisiblement et de former entr'eux des sociétés libres à la charge

1.

d'observer les lois qui régissent tous les citoyens. »

C'est ici le lieu de rappeler comment est né le premier club de la Révolution, et quels furent les débuts modestes d'une réunion qui, transformée, devait devenir le club des Jacobins. Une correspondance curieuse nous fait assister à son origine et à son développement. Boullé, avocat à Pontivy, plus tard préfet et avocat de l'Empire, adressait aux officiers municipaux de Pontivy une sorte de journal de la députation. Le 9 juin 1789 il écrivait ainsi : « Le salon de la députation de la Bretagne à Versailles est devenu depuis 9 jours le point de ralliement des bons citoyens parceque nous passons pour tels aux yeux des gens honnêtes. » C'est ce salon qui devint bientôt le club breton dont Le Chapelier, Lanjuinais et Gleizen étaient les orateurs les plus écoutés. Aussi quelques mois plus tard Boullé est-il en mesure d'annoncer la formation de la fameuse société : « Le Comité (*breton*) s'est renouvelé et perfectionné à Paris. Une vaste salle dans le couvent des Jacobins a été louée. Beaucoup de députés se sont réunis d'abord à ceux de la Bretagne ; et comme le nombre de ceux qui sont présentés par eux et qui mérite d'être admis augmente journellement, le titre de *Comité de la Bretagne* vient d'être changé en celui de *Société de la Révolution* laquelle va prendre une forme régulière par les statuts qu'on s'occupe à lui donner. C'est là que les matières se préparent, que les faibles sont encouragés, et que le patriotisme se propage. Des personnes étrangères à l'Assemblée nationale recherchent la gloire d'être admises à porter à cette société le tribut de leurs lumières, et neuf grandes sociétés des principales villes du royaume ont déjà demandé la faveur d'une association et d'une correspondance ».

En même temps que l'assemblée autorisait les sociétés libres, on la voit cherchant à garer le pays contre les assemblées politiques au petit pied qui siégeraient en permanence. A ces fins, l'article 35 du décret des 22 décembre 1789-janvier 1790 relatif à la Constitution des assemblées primaires et des assemblées administratives dit que : « Les assemblées primaires et les assemblées d'élection ne pourront, après les élections finies, ni continuer leurs séances, ni les reprendre jusqu'à l'époque des élections suivantes. »

Mentionnons en passant le décret des 16-24 août 1790 sur l'organisation judiciaire qui contient accessoirement une disposition sur le droit de réunion. Les mesures de police qu'il laisse en pareil cas à la discrétion de l'administration ont été bien souvent invoquées depuis par les gouvernements ; et bien souvent ils s'en sont servi comme d'un expédient pour paralyser le droit lui-même, quand le législateur avait voulu simplement en tempérer les écarts : « Les objets de police confiés à la vigilance et à l'autorité des corps municipaux sont, dit l'art. 3 titre XI du décret, ... : 3° le maintien du bon ordre dans les endroits où il se fait de grands rassemblements d'hommes, tels que les foires, marchés, réjouissances et cérémonies publiques, spectacles, jeux, cafés et autres lieux publics. » On peut rattacher à ce décret l'article 46 de la loi des 19-22 juillet 1791 qui reconnaît au Corps municipal le droit de prendre des arrêtés « lorsqu'il s'agit d'ordonner des précautions locales sur les objets confiés à sa vigilance et à son autorité. » L'article 14 (titre 1) du même décret édicte encore sur la matière des restrictions prudentes sans être oppressives : « Ceux qui voudront former des sociétés ou des clubs seront tenus à peine de 200 livres d'amende, de faire préalablement au greffe de la municipalité, la déclaration des lieu et jour de leur réunion ; et en cas de récidive, ils seront condamnés à 500 livres d'amende. L'amende sera poursuivie contre les président, secrétaire ou commissaire des clubs ou sociétés. »

Cependant les excès des clubs devenaient un vrai sujet d'alarmes ; et Duport, dans la séance du 21 août 1791, dénonçait à la tribune les agissements des *Amis de la Constitution*, qui répondaient en dénonçant à leur tour les complots contre un droit inviolable. Brissot prononçait le 28 septembre aux Jacobins un « discours sur l'utilité des sociétés patriotiques et populaires, sur la nécessité de les maintenir et de les multiplier partout » : « Ayez des tribunes partout, s'écriait-il, et vous aurez partout des foyers éternels où le patriotisme se réchauffera sans cesse, etc... Et l'on voudrait convertir des institutions aussi précieuses en des tavernes ou en des cafés ! L'on voudrait réduire des hommes libres à ne s'assembler que pour satisfaire ensemble des besoins animaux ! On voudrait les réduire au sort des brutes ! Bientôt comme à Genève on nous défendrait, sous peine de la prison, de nous occuper, même en prenant le café, des affaires de l'Etat !..... Les clubs et les journaux, voilà les deux plus fermes colonnes de la liberté. »

Le lendemain 29, à l'Assemblée constituante, Le Chapelier répliquait à ces déclamations en déposant, au nom de l'ancien Comité de constitution, son rapport sur les sociétés populaires, « ces sociétés, disait-il, que l'enthousiasme pour la liberté a formées, auxquelles elle doit son prompt rétablissement, mais qui bientôt se sont écartées de leur but...... et ont pris une espèce d'existence politique qu'elles ne doivent point avoir..... Il est permis à tous les citoyens de s'assembler paisiblement; mais..... il n'y a de pouvoirs que ceux constitués par la volonté du peuple exprimé par ses représentants..... Les sociétés, les réunions paisibles de citoyens, les clubs sont inaperçus dans l'Etat..... Sortent-ils de la situation privée où les place la Constitution, ils la détruisent..... ». Le rapporteur sans conclure en aucune façon à ce qu'une entrave quelconque fût apportée audit droit de réunion ou d'association demandait qu'on interdit seulement aux sociétés « ces actes qui usurperaient une partie de la puissance publique ou qui arrêteraient son action..... Il ne faut, disait-il, ni affiliations de sociétés, ni journaux de leurs débats. Tout le reste est abandonné à l'influence de la raison et à la sollicitude du patriotisme. » Cette phrase finale caractérisait bien le laisser aller du rapport qui, après avoir signalé le danger des clubs, se bornait à réprimer les plus intolérables de leurs excès, en leur donnant carrière pour les autres. Et encore comment proposait-il de réprimer ces empiétements sur le pouvoir exécutif et législatif, ces usurpations qui, d'après son propre témoignage, détruisaient la liberté publique? Les coupables peuvent être, pendant un temps qui varie entre six mois et deux ans, rayés du tableau civique, et déclarés inhabiles à exercer aucune fonction publique. On ne découvre pas pour eux de châtiment plus terrible.

Le rapport de Le Chapelier fut enteriné par l'Assemblée. Dans son décret sur les sociétés populaires des 29 et 30 septembre-9 octobre 1791, on lit que « nulle société, club, association de citoyens ne peuvent avoir sous aucun forme, une existence en politique, ni exercer une action sur les actes des pouvoirs constitués et des autorités légales; que sous aucun prétexte ils ne peuvent paraître sous un nom collectif, soit pour former des pétitions ou des députations, pour assister à des cérémonies publiqués, soit pour tout autre objet. »

Après la Constituante, c'est la Convention qui vient à légiférer sur le droit de réunion. Cette fois, vont être effacées, si incertaines et si flexibles qu'elles pussent être, les limites dans lesquelles la première Assemblée avait voulu le circonscrire. La Constitution de 1793 décide (art. 7) que le droit de s'assembler paisiblement ne peut être interdit; et le décret du 25 juillet suivant édicte la peine de mort contre ceux qui empêcheraient des sociétés populaires de se réunir, ou tenteraient de les dissoudre. Cependant, même à cette époque, en pleine terreur, les plus ardents révolutionnaires prenaient mal leur parti de certains excès. Plus d'un montagnard répugnait aux bacchanales des tricoteuses. Dans la séance du 9 brumaire an II, Amar proposa un décret contre les clubs de femmes. « Nous croyons, dit-il, qu'une femme ne doit pas sortir de sa famille pour s'immiscer dans les affaires du Gouvernement. Vous détruirez les prétendues sociétés populaires de femmes que l'aristocratie voudrait établir pour les mettre aux prises avec les hommes, diviser ceux-ci en les forçant de prendre parti dans ces querelles et exciter des troubles. » A cette même date la Convention décide que « les clubs et sociétés populaires de femmes sous quelque dénomination que ce soit sont défendues. » Son décret contient aussi une disposition établissant la publicité de « toutes les séances des sociétés populaires et celle des sociétés libres des arts. »

Après Thermidor, le mouvement de réaction eut son contre-coup sur les associations ou réunions publiques. Le décret du 25 Vendémiaire an III défend « comme subversives du Gouvernement et contraires à l'unité de la République toutes affiliations, agrégations, fédérations, ainsi que toutes correspondances en nom collectif entre sociétés sous quelque dénomination qu'elles existent » ; et il oblige chaque société à dresser le tableau de tous les membres qui la composent. Dans la discussion qui précéda le décret, on entendit le langage de la raison par la bouche de Bourdon de l'Oise et de Rewbel : « Depuis 5 ans, dit Bourdon, nous voulons une République représentative. Que sont les sociétés populaires ? Une collection d'hommes qui, semblables aux moines, se choisissent entr'eux. Je ne connais pas dans l'univers d'aristocratie plus constante et mieux constituée que celle-là. Je ne prétends point par cette pensée porter atteinte au droit que tous les citoyens ont de se réunir paisiblement et sans armes. Mais je veux dire que l'aristocratie commence là ou une collection d'hommes, par sa correspondance avec d'autres collections, fait triompher d'autres opinions que celles de la représentation nationale..... Ce sont (*les sociétés*) elles-mêmes qui se sont donné le nom de populaires. Pour moi je ne vois le peuple que dans les assemblées primaires. » A son tour Rewbel revêtant d'un vernis déclamatoire des idées sensées s'écriait : « On dit : vous ne pouvez pas priver les sociétés populaires de correspondre entr'elles puisque tous les citoyens ont ce droit. Oui, les citoyens peuvent communiquer entr'eux ; mais ils ne communiquent pas par président et par secrétaire... Peuple, c'est l'abus de ces corporations qui a fait tous tes malheurs ! Tu as abattu le monstre du fédéralisme. Tu n'as pas voulu que les sections, les départements communiquassent entr'eux. A bas cette correspondance exécrable qui fait le malheur de la République, cette correspondance qui a substitué au fédéralisme des départements le gouvernement de Robespierre, et qui voudrait substituer au gouvernement de Robespierre le fédéralisme des sociétés populaires ! Voulons-nous être libres ? Soyons égaux. Qu'il n'y ait de privilège pour personne, pas plus pour plusieurs que pour un seul. »

Le 20 brumaire suivant, le club des Jacobins fut fermé.

La Constitution du 5 Fructidor an III vint corroborer le décret de Vendémiaire relaté ci-dessus. L'article 360 dit « qu'il ne peut être formé de corporations ni d'associations contraires à l'ordre public, » et l'article 362 dit « qu'aucune société particulière s'occupant de questions politiques ne peut correspondre avec une autre ni s'affilier à elle, ni tenir des séances publiques composées de sociétaires et d'assistants distingués les uns des autres... ».

Le Directoire à peine installé se vit forcé d'user de ses pouvoirs contre certaines sociétés qui tombaient sous le coup de l'article 360 de la Constitution. Le 8 Ventose an IV, il prenait dans ce sens un arrêté qui porte la signature de Letourneur comme président, et qu'il communiquait le lendemain par un message aux Cinq-Cents. Cet arrêté qui atteignait à la fois des clubs monarchistes et des clubs montagnards était ainsi conçu : « Art. 1. La réunion formée dans le local connu sous les noms de Salon des Princes et de Salon des Arts, boulevard des Italiens, la réunion formée dans la maison de Sérilly, vieille rue du Temple, la réunion formée dans le Palais-Egalité sous le nom de Société des Echecs, la réunion formée dans le ci-devant couvent des Génovéfains et connue sous le nom de Société du Panthéon, la réunion dite des Patriotes, formée rue Traversière 854, sont déclarées illégales et contraires à la tranquillité publique. Leurs emplacements respectifs seront fermés dans les vingt-quatre heures et les scellés seront apposés sur les papiers y existants. — Art. 2. Le théâtre dit de la rue Feydeau et l'édifice connu sous le nom d'église St-André-des-Arts seront pareillement fermés dans les vingt-quatre heures. »

Le Directoire s'attachait dans son message à justifier le caractère indispensable de la mesure : « Impassible comme la loi dont l'exécution lui est confiée, le Directoire a dû, disait le document officiel, envelopper dans les mêmes mesures et celles de ces réunions où l'on professe ouvertement le royalisme, et celles où sous les dehors fallacieux d'une popularité apparente quelques hommes immoraux et consumés d'ambition s'efforcent d'égarer les citoyens de bonne foi qui s'y rendent. Il était temps que le Directoire exerçât cet acte de l'autorité constitutionnelle déposée entre ses mains..... Eût-il pu voir, sans s'alarmer sur le sort de la liberté et de la tranquillité publique, se former près de vous, près de lui...... des réunions organisées ayant jusqu'à 4000 membres inscrits sur leurs tableaux, prolongeant leurs séances dans la nuit, distribuant des diplômes ou règlements imprimés, conservant sous de nouvelles dénominations les présidents et secrétaires, éludant la loi constitutionnelle par des actes indirects de correspondance, comptant plusieurs étrangers parmi leurs plus véhéments orateurs, souffrant impunément les motions les plus séditieuses et les plus violentes ; des propositions formelles dans les unes de rappeler la royauté, dans d'autres l'anarchie ; ailleurs, d'établir une dictature ; ici la Constitution de 91, là celle de 93 ; ici l'esclavage et la tyrannie ; là la loi agraire, l'égalité non des droits mais des fortunes, la communauté des biens, la dissolution de tous les liens de l'ordre social... ? ». Le message continuait en invitant l'Assemblée à légiférer sur la matière : « La mesure que nous avons prise n'est encore qu'un acte de gouvernement simplement préparatoire, et dont l'effet serait éphémère sans un acte subséquent du Corps législatif qui statue d'une manière positive sur la nature des sociétés ou réunions politiques de citoyens autorisées par la Constitution : des questions de la plus haute importance se présentent soit sur le nombre des membres dont elles peuvent être composées sans danger pour la sûreté du Gouvernement et pour la tranquillité individuelle des citoyens, soit sur les lieux et heures où elles peuvent tenir leurs séances sans altérer l'indépendance des autorités nationales, soit enfin sur les peines à prononcer...... ».

Les Cinq-Cents entendirent cet appel. Ils nommèrent une Commission chargée de leur soumettre un projet de loi. Mailhe déposa le 8 Germinal an IV son rapport conçu dans les termes les plus violents contre les clubs. Il y parlait de « ces meneurs qui, accoutumés à tout détruire tant qu'il fallut tout détruire en effet, conservèrent aveuglément le même esprit quand il fallut tout créer. » Le projet qu'il proposait au nom de la Commission, bien qu'il n'ait pas été adopté, mérite d'être reproduit à raison de certaines dispositions curieuses qu'il contient : — Art. 1. Toute assemblée ou société particulière dont le but apparent serait l'exercice d'un culte, et qui néanmoins s'occuperait de questions politiques, ou qui ne repousserait pas de son sein tout ministre de culte et tout motionnaire séditieux au moment où il se permettrait de parler des lois de la République autrement que pour en prêcher l'amour et l'exécution, est contraire à l'ordre public, et doit être dissipée sur le champ...—Art. 3. Aucune société particulière s'occupant de question politique ne peut tenir ni continuer ses séances dans un bâtiment national qu'autant qu'il aurait été loué à un citoyen dans les formes prescrites par les lois. — Art. 4. La police exerce la surveillance la plus active sur les diverses sociétés parti-

culières mentionnées dans la présente résolution. —
Art. 5. Le propriétaire du bâtiment privé où des citoyens
voudraient se réunir en société particulière pour discuter des questions politiques..... est tenu d'en avertir
préalablement l'autorité chargée de la police, sous
peine de 3 mois de prison, et de 2 ans de détention en
cas de récidive. — Art. 6. Au nombre des cas qui font
considérer toute société particulière ayant pour objet
de s'occuper de questions politiques, comme contraire
à l'ordre public figure l'hypothèse mentionnée au
§ 9 : si le nombre des membres présents s'élève à
plus de 60 individus dans les communes au-dessus
de 100,000 habitants....., et à plus de 20 dans celles
au-dessous de 5,000 habitants.

Le projet, dont s'agit ne vint jamais en discussion.
La question des sociétés politiques disparut pendant
près d'un an de l'ordre du jour. Elle y fut rétablie à la
suite de la découverte de la conspiration de Babeuf et
de celle du camp de Grenelle qui suivirent. Un autre
rapport fut fait aux Cinq-Cents, qui cette fois aboutit
à la loi éphémère du 7 Thermidor an V.

Cette loi qui ne dura en effet que quelques semaines
à peine, déclara toute société particulière s'occupant
de questions politiques provisoirement défendue. Les
contrevenants devaient être traduits en police correctionnelle comme coupables d'attroupement, et les propriétaires des lieux où s'assembleraient lesdites sociétés condamnés à une amende de 1,000 francs et à trois
mois d'emprisonnement. Ce n'est pas sans résistance
qu'une semblable mesure avait été votée : « Vous feriez,
disait aux Cinq-Cents, Echasseriaux aîné, une loi qu'on

n'a jamais proposée dans une monarchie, une loi dont on ne trouve pas d'exemple dans les gouvernements les plus absolus de la terre..... Si vous anéantissez les clubs, la République est perdue. Vous verrez alors tous les citoyens s'isoler, toutes les douces affections d'égalité, de fraternité, d'amour de la patrie..... s'éteindre peu à peu. Vous verrez le citoyen retomber dans cette existence pénible où, devenu indifférent à la chose publique, on ne sent plus ni les douceurs d'un être libre, ni les maux de l'esclavage. A côté de l'esprit public mourant, vous verrez le crime conspirateur un moment effrayé s'enhardir..... » Dans la même assemblée, Vaublanc et Siméon défendirent avec succès le projet de loi : « On se plaint des journaux, dit Siméon. Ce sont des soldats isolés auxquels, par les sociétés particulières, on va donner des corps qui les appuieront. Là les citoyens qui ne peuvent exercer leurs droits politiques que dans les assemblées primaires se dédommageront de cette sage prohibition par l'importance et l'attachement qu'ils mettront aux résultats de leurs assemblées..... Et s'en tiendront-ils à d'inutiles délibérations ? Ne prendront-ils pas bientôt le droit qu'on veut leur laisser comme naturel pour le droit politique dont l'exercice leur est si prudemment interdit hors des assemblées primaires ? Un état bien affermi peut supporter ces dangers..... Mais y exposerez-vous celui qui sort tout sanglant de dessous les coups de diverses factions ? » Il laissait ensuite échapper cette réflexion tout au moins singulière dans la bouche d'un des défenseurs des principes de la révolution : « Il en est de la théorie des clubs comme de la *liberté des noirs*. Bonne en soi, son usage *inconsidéré et précoce* allume des incendies. Nous avons eu le bonheur d'éteindre depuis deux ans le feu dévastateur des clubs. Ayons la sagesse de ne pas le rallumer. »

La loi que le parti de la réaction fit voter alors ne fut, comme nous le disions plus haut, votée un jour que pour être abrogée le lendemain. Celle qui suivit, et qui porte la date du 19 fructidor an V se borne à décréter (art. 37) « la fermeture de toute société particulière s'occupant de questions politiques, dans laquelle il serait professé des principes contraires à la Constitution de l'an III acceptée par le peuple français. » Cette loi clôt la série de celles qui ont été édictées sur la matière pendant la période de la Révolution.

Ce n'est pas que la question ait dès lors cessé d'être agitée. Bien au contraire, elle était encore brûlante lors du coup d'Etat de Brumaire. On assiste pendant deux ans à une lutte constante entre le parti du Gouvernement d'une part, qui cherche par tous les moyens à enrayer les excès des clubs, tantôt usant contr'eux des armes qu'il croit trouver dans la loi, tantôt tâchant de provoquer contre eux une loi nouvelle, et d'autre part le parti jacobin qui, à chaque mesure prise par le Directoire contre une société politique crie à la violation de la Constitution, et qui dénonce comme des menées monarchiques tous les projets législatifs en préparation contre ces sociétés.

La série des répressions contre les clubs s'ouvre en l'an VI. Le *Moniteur* du 27 ventôse qui contient un arrêté du Directoire en date du 24 interdisant sous peine de fermeture les agissements de certains cercles dit *cercles constitutionnels*, publie aussi d'autres arrêtés des jours précédents ordonnant la fermeture de cercles constitutionnels dans différents départements, par exemple de celui de Strasbourg « qui faisait des proclamations, convoquait des rassemblements extraordinaires, faisait des promenades publiques, ne s'occupait que de dénonciations, y excitait les citoyens, et se laissait conduire par des étrangers, banqueroutiers, et autres individus dont la conduite dans tous les temps de la Révolution n'a pu inspirer que le mépris. »

Une mesure qui souleva de véritables tempêtes fut celle prise contre les Jacobins du Manège, dits les *Amis de l'Egalité et de la Liberté*, et admis par une tolérance singulière à tenir leurs séances dans un local dépendant du Conseil des Anciens. On voulut révoquer une faveur compromettante pour ceux qui l'avaient accordée, et qui semblaient ainsi patronner les doctrines violentes (1) de leurs hôtes.

Le Conseil des Anciens décida le 8 Thermidor an VII au rapport de Carnot que « aucune société particulière s'occupant de questions politiques ne peut tenir ses séances dans l'enceinte extérieure du Conseil. » Sur ce,

---

(1) S'il y avait des séances qui étaient signalées par des débats violents, il y en avait d'autres dans lesquelles la Société aspirait à l'idylle. *Le Moniteur* nous apprend que le 23 Thermidor an VII les Jacobins se sont réunis pour célébrer la fête du 10 août, et que la musique a exécuté successivement les airs de « Où peut-on être mieux qu'au sein de sa famille ? », « Veillons au salut de l'Empire, » et « Ça ira. »

fureur des Jacobins qui, « considérant que la Société ne pouvait sortir du local dans les circonstances actuelles sans donner le signal de l'égorgement des patriotes dans les départements, » décident de ne point déménager qu'ils n'y soient légalement contraints. Il fallut bien cependant qu'ils déménageassent. Ils allèrent s'installer au Temple de la Paix, rue du Bac. Mais leurs heures étaient comptées. Carnot en les dénonçant le 13 Thermidor au Conseil des Anciens comme une association contraire à l'ordre public, détermina l'Assemblée à demander au Directoire de leur faire application des articles 360 et 362 (1) de la Constitution.

Le 17 Thermidor le Directoire répondit à ce vote par un message qui assurait le Conseil de son dévouement, et par la communication d'un rapport du ministre de la police, Fouché. Ce rapport signalait le danger dont les sociétés populaires menaçaient l'Etat, et demandait que le Pouvoir législatif avisât : « .... Après le 30 Prairial (2), disait ce rapport, les citoyens rendus à

(1) Art. 360. Il ne peut être formé de corporation ni d'association contraires à l'ordre public. — Art. 362. Aucune société particulière s'occupant de questions politiques ne peut correspondre avec une autre, ni s'affilier à elle, ni tenir des séances publiques composées de sociétaires et d'assistants distingués les uns des autres, ni imposer des conditions d'admission et d'éligibilité, ni s'arroger des droits d'exclusion, ni faire porter à ses membres aucun signe extérieur de leur association.

(2) Il s'agit de cette journée du 30 Prairial an VII dans laquelle les républicains et les modérés réunis désorganisèrent l'ancien gouvernement de l'an III, et où les Conseils, en expulsant le Directoire, prirent leur revanche du 18 Fructidor et du 22 Floréal.

l'entier exercice de leurs droits ne tardèrent pas à se réunir en sociétés politiques. Ces réunions légitimes par le droit furent favorisées dans l'espérance qu'elles ranimeraient l'esprit public..... Le souffle de l'étranger a fait évanouir toutes ces espérances..... La Constitution en vertu de laquelle on était réuni a été éludée,.et violée ouvertement en plusieurs points. En effet la Constitution défend les présidents et les secrétaires. On a nommé un régulateur et des annotateurs. — Malgré la Constitution, il y a eu des assistants et des sociétaires distingués les uns des autres. — La Constitution interdit les pétitions collectives, et tout ce qui porte le caractère de la législation ou de l'autorité exécutive. On a nommé une commission d'instruction publique. L'objet particulier de cette commission est la publication décadaire d'un rapport sur la situation de la République. On a nommê d'autres commissions encore. Ces commissions réunies ont fait un rapport à la Société sur une notification du Conseil des Anciens relative à l'évacuation de la salle dite du Manège. A la suite de ce rapport on a arrêté de n'obéir qu'à un arrêté du Conseil pris en séance. La Commission d'instruction publique a fait distribuer et placarder un autre rapport dans lequel on cherche à exaspérer le peuple..... Les réunions politiques ainsi qu'elles existent aujourd'hui font la joie et l'espoir de l'étranger..... La Constitution a proclamé le principe et consacré l'existence des sociétés s'occupant de questions politiques ; mais il nous manque des mesures législatives........ Mieux dirigé alors, l'enthousisme que (*les sociétés*) sauront inspirer tournera tout entier au profit de la République..... Le Ministre de la Police n'a point distingué les réunions politiques les unes des autres parce qu'elles ont presque toutes suivi les mêmes errements. » Fouché terminait par une vertueuse péroraison dont il devait être le premier à sourire : « Citoyens directeurs, dans le compte que je viens de vous rendre, je n'ai point voulu affaiblir la vérité. Nulle considération ne m'empêchera jamais de satisfaire à mes devoirs. Tout ce qui porte dans son cœur l'amour vrai de la patrie et de la liberté respectera mon courage. Je ne sais attacher de prix qu'à la conscience des hommes libres. »

Le Conseil des Cinq Cents entendit l'appel du Directoire en nommant une commission spéciale sur le mode d'organisation des sociétés particulières s'occupant de questions politiques. Mais cette commission aboutit à une résolution qui, sous couleur de mettre un frein aux agissements des dites sociétés, comme semblait l'indiquer le préambule, leur donnait au contraire libre carrière : « Considérant qu'il importe de faire jouir le peuple français de tous les droits que lui assure l'acte constitutionnel ; que partout où il peut se former des sociétés particulières s'occupant de questions politiques, il importe d'en assurer l'ordre et la tranquillité par une loi protectrice et en même temps répressive de tout délit qui pourrait s'y commettre : — Art. 1. Nul ne peut être membre d'une société particulière s'occupant de questions politiques, s'il n'est citoyen français. — Art. 2. Tout individu qui porte atteinte au droit qu'ont les citoyens de se réunir en sociétés particulières s'occupant de questions politiques est traduit devant les tribunaux..... et puni comme perturbateur de l'ordre public. »

Pendant que ce projet anodin était en discussion, le Directoire continuait à agir d'une façon autrement énergique, et à solliciter des Conseils une répression sérieuse. D'abord il faisait fermer la Société du Manège, et répondait par avance à la fois dans une note publiée au *Moniteur*, et dans un message aux Cinq-Cents, au parti qui ne manquerait pas de dénoncer l'illégalité de la mesure : « Sans doute, disait la note, (*Moniteur* du 26 Thermidor an VII), la Constitution permet les réunions politiques ; mais défend-elle de les fermer? non..... Nous n'avons point encore de lois organiques de ces réunions. La seule chose qui doive servir de règle à leur égard est donc l'article 362 de la Constitution. Cet article défend à ces sociétés de faire aucun acte collectif ; cependant, au mépris de cette défense..... nous voyons ces sociétés faire tous les jours des actes collectifs en ordonnant des renvois à des commissions d'instruction publique. Ces renvois ne sont pas l'ouvrage d'un seul individu. Ils sont celui de la Société tout entière qui les ordonne. Or ici on ne peut donc sévir indivuellement, et comment faire peser la verge des lois sur une réunion aussi nombreuse ?... On doit, pour obéir à la loi suprême de l'État qu'on viole tous les jours, mettre les infracteurs dans l'impossibilité de renouveler leurs délits. On doit en un mot fermer les Jacobins. »

Le message en date du même jour était conçu dans un ton analogue...... : « (*Le Directoire*) a vu avec douleur que dans une commune qui renferme un si grand nombre de bons citoyens, la Société qui s'est formée rue du Bac est devenue le centre de toutes les passions ; qu'elles y exercent leur influence pour ranimer les haines et réveiller des souvenirs dangereux..... Il ne faut pas qu'au sein de la République puisse s'élever le colosse d'une réunion que nos ennemis ont le dessein d'égarer, et où se développe chaque jour l'action perfide de leurs émissaires. Le Directoire, pour prévenir ce danger, a cru devoir réprimer la persévérance de la Société de la rue du Bac dans sa conduite violatrice de la Constitution. Il en a ordonné la clôture... Bien résolu de suivre avec fermeté la ligne de ses devoirs, le Directoire protégera toutes les réunions qui respecteront la loi que les Français ont juré de maintenir....., mais il arrêtera dans leurs écarts toutes celles qui menaceraient la liberté. » Le message se terminait par une adjuration au Conseil de seconder le Directoire en votant une loi vraiment efficace : « La loi que vous préparez, citoyens représentants, le Directoire exécutif vous la demande avec instance..... Elle rappellera aux citoyens leurs devoirs..... Alors les Sociétés des républicains, au lieu d'affaiblir l'action des lois par l'exemple de leur violation, ajouteront à la garantie sociale..... On y parlera de la Constitution avec respect, de la loi avec soumission, des législateurs et des magistrats avec décence, des armées avec reconnaissance, avec orgueil, de la liberté avec enthousiasme, de la patrie avec amour, et la République sera encore une fois sauvée et triomphante. »

Les partis qui divisaient le Conseil des Cinq-Cents tinrent compte chacun à leur manière des exhortations du Gouvernement. On vit éclore plusieurs projets contradictoires. Berlier, au nom des conservateurs, proposa, le 22 Fructidor, une mesure qui peut s'analyser ainsi : Ne permettre qu'une Société politique dans chaque arrondissement municipal; exiger pour en être membre que l'on soit domicilié dans l'arrondissement; en exclure ceux qui ne sont pas citoyens français et les individus frappés par la loi du 3 Brumaire. (1). — Le nombre de ces membres ne sera pas limité. Le Président sera renouvelé chaque jour..... Il sera responsable de tout ce qui dans la tenue des séances sera contraire à la loi.

Ces sortes de tempéraments ne pouvaient pas contenter les Jacobins. Le 4me jour de l'an VII, Denizart lut aux Cinq-Cents, en lui prêtant l'appui de sa parole, une adresse des citoyens de la commune de Laon qui présentait un tableau lugubre de l'état de la République, et se lamentait de voir « les associations politiques qui seules pouvaient au milieu de ces désastres environner le Corps législatif comme d'un rempart formidable contre tous les ennemis de la République, non seulement avilies et méprisées, mais réduites à la plus absolue nullité..... Il est donc instant et plus que jamais urgent d'organiser définitivement ces associations rendues à cette dignité qui convient à des hommes libres. Un plus long retard entraînerait infailliblement la perte de tous les républicains, votre propre ruine..... » Avec les pétitionnaires, Denizart venait dire à l'Assemblée : « Ouvrez les sociétés poli-

____

(1) Il s'agit de la loi de l'an IV contre les émigrés.

tiques, le peuple le demande, la constitution politique
le veut, le bien public l'exige. » Le Conseil sur la proposition de l'orateur, après avoir arrêté que mention
honorable de l'adresse serait faite au procès-verbal
décida que la discussion sur l'organisation des sociétés
s'occupant de questions politiques serait mise le lendemain à l'ordre du jour. Elle y était encore quand
vint le 18 Brumaire.

En somme on voit que, depuis 1789 jusqu'à cette
dernière date, si on a voulu réprimer les excès et les
abus des sociétés, arrêter de certains agissements, le
droit de réunion et d'association pris en lui-même, et
abstraction faite de la loi éphémère de thermidor
an V, est demeuré entier. Sans doute les mesures indispensables de police n'ont pas manqué ; mais le droit
dans son essence a été respecté.

Il l'a été du moins au point de vue politique ; mais au
point de vue religieux, on connaît les entraves qu'y
apporta le décret des 17-18 août 1792 sur les congrégations, quoiqu'il convienne d'observer que, si elles
sont supprimées en tant que corporations, aucune disposition n'empêchait les membres qui composaient
telle ou telle d'entr'elles de se réunir, et de vivre en
commun, et que par conséquent à ce point de vue la
liberté d'association ne recevait pas d'atteinte à proprement parler.

Si on laisse de côté la question des congrégations,
la liberté d'association religieuse se trouve consacrée
par voie de conséquence dans le décret de vendémiaire
an IV lequel, « considérant qu'aux termes de la Constitution, nul ne peut être empêché d'exercer en se con-

formant aux lois, le culte qu'il a choisi....; que les lois auxquelles il est nécessaire de se conformer dans l'exercice du culte ne peuvent avoir pour but qu'une surveillance renfermée dans des mesures de police et de sûreté publique, » soumet simplement à une surveillance ainsi délimitée tout rassemblement de citoyens pour l'exercice d'un culte quelconque, et subordonne à une simple déclaration à la Municipalité la construction d'un édifice consacré à un culte. Cette tolérance qu'on accordait ainsi à tous les cultes n'était inspirée, comme on le sait bien, que par l'indifférence la plus dédaigneuse dont on retrouve les accents dans le rapport fait le 3 ventôse an III sur la loi projetée par Boissy d'Anglas au nom des Comités de salut public, de sûreté générale et de législation réunis : «.... Il est démontré, disait-il, par l'expérience de tous les temps que l'attrait des pratiques religieuses pour les âmes faibles s'accroît par les soins que l'on peut mettre à les interdire... Gardez-vous de faire pratiquer avec enthousiasme dans des souterrains ce qui se pratiquerait avec indifférence, avec ennui même, dans une maison privée. »

CHAPITRE II

LE CONSULAT ET L'EMPIRE

§ 1er. — Assemblées politiques et religieuses.

La Constitution de l'an VIII fut muette sur le droit de réunion et d'association, soit que le législateur sentant que toute vie publique allait disparaître sous le nouveau régime négligeât de porter son attention sur un droit devenant sans intérêt, et dont les citoyens n'allaient guère s'aviser, soit que le chef de l'Etat fût convaincu qu'ayant la force, il n'avait pas besoin d'une loi spéciale pour se débarrasser, à un jour, donné, d'une manifestation gênante. Les faits prouvèrent assez la justesse de ce dernier raisonnement. En effet alors que le décret sus-énoncé de vendémiaire an IV était toujours en vigueur, on vit, le 12 vendémiaire an X, le premier Consul dissoudre sans plus dé cérémonie la secte inoffensive des *théophilanthropes*. Il lui suffit à cet effet d'une lettre du ministre de la police générale de la République aux citoyens préfets, *grandis epistola a Capreis* : « L'intention du Gouvernement est que les Sociétés connues sous le nom de théophi-lanthropiques ne puissent plus se réunir dans les édifices nationaux. » La mesure ne paraissait s'appli-quer qu'aux réunions dans les *édifices nationaux*. Mais c'était là un simple euphémisme. Au fond c'était bien une interdiction sans limite qui était formulée : Témoin les doléances, dans une brochure du temps, des « amis de la religion naturelle qui n'ont pu obte-nir acte d'une déclaration qu'ils ont faite de l'intention où ils étaient de continuer l'exercice de leur culte dans un local qu'ils se proposaient de louer. »

Notons d'ailleurs, en passant, l'article 10 de l'arrêté du 12 messidor an VIII qui détermine les fonctions du Préfet de police : « Il prendra les mesures propres à prévenir ou dissiper..... les réunions tumultueuses ou menaçant la tranquillité publique. (1). » Quoi qu'il en soit, l'Empereur qui cependant n'avait pas plus besoin que le Premier Consul d'une loi pour se défendre contre les associations, mais que gênait sans doute l'existence d'une liberté même à l'état théorique, imagina d'intro-duire dans le Code pénal, ce fameux article 291, battu en brèche depuis tant d'anuées et toujours debout : « Nulle association de plus de 20 personnes dont le but sera de se réunir tous les jours ou à certains jours marqués pour s'occuper d'objets religieux, littéraires, politiques ou autres ne pourra se former qu'avec l'agré-ment du Gouvernement et sous les conditions qu'il plaira à l'autorité publique d'imposer à la Société. »

(1) L'arrêté du 3 brumaire an IX porte que l'autorité du Préfet de police s'étendra sur tout le département de la Seine, et sur les communes de Saint-Cloud, Meudon et Sèvres.

En présentant en 1810 le projet de loi au Corps législatif, les orateurs crurent devoir, à l'appui du projet éveiller le souvenir de « ces assemblées délibérantes où l'assassinat et la révolte étaient sans cesse à l'ordre du jour. » Mais le rapporteur Noailles ajoutait lui-même : « Le 18 brumaire vint fermer ces cavernes ténébreuses, elles ne se rouvriront plus. » Aussi n'est-ce pas vraisemblablement la crainte des Jacobins qui a inspiré l'article 291. Il doit plutôt le jour, suivant quelques historiens, aux méfiances de Napoléon vis-à-vis de certaines sectes qui se refusaient à reconnaître le Concordat, et dont les menées n'étaient pas sans inquiéter l'Empereur. Quoi qu'il en soit, on doit constater que même à cette époque de despotisme, l'article 291 du Code pénal, alors du moins qu'il n'était encore qu'en projet, n'apparut pas sans soulever la désapprobation de corps officiels. Il est curieux de reproduire à ce sujet l'opinion de la Cour d'appel de Rennes invitée, comme les autres tribunaux d'appel, à présenter ses observations sur le projet de code criminel : « Il résultera de cet article que 20 personnes pourront se réunir sans autorisation du Gouvernement, et faire beaucoup de mal pourvu qu'elles aient l'adresse de le cacher, tandis que 20 personnes ne pourront former une société libre pour faire le bien sans être enchaînées par des conditions qui répugnent aux droits naturels du citoyen. On peut dire que (*ces dispositions*) sont extraites des lois de circonstance rendues depuis la Révolution dans des temps de troubles, et qu'elles sont indignes de figurer dans le Code permanent d'une nation libre. »

Au surplus, l'opposition au projet d'article ne subsista pas sous l'Empire au delà du moment où il passa définitivement dans le Code pénal, et les esprits le perdirent de vue tout aussitôt faute de le voir mis en pratique. Car en ce temps où chacun demeurait courbé sous un sceptre de fer, personne ne se serait hasardé à braver les prescriptions du fameux article, en encourant ainsi un châtiment sévère pour une action bien stérile, et il ne semble pas que les tribunaux aient jamais eu alors à faire l'application de l'article 291.

Pendant les Cent Jours, on vit se produire un mouvement qui fut comme la répétition de celui qui s'était manifesté pendant les premiers temps de la Révolution, et qui tranche d'une façon piquante avec les allures du régime impérial. Des fédérations s'organisèrent dans divers départements pour la défense du territoire. A une autre époque, cette sorte d'agitation n'eût que médiocrement satisfait l'Empereur : il l'eût redoutée, comme il redoutait tout symptôme d'indépendance ou d'initiative individuelle. Mais désormais il n'avait guère le choix des moyens pour le salut. Cependant, même alors, il avait tant de peine à dépouiller le vieil homme que, tout en encourageant officiellement ces fédérations, il ne chercha pas à leur donner le développement qu'elles auraient pu prendre. Ses adversaires ne l'en appelèrent pas moins à cette occasion l'Empereur des Jacobins, injure qui paraîtra peut être peu justifiée quand on aura lu les clauses des pactes fédératifs : il est impossible de limer davantage les ongles du lion populaire. Encore *le*

Moniteur prend-il soin pour rassurer les conservateurs que n'édifierait pas suffisamment la teneur de
ces clauses, d'expliquer dans le style le plus prud'ho-
mesque que, si le Gouvernement avait favorisé la manifestation, c'est que les fédérés étaient « tous des
hommes présentant par leur éducation et la consistance
de leur famille toute la garantie nécessaire. » Voici du
reste comme la feuille officielle raconte le 30 avril
1815 la formation de la fédération de Bretagne qui
servit de type à celles de Lyon, d'Angers, de Strasbourg, de Rouen, de Grenoble, de Metz, de Nancy et
de Paris : « Les habitants de Rennes... se sont
énergiquement prononcés pour la cause nationale.
Les Nantais ont les premiers répondu à l'appel et ont
proposé d'envoyer à Rennes des commissions qui
concourraient à poser les bases d'un pacte fédératif
pour les 5 départements de la Bretagne. Ces députés
sont arrivés ici (*à Rennes*) le samedi 22 avril,... et
ont été reçus par une foule immense.... Le préfet
*s'étant assuré que les sentiments étaient de part et
d'autre tels qu'on pouvait les désirer...* laissa un libre
essor à cet élan patriotique. Le dimanche 23, dans
une réunion considérable, les commissaires nantais
déposèrent sur le bureau l'adresse de leurs commet-
tants... Dans la nuit, le projet de pacte fédératif destiné à unir tous les bons Français des 5 départements
de la Bretagne pour la défense de la Patrie, de sa
liberté, de ses constitutions et de l'Empereur, fut
dressé. Il fut adopté le lendemain avec enthousiasme
par l'assemblée générale qui s'était grossie d'une
manière surprenante... Des commissaires ont été

nommés pour aller dans toutes les villes de la Bretagne et dans la Basse-Normandie. » Viennent maintenant les clauses du pacte fédératif. On reconnaîtra qu'elles n'auraient offert rien de bien alarmant même pour le Napoléon d'avant l'île d'Elbe : « *Les citoyens de Nantes, Rennes, Vannes et les Ecoles de droit et de chirurgie des mêmes villes à leurs concitoyens les Bretons.* — Pacte fédératif proposé aux 5 départements de la Bretagne : ... Art. 1. Les citoyens des cinq départements de la Bretagne dévoués à la cause nationale et à l'Empereur sont fédérés. L'association qui les lie prend le titre de fédération bretonne. — Art. 2. L'objet de cette confédération est de consacrer tous ses moyens à la propagation des principes libéraux....., de maintenir dans l'intérieur du pays la sûreté publique....., de porter un secours effectif et prompt à la première réquisition de l'autorité publique. — Art. 4. La confédération n'a aucune autorité publique, mais elle exerce sur ses membres une police morale. — Art. 6. Les confédérés, loin de sortir de la condition commune, sont, par le fait même de leur association, plus étroitement tenus que tous les autres à l'accomplissement de leurs devoirs de citoyen ; et toutes les fois qu'ils auront à agir, ils devront être préablement munis des ordres... de l'autorité publique. — Art. 7. La Confédération aura à Rennes des commissaires qui, après avoir prévenu l'autorité, se réuniront dans un lieu indiqué, et correspondront avec les commissaires intermédiaires qui seront établis dans chaque chef-lieu d'arrondissement. — .... Art. 15. Toute espèce de marque distinctive entre les

confédérés, tout signe qui les annoncerait extérieure-
ment comme faisant partie de l'association est formellement interdit. — .... Art. 17. Le présent acte fédératif cessera d'avoir son effet aussitôt que S. M.
daignera faire connaître que les dangers de la Patrie
ont cessé. (Suivent près de 3,000 signatures.)

§ 2. — Congrégations.

En ce qui touche les congrégations, Napoléon les
atteignit d'une façon plus sévère qu'elles ne l'avaient
été par les Assemblées de la Révolution, et par des
coups qui entamaient plus directement le droit d'association. La Législative ne les avait interdit qu'en
tant que corporations, tandis que l'Empire défendit
aux membres qui les composaient de rester associés.
Déjà l'article 11 des articles organiques du Concordat,
après avoir autorisé l'établissement des chapitres,
cathédrales et séminaires, ajoutait : « Tous autres
établissements ecclésiastiques sont supprimés. » En
outre, le 5 pluviose an XI, le Conseiller d'état chargé
des cultes écrivait aux évêques : « Je suis instruit que
dans plusieurs villes il se forme des associations
composées, du moins en partie, de membres des anciens ordres monastiques..... De pareilles institutions
sont illicites par cela seul qu'elles ne sont point autorisées... Le bien de la religion et celui de l'Etat exigent
que le Gouvernement soit instruit de ce qui se passe
à cet égard dans chaque diocèse. L'éducation publique
appartient à l'Etat..... Il ne faut donc pas qu'à l'insu
de l'Etat, une multiplicité d'instituteurs qui ne se-

raient pas suffisamment connus, et dont l'enseignement ne serait pas avoué, viennent joindre au danger d'occasionner de mauvaises études le danger plus grand encore de préparer de mauvais citoyens. Un établissement religieux quelqu'il soit ne doit point être un mystère pour l'Etat, et ne peut exister sans une autorisation formelle et sans une vérification préalable à toute autorisation. » Enfin, l'année suivante, intervenait, au rapport de Portalis, le fameux décret du 3 messidor an XII dont on a si souvent rappelé les dispositions dans ces derniers temps. La Société des Paccanaristes, fondée à la fin du XVIIIe siècle par Paccanari pendant l'expédition d'Egypte et qui se proposait l'éducation de la jeunesse, l'instruction des pauvres, et la conversion des infidèles dans les missions, demandait au Gouvernement à être autorisée. — L'art. 1 du décret prononce la dissolution de l'association des Paccanaristes que Portalis appelait dans son rapport des jésuites déguisés, et ordonne (art. 2) que les ecclésiastiques la composant se retireront sous le plus bref délai dans leurs diocèses respectifs pour y vivre conformément aux lois et sous la juridiction de l'ordinaire. — L'art. 4 porte qu'aucune aggrégation ou association d'hommes ne pourra se former à l'avenir, à moins qu'elle n'ait été formellement autorisée par décret impérial. — L'art. 6 chargeait les généraux et impériaux de poursuivre ou faire poursuivre même par voie extraordinaire ceux qui contreviendraient aux dispositions du décret.

Vingt ans plus tard, on faisait remarquer à la Chambre des Pairs avec juste raison au sujet de ce décret que l'Empereur, en se réservant le pouvoir d'autoriser une congrégation, empiétait sur le pouvoir législatif puisqu'une loi, celle du Concordat, supprimait purement et simplement toutes les congrégations. En fait, avant et après le Concordat, plusieurs congrégations furent rétablies. Il en fut ainsi aux termes d'un décret du 7 prairial an XII pour la Congrégation des Lazaristes, en faveur desquels Portalis avait élevé la voix : « Dans nos temps modernes, — disait le rapport qu'il fit à l'Empereur, — ce sont les missionnaires qui ont civilisé d'immenses contrées, et qui ont pour ainsi dire ajouté de nouveaux peuples au genre humain..... Les missions étrangères, ne fussent-elles considérées que comme moyen de civilisation, mériteraient donc une protection spéciale. Mais quels avantages encore n'ont-elles pas procurés aux gouvernements qui ont su les encourager ?..... Ce sont des missionnaires qui ont étendu l'influence de la France, etc. » Par le décret qui fut rendu conformément à ce rapport : « Il y aura une association de prêtres séculiers qui sous le titre de prêtres des Missions étrangères seront chargés des missions hors de France. Le directeur de ces missions sera nommé par l'Empereur. Le chef-lieu de la Communauté sera à Paris dans un bâtiment désigné à cet effet. Une somme annuelle de 15,000 francs sera accordée au nouvel établissement. »

Postérieurement au décret du 3 messidor an XII, plusieurs autres congrégations d'hommes obtinrent une autorisation qui ne leur fut pas d'ailleurs bien longtemps maintenue. Elle fut révoquée par le décret du 26 septembre 1809, ainsi conçu : Art. 1. Les missions à l'intérieur sont défendues et en conséquence nous révoquons les décrets concernant lesdites missions. — Art. 2. Nous révoquons aussi tout décret par nous précédemment rendu portant établissement ou confirmation de congrégation de prêtres pour les missions étrangères. » Ce décret renferme un détail assez piquant. Sur la minute qui se trouve aux Archives nationales (A. F. IV, 3010), on lit à l'art. 3, après la formule chargeant les ministres « de l'exécution du présent décret, » cette addition écrite de la main même de Napoléon : « qui ne sera pas imprimé. » L'empereur ne se souciait pas d'ébruiter ses rigueurs, et de compliquer encore ses difficultés avec l'Eglise.

Après le décret de 1809, les frères des Ecoles chrétiennes et les établissements religieux d'hommes qui étaient chargés du service des montagnes survécurent seuls.

Un dernier décret du 3 janvier 1812 vient balayer les derniers vestiges des congrégations. Il est rendu sur un rapport fait la veille par Bigot de Préameneu et dans lequel on lit ce passage : « Il ne reste plus dans toute l'étendue de l'Empire de V. M. de corporations religieuses que dans le département du Simplon et dans quelques-uns de ceux de la Hollande et de la Basse-Allemagne. Je propose à V. M. de terminer l'opération de la suppression des corporations religieuses en appliquant à ces pays la même mesure..... Le nombre des individus de l'un et l'autre sexe (*qui vont être frappés par la mesure*) s'élève à.....371. » Aux termes de l'art. 1 du décret qui est conforme au au rapport, « les corporations de religieux et de religieuses et ordres monastiques dotés ou mendiants existant dans les départements réunis en vertu des décrets, etc..... sont et demeurent supprimés. »

CHAPITRE III

LA RESTAURATION

§ 1er. — **Associations politiques. — Comités électoraux.**

La Restauration ouvre pour le droit d'association une ère nouvelle. Sous un gouvernement parlementaire où les citoyens sont admis à contrôler les affaires publiques, il est naturel que la faculté de s'associer et de se réunir soit prisée comme infiniment précieuse, notamment dans ses rapports avec le droit de suffrage. On va la voir en œuvre et s'affirmer par des manifestations inconnues sous le régime précédent : l'association se produit sous forme de comité électoral, soit de comité formé en vue d'influer sur les élections générales, et on assiste aussi à l'apparition de la réunion dite électorale, en vue de s'entendre sur le choix d'un candidat à une époque quelconque avant l'ouverture du scrutin.

Ce sont là des mœurs nouvelles qui se développaient en harmonie avec l'esprit du régime nouveau. Mais la législation demeure absolument ce qu'elle était sous le gouvernement précédent. Pour les associations, elles continuent à être régies par l'art. 291. Il faut cependant signaler l'introduction d'une disposition d'ailleurs secondaire : c'est l'article 20 de l'Ordonnance du 5 juillet 1820 sur les Facultés de droit et de médecine, défendant aux étudiants « de former entr'eux aucune association sans en avoir obtenu la permission des autorités locales, et en avoir donné connaissance au recteur de l'Académie », et cela sous des peines qui seront prononcées par les Conseils académiques. Cette disposition paraît avoir été déterminée par l'attitude des étudiants qui, à cette époque, après la chute du ministère Decazes, au moment où la discussion d'un nouveau projet de loi sur les élections était pendante devant le Parlement, prirent part aux troubles dont Paris fut alors le théâtre. Pour les réunions électorales, elles continuèrent à être régies par la loi de 1790 que nous avons citée plus haut.

Contemplons séparément en action le droit d'association et le droit de réunion sous le nouveau régime. D'abord le droit d'association. On sait combien la Restauration a souffert des sociétés secrètes, et les conspirations du carbonarisme à cette époque sont dans toutes les mémoires. Toutefois, précisément parce qu'il s'agissait de conspiration, précisément parce que les membres de ces sociétés avaient pour but des attentats contre l'ordre établi, les poursuites dirigées contre eux n'ont à proprement parler aucun rapport avec les épreuves par lesquelles a pu passer le droit d'association, et le nom de ceux qui ont été frappés ainsi pour des crimes ou des tentatives de crimes ne saurait figurer dans le martyrologe des victimes de l'article 291. Nous n'avons donc pas à en parler ici, pas plus que des célèbres associations pour le refus de l'impôt qui se formèrent à l'époque du ministère Polignac. Car elles ne furent pas poursuivies en tant qu'associations non autorisées, mais parce que le Gouvernement prétendait trouver dans leur objet même, dans le seul fait de leur constitution un outrage à l'encontre du ministère et de la royauté (1).

Il faut cependant signaler d'un mot une association de la même famille et du même temps que celles-là, formée dans un esprit identique, mais qui, à raison de la disposition moins aggressive de ses statuts, ne fut pas directement inquiétée. L'opposition dans le Pas-de-Calais constitua alors une association pour la rectification des listes électorales et la répression des abus. «... Les

(1) « Considérant, — dit un arrêt de la Cour de Paris, — que la plus odieuse imputation que l'on puisse faire à des ministres, et celle qui peut le plus exciter contr'eux à la haine et au mépris, c'est de les présenter comme ayant l'audacieux projet de renverser les bases des garanties constitutionnelles consacrées par la Charte, et de leur supposer l'intention d'imposer des contributions publiques soit sans le concours..... du roi et des deux Chambres, soit avec le concours des Chambres formées par un système électoral qui n'aurait pas été établi dans les formes constitutionnelles ; considérant que X... ont imputé au gouvernement du roi l'intention criminelle soit d'établir et de percevoir des impôts qui n'auraient pas été consentis par les deux Chartes, soit de changer illégalement le mode d'élection..... ; que par cette publication ils se sont rendus coupables du délit prévu et puni par l'article 4 de la loi du 25 mars 1822. »

Dans la *Protestation des Journalistes* en date du 27 juillet 1830, on lit ce passage : La Cour de Paris et plusieurs autres ont condamné les publications de l'*Association bretonne* comme auteurs d'outrages envers le Gouvernement. Elle a considéré comme un outrage la supposition que le Gouvernement pût employer l'autorité des ordonnances, là où l'autorité de la loi peut seule être admise.

3.

actes arbitraires, les abus d'autorité, les fraudes électorales, disait une des circulaires du comité, sont des infractions aux lois qui peuvent troubler l'ordre public, que réprouvent nos institutions monarchiques constitutionnelles, qu'il est dès lors de l'intérêt et du devoir des amis du repos et du bien public de prévenir ou de faire réprimer. C'est à ces fins qu'une association pour l'exécution des lois et particulièrement de celles sur les élections ainsi que pour la répression des abus a été formée dans le département du Pas-de-Calais. Les associés s'engagent à fournir les fonds nécessaires pour obtenir par tous les moyens légaux l'inscription sur les listes électorales de tout citoyen payant le cens et indûment omis, pour obtenir la radiation de tous faux électeurs et poursuivre devant l'autorité compétente la répression des abus qui leur seraient déférés…. Le présent acte d'association cessera d'être obligatoire à l'expiration de l'année date des présentes. Il ne pourra être renouvelé sans le consentement des associés. »

La seule affaire dans laquelle l'article 291 fut vraiment en jeu, et le seul des procès de cette époque que nous ayions dès lors à signaler dans cette étude, c'est le procès des Amis de la Presse qui eut en 1819 un retentissement considérable.

La Société des Amis de la Presse avait été fondée vers 1817. Elle s'annonçait comme ayant pour but d'obtenir l'abrogation des lois d'exception sur la presse et sur la liberté individuelle, et de couvrir à l'aide de souscriptions les condamnations pécuniaires encourues par les écrivains. Elle était recrutée dans l'élite du parti libéral : les de Broglie, les Lafayette, les Laffitte en faisaient partie. Aucun mode d'affiliation régulière n'était requis pour y entrer. Elle s'était consacrée d'abord à l'étude des projets de loi soumis aux Chambres, puis s'était de plus en plus immiscée dans la politique militante. Ses membres se réunissaient alternativement au domicile de l'un d'eux. C'est ainsi que des séances avaient eu lieu chez le duc de Broglie et chez Benjamin Constant. D'abord en de bons termes avec le Ministère qui avait échangé avec elle des communications indirectes, au moment de la dernière loi sur la presse, elle lui déclara bientôt la guerre, en 1819, à l'approche des élections pour le renouvellement partiel de la Chambre. Soutenant le parti dit des Indépendants, parti qui triompha à cette époque, elle avait décidé, à une majorité de quelques voix, que dans le cas où le candidat de gauche n'aurait aucune chance, et où il y aurait ballotage entre un candidat de droite et un ministériel, c'était pour l'*ultra* qu'il faudrait voter. C'est dans ce sens qu'elle tâcha de déterminer les élections ; elle se constitua en *comité directeur* du mouvement électoral. C'est comme tel que les royalistes la dénoncèrent à la tribune : « Il est à Paris, disait M. Courvoisier dans la séance du 19 juin 1819, un comité directeur, et voici la forme de ses relations avec l'une des principales villes de France. Un comité central composé de neuf membres correspond avec le comité directeur de Paris. Il en reçoit les instructions ou plutôt les ordres. Chacun de ces neuf membres cherche à former un autre comité et le préside, puis ces comités particuliers établissent leur correspondance dans le reste du département. »

Après les élections, le ministre se décida à dissoudre l'association que Louis XVIII avait en horreur, et qu'il n'appelait jamais que « l'infernale société. » (1) Des poursuites furent exercées en vertu de l'article 291 contre deux membres le colonel Simon Laurière et M. Gevaudan qui avaient prêté à celle-ci leur local. Ce fut un triomphe pour les royalistes, un coup pour l'opposition qui se plaignit amèrement que, sous un gouvernement parlementaire, des députés, des hommes de lettres ne pussent se réunir pour discuter paisiblement dans le salon de l'un d'eux. Le procès se déroula devant la police correctionnelle. Les plus grands noms du parti libéral furent entendus comme témoins en faveur des prévenus, et s'efforcèrent d'établir que les réunions n'avaient aucun des caractères légaux d'une association ; que l'on se bornait à causer et à prendre quelques rafraîchissements ; que tout citoyen présenté au maître de la maison, ainsi qu'il est d'usage, par deux membres de la société, était admis, et que pour éviter la confusion, une des personnes présentes était habituellement chargée de diriger la conversation. Les prévenus furent défendus par Berville qui, prenant l'offensive, demanda pourquoi on ne poursuivait pas certaines sociétés royalistes, bien illégales, celles-là, et autrement dange-

---

(1) Elle fut désavouée à ce moment par un de ses membres les plus illustres contre la palinódie duquel les libéraux se déchaînaient vivement. Il s'agit du feu duc de Broglie qui dans ses *Souvenirs* fait allusion à la mesure prise. La duchesse de Broglie qui écrivait alors un journal de ses impressions, se félicita d'avoir vu dissoudre une société « tombée entre des mains tout-à-fait canailles. »

reuses. C'est ainsi qu'il citait la société dite des *Francs régénérés* dont il résumait en ces termes l'organisation : « Je vois, disait-il, un corps collectif qui s'intitule du nom d'*ordre*, dont les membres prennent le titre de *chevalier* ; je vois des statuts, une hiérarchie de fonctions, une commission d'exécution, des fonds, un caissier, des mandats, des serments, des épreuves, des engagements ; j'entrevois même des *mystères* et des *vengeances*. » Il signalait encore une affiliation de même nature soumise à des statuts dont il faisait des extraits caractéristiques : « On recevra dans l'affiliation tout Français indistinctement, à l'exception des fédérés, des officiers qui ont servi Buonaparte dans cette dernière circonstance, et des Français qui ont signé l'acte additionnel aux Constitutions. » L'avocat rappelait le serment imposé aux affiliés qui devaient jurer « de ne jamais trahir le *pacte royal* », et mentionnait encore la disposition suivante : « Lorsque les ennemis du Roi, lorsque les hommes qui se parent d'un faux zèle pour son service auront cessé de conserver une influence dans la distribution des pouvoirs, — et c'est là un des objets de l'affiliation, — les bons Français, ceux qui auront contribué avec évidence au succès de la sainte cause, et qui par leur position, seront dans le cas d'occuper des places administratives ou militaires seront appuyés dans leurs demandes par les chefs de l'affiliation. » — Dans l'affaire des Amis de la Presse, les prévenus furent condamnés le 18 décembre à une amende de deux cents francs qui fut couverte par une souscription à cinq centimes.

C'est avec raison que Berville dans sa plaidoirie
signalait ces associations royalistes qui nouaient ou
avaient noué impunément leurs trames. Il y eut en
effet en 1816 de petites sociétés politiques qui se
formèrent dans chaque localité, et qui se composaient
de royalistes fanatiques, croyant voir partout des
complots contre la Monarchie, consacrant leurs loisirs
à découvrir des conspirations imaginaires et à formuler des dénonciations. Une de ces sociétés, celle
d'Amiens, société secrète, éveilla bientôt les rigueurs
du pouvoir, mais rigueurs qui se traduisirent par de
simples disgrâces contre les coupables, et non par des
poursuites judiciaires. Elle comptait parmi ses membres M. Seguier, préfet du département, et l'adjudant
général Clouet, colonel de la légion de la Somme.
M. Morgan, procureur général, ayant demandé à
devenir membre à son tour, on lui imposa une épreuve.
Il entre les yeux bandés dans la salle, puis on lui
enlève son bandeau pour le laisser en présence de
trois hommes masqués qui lui mettent leurs épées
nues sur la poitrine en l'obligeant à choisir entre
le serment de servir le duc d'Orléans ou la mort.
Il opte tout tremblant pour le serment, et va, en
sortant, dénoncer la conjuration à la police. L'épreuve
fut jugée de mauvais goût par le pouvoir qui révoqua
de leurs fonctions et le récipiendaire, et ceux qui
l'avaient reçu : « Sur le compte qui nous a été rendu,
dit le décret paru au *Moniteur* le 10 mai 1816, qu'une
société politique et secrète, s'était réunie depuis trois
mois à Amiens sans que les autorités y aient mis
obstacle ; que notre procureur général près la cour

royale avait consenti à en faire partie ; que le préfet informé, dès l'origine, de l'existence de cette réunion n'en a pas rendu compte à nos ministres, et l'a tacitement autorisée (1) ; que le colonel Clouet..... était un des chefs et des fondateurs de cette société.... » A cette occasion le *Moniteur* publia deux articles de blâme sévère contre ces sociétés secrètes qui prétendaient vouloir aider la marche du Gouvernement : « Si le Roi a déjà parlé, disait un de ces articles, à quoi bon vos paroles ? S'il n'a rien dit encore, comment savez-vous ce qu'il veut, ce qu'il va dire ? »

Ces associations éphémères furent souvent le fruit du fanatisme religieux aussi bien que du fanatisme politique. Comme spécimen de la première catégorie, on peut en relever une, ébauchée beaucoup plus tard que les précédentes, soit vers la fin de la Restauration, et dont le programme, sous une forme hypocrite, constitue un odieux appel à une guerre de religion. Voici quelle était la circulaire de l'*Association catholique*, reproduite le 4 octobre 1829 par le *Constitutionnel* : « ... Vous répondrez, monsieur, aux vœux de l'Association en rassemblant soit par vous-mêmes, soit par vos

____

(1) La disgrâce du préfet Séguier ne fut que temporaire. Il était presqu'aussitôt réinstallé dans un autre département, dans la Meurthe, et le *Moniteur* du 15 septembre 1816 qui enregistrait la nomination nouvelle croyait devoir à cette occasion justifier le châtiment qui avait frappé le fonctionnaire, et la réparation qui lui était faite : « S. M. voulut que le préfet lui-même fût remplacé quoiqu'il n'ait pas fait partie de cette association, mais parce qu'en ayant connu l'existence il l'avait tolérée, et n'en avait pas signalé les membres à ses ministres. Cet acte d'une juste sévérité, n'ayant été fait que pour l'exemple, ne devait pas priver longtemps le Roi des services de M. Séguier. »

amis..... les documents qui ont rapport aux traits de charité, de dévouement, et qui seront parvenus à votre connaissance. Deux grandes divisions partagent notre plan. La première comprend les traits qui appartiennent au clergé. Il faudra préciser le nombre des prêtres qui ont été incarcérés ou mis à mort..... La deuxième division embrasse les traits qui appartiennent aux personnes du monde. Nous vous invitons à vouloir bien répondre aux questions suivantes : 1° Avez-vous connaissance de quelque acte de persécution anti-catholique exercé depuis le 4 janvier 1791 jusqu'à l'époque de la Restauration ? 2° Quels sont les individus soit catholiques soit séculiers que cette persécution a frappés ; 3° Quels furent les noms des auteurs, des principaux agents des persécutions ?..... *Le membre du conseil général chargé de la correspondance* : Bailly. » Sous le prétexte de faire le panégyrique d'une classe de Français, disait le journal qui commentait ce programme, on travaille à un réquisitoire contre les autres classes : c'est une dénonciation rétroactive.

Le Gouvernement auquel on ne peut pas faire reproche d'avoir trop souvent mis les tribunaux en demeure d'appliquer l'article 291 du code pénal, se gardait cependant de fermer l'œil sur les associations quelconques qui venaient à éclore. Il était au contraire à cet égard singulièrement méfiant ; et ses méfiances se manifestent dans les rapports de police d'une façon qui, à distance, nous semble tout à fait piquante, soit que ces rapports dénoncent des faits minimes dont le préteur n'aurait dû avoir cure, soit qu'ils signalent les agissements d'hommes à la veille d'occuper les premiers rôles sous la Monarchie de Juillet. Il existe aux Archives nationales (F. 7.6699) un curieux rapport du préfet de police au ministre de l'intérieur en date du 4 août 1824, pour fournir en haut lieu des renseignements sur la *Société des Sciences morales* : « Les rapports antérieurs avaient fait connaître, dit ce document, que la société dite des Sciences morales n'était encore que projetée..... Ils ont appris en outre que l'un des principaux propagandistes était le *sieur* (sic) Guizot, membre de plusieurs autres sociétés instituées, comme le serait encore celle dont il est question, pour donner de la faveur et de la consistance aux idées libérales. La société des Sciences morales serait une émanation de celle qui existe dans la capitale, sous le titre de *Société de la Morale chrétienne*..... Il paraît que l'existence de cette autre société date déjà de trois ans. Elle est présidée par M. de la Rochefoucauld-Liancourt, et compte parmi ses principaux membres S. A. S. le duc d'Orléans, le duc de Broglie..., puis MM. Manuel, Etienne, et en un mot les principaux libéraux de la capitale et des départements...... M. Guizot, l'un des membres les plus ardents de cette espèce de secte, a proposé dans l'une des séances de l'année 1823 d'instituer un nouveau comité qui aurait pris le titre de Sciences morales...... La proposition..... a été ajournée. Plusieurs brochures....., procès-verbaux de cette société attestent que M. Guizot figure parmi ses membres comme en étant le collaborateur le plus actif...... Enfin on remarque que la société de la Morale

chrétienne agissant comme secte avait une organisation légale et autorisée, puisqu'elle publie tous ses
travaux par voie de l'impression, et qu'elle tient
régulièrement et ostensiblement ses séances. »

Le 3 septembre 1823 le Préfet de police signale
encore au Ministre de l'Intérieur (1) une nouvelle
société en formation qui recèle dans ses flancs un
grave danger pour la monarchie : « Je crois devoir
informer V. Exc. que le sieur Manuel a formé le projet
de créer une nouvelle association dans l'intérêt du
parti du duc d'Orléans, qui serait conçue sur des
bases plus larges et plus insidieuses que la Charbonnerie, et à laquelle la Charbonnerie elle-même
viendrait se réunir. Ce projet..... qui, quoique mûri
depuis longtemps n'a toutefois été soumis qu'à deux
de ses principaux adeptes, sera infailliblement mis
en œuvre au mois de novembre prochain, si les
événements n'ont pas entraîné d'ici à cette époque la
faction révolutionnaire à tenter le mouvement qu'elle
médite depuis si longtemps. »

On trouve aussi aux Archives nationales (F. 7.
6699) un document où se font jour les inquiétudes
qu'inspiraient à l'administration les sociétés chan-
tantes dites goguettes. Il y avait là un foyer d'opposition que le préfet signale dans un rapport d'août 1827,
où figure la nomenclature d'une cinquantaine de ces
établissements, tous décorés de noms bacchiques : « Ces
réunions que l'on était parvenu à disperser....., dit le
Préfet, se sont renouvelées depuis peu dans une pro-

(1) Archives nationales F. 7. 6720.

portion extraordinaire....., et sont devenues l'objet d'une surveillance spéciale que leur multiplicité et surtout l'esprit qui les anime ont rendu plus nécessaire que jamais dans les circonstances actuelles. Elles sont d'autant plus dangereuses que l'on n'y chante habituellement que les chansons de Béranger et d'autres écrits dans le même esprit. » Il signale entr'autres sociétés : «..... 20° La *Société de Momus*. » Le rapport mentionne que « le sieur Béranger y a fréquemment occupé le fauteuil de président. ». « ... 22° L'*Anacréontique*. Une opinion contraire à celle des ministres est presque une condition d'admission..... 27° Le *banquet d'Anacréon*. Cette réunion qui est très nombreuse....., peut être considérée comme une de celles animées du plus mauvais esprit. Elle ne se compose en partie que de militaires de l'ancienne armée, et l'on remarque parmi ses membres une telle exaspération qu'ils ne peuvent être considérés que comme des hommes dangereux. »

Indépendamment de ces agrégations minuscules et éphémères qui méritent à peine une mention, d'autres associations se formèrent sous le règne des Bourbons qui, celles-là, agissant au grand jour, et ne pouvant cependant tomber sous le coup de poursuites judiciaires, causèrent, indirectement tout au moins, la chute de la monarchie. Ce sont les comités électoraux de la gauche dont la *Société des amis de la Presse* nous fournissait tout à l'heure un échantillon, ces *comités directeurs*, comme les appelait avec colère la droite. On les vit reparaître, sans succès d'ailleurs, aux élections générales de 1824 qui aboutirent à un désastre pour l'opposition. Ce ne fut cependant pas faute d'une organisation soigneusement élaborée. Tous les éléments de la gauche s'étaient coalisés en passant par M. de Talleyrand pour aboutir à Manuel. On avait institué une commission permanente où figuraient notamment Benjamin Constant et le général Foy, et qui se réunissait dans le salon de Laffitte. En outre, il y avait un comité central où Manuel avait fait entrer comme secrétaires MM. de Rémusat, Mahul et Bourgeois, de l'ancienne opposition doctrinaire, afin de maintenir cette partie de la gauche dans la coalition. M. Bourgeois prêtait son appartement pour le bureau du comité et l'installation de la caisse des souscriptions recueillies en vue des frais électoraux. Des articles de journaux étaient rédigés sur lesquels le comité délibérait, et qui étaient ensuite publiés dans la presse de gauche.

Si l'Opposition ne put cette fois éviter une débâcle, elle allait, quatre ans plus tard, par une application renforcée des mêmes moyens, prendre une éclatante revanche sous la direction d'une société fameuse qui a bien mérité de l'histoire. Nous voulons parler de la société *Aide-toi le Ciel t'aidera* qui a donné au pays la fameuse Chambre des 221. C'est l'honneur du gouvernement de la Restauration, libéral à sa manière et par certains côtés, de n'avoir pas tenté contre elle des poursuites qui pouvaient tout au moins être essayées. On était en 1827, à l'heure où le ministère Villèle avait accumulé sur sa tête la plus furieuse impopularité. Chacun pressentait que la dissolution de la Chambre était proche. Le Gouvernement venait de rétablir la censure, et le parti libéral craignait de ne pouvoir faire entendre sa voix au pays lors des élections imminentes. C'est alors que sous l'inspiration de libéraux illustres se constitua cette société qui avait pour but de répandre par toute la France des brochures destinées à faire connaître aux électeurs leurs droits, à leur ouvrir les yeux sur les fautes du pouvoir, et à leur inspirer le désir de nommer une Chambre animée d'un esprit de réforme. Voici comme était conçue la première circulaire de la Société, circulaire qui fut rédigée par M. Vitet, et qu'on répandit à profusion : « Un grand nombre d'amis de la liberté de la presse viennent de se réunir pour publier et répandre des brochures..... Votre attachement aux principes constitutionnels vous déterminera sans doute à seconder les efforts de la Société, et à faire parvenir ses publications à tous vos amis. La Société qui fait les frais de ces brochures..... a compté que vous viendrez facilement à bout de vous associer quelques personnes pour supporter les frais d'expédition..... Nous apprenons que dans plusieurs départements, il s'est déjà formé des sociétés à l'instar de celles de Paris. Ne serait-il pas possible d'en organiser une dans votre ville ?..... »

Une autre circulaire de la Société, en date du 20 février 1828, sous forme de conseil aux souscripteurs, relate la façon d'opérer : « Nous ne voulons point vous tracer la marche que vous devez suivre. Cette marche doit varier suivant les localités..... Voici comme dans ces départements (Rhône, etc.) on a procédé : Un comité central s'est formé qui, se divisant en petites commissions, a d'abord pris soin d'organiser dans chaque arrondissement un comité local. Les membres de celui-ci se sont procuré par canton un ou deux correspondants chargés de voir les électeurs. Ainsi les comités d'arrondissement communiquaient surtout avec les électeurs, le comité central avec l'administration. De degré en degré toutes les affaires remontaient en définitive à ce dernier comité. C'est à lui qu'il appartenait de débattre avec le préfet les questions litigieuses. Une contribution volontaire était en outre levée..... » (1).

On se rend compte si un pareil programme (2) prêtait aisément le flanc aux rigueurs de l'article 291.

(1) Le *Manuel de l'Electeur dans l'exercice de ses fonctions* que la Société publia alors contient le passage suivant : « Dans beaucoup de départements, des comités électoraux se sont formés, et ils ont prouvé leur utilité en déjouant en grande partie les tentatives de l'administration qui avaient pour but d'écarter des listes les électeurs indépendants. La mission de ces comités n'est pas encore accomplie. Ils ont recruté l'armée, et il faut maintenant la guider au combat..... Aujourd'hui que l'on va procéder aux élections, il faut qu'il s'organise un comité dans chaque arrondissement électoral. La composition de ces comités dépendra des localités..... Dans les arrondissements dont la circonscription est resserrée tels que Bordeaux, Nantes, etc..., les électeurs ne pourront élire les membres du comité; mais dans les arrondissements étendus, les bons citoyens résidant au chef-lieu ne doivent pas hésiter à se charger de ces fonctions. »

(2) On retrouve encore une analyse du programme dans une publication que la Société répandit à profusion. Il s'agit d'une lettre de M. Gallix, électeur de Valence, à un électeur de Lyon, en date du 15 août 1827. Il invite les citoyens à suivre dans leur circonscription la marche qui fut suivie en 1824 à Valence, et qui, pour ce collège, aboutit au succès du candidat libéral : « ..... En 1824 la France constitutionnelle prise à l'improviste succomba... excepté dans quelques localités où les électeurs avaient pu s'entendre et se défendre.

Il est vrai que les organisateurs flairant le danger esquissaient par avance une défense : « Aux citoyens et aux électeurs : Il ne s'agit ici ni d'associations secrètes ni de complots. Le but est légal. A quoi bon

Valence fut de ce nombre... Rien de plus simple que l'association que nous formâmes en 1824. Nous composions un comité d'une quinzaine de personnes... siégeant chez l'un de nous. Au moyen de nos relations, il nous fut facile d'avoir un correspondant dans chaque canton... C'est ainsi qu'en servant de lien entre tous les électeurs de l'arrondissement, nous faisions disparaître les effets de l'isolement... Il est de ces facultés constitutionnelles dont personne n'use ordinairement par cela même qu'elles appartiennent à tous. Telle est celle de requérir la radiation des électeurs frauduleux. Un comité pour ces choses-là est toujours plus fort qu'un particulier... Lorsque nous fûmes certains d'avoir des listes régulières, nous nous occupâmes de discuter les titres des candidats... Nous convoquâmes à Romans tous les électeurs qui avaient correspondu avec nous pour la surveillance des listes... On compta les voix..., et les membres de l'Assemblée ne se séparèrent que pour emporter le mot d'ordre dans leurs cantons. Ceci se passait quatre jours avant les élections. Mais il nous restait encore de la besogne. (Ici il explique comment le comité avait pourvu à loger et à nourrir les électeurs dans les jours qui précédaient l'élection, afin de contrebalancer les manœuvres de l'administration qui essaie quelquefois de prendre l'électeur par la famine.) A cela il y a d'ailleurs un avantage, celui de former des réunions d'électeurs pendant les deux ou trois jours que durent les opérations électorales..... (*Pour tout cela*) une souscription parmi les électeurs dont chacun ne fournit pas plus de dix francs nous procura une somme surabondante..... Aujourd'hui, pénétrés de toute l'importance des listes qui se dressent en vertu de la loi sur la presse, nous avons reconstitué notre comité qui a provigné des comités semblables à Nyons, Die et Montélimart... *Contesterait-on la légalité de ces moyens ? Nous les regardons au contraire comme l'usage le plus licite de nos droits constitutionnels.* Un article du code pénal défend les réunions périodiques de plus de vingt personnes. Par cela même, les réunions à moindre nombre sont autorisées. Par cela même, des réunions à un plus grand nombre, mais non destinées à se renouveler à intervalle fixe n'ont rien de contraire à la loi. »

le secret? Quelque ombrageuse que soit notre législation, elle ne nous interdit pas le droit de faire des souscriptions. Or où est la loi qui défend à tous les fondateurs d'une souscription de se concerter pour surveiller l'emploi de leurs fonds ? Fussiez-vous donc mille, vous pouvez vous rassembler pourvu que ce ne soit ni *tous les jours* ni *à des jours marqués* .. Toutefois, afin d'éviter à coup sûr tout démêlé avec le code pénal..., ne vous rassemblez qu'une fois. N'existez qu'un seul jour comme sociétaires, et redevenez aussitôt simples souscripteurs. Ne laissez subsister de votre société qu'une réunion de vingt collecteurs. » Qu'auraient pensé les tribunaux de la Restauration de ces ingénieux échappatoires? L'issue du procès des *Treize* sous le second Empire est là pour nous apprendre le sort qui eût été vraisemblablement réservé à ces souscripteurs non sociétaires.

Quoiqu'il en soit, le Gouvernement ne prit aucune mesure contr'eux. Ce ne fut cependant pas faute des excitations de ses partisans, et de celles de la presse royaliste tout entière. Le parti du Ministère, déjà très irrité contre la Société pendant la période électorale dont il pressentait l'issue, donna carrière à sa fureur quand il assista au triomphe écrasant des libéraux. Il se déchaîna contre le *comité directeur* des élections, feignant de croire que celles-ci étaient le résultat de l'oppression exercée par la Société, que les électeurs avaient obéi aux *ordres* édictées par elle (1).

____

(1) Dans la *Gazette de France* du 22 avril 1828 on lit : Par *ordre* du Comité directeur et du journalisme, seront nommés dans cinq

La *Gazette de France* figurait dans cette campagne parmi les feuilles les plus exaltées. En reproduisant le 3 avril 1828 une circulaire de la Société au sujet de quarante réélections qui allaient avoir lieu par suite d'options de candidats élus, circulaire terminée par la devise : Aide-toi, le *ciel* t'aidera, elle s'écriait avec une fureur comique : « Le Ciel! dites plutôt l'Enfer! » — « La raison que donne la Société pour justifier son existence, — disait encore la même feuille dans le numéro du 26 février, — c'est que l'administration forme une vaste association liée dans toutes ses parties, et que les citoyens ne peuvent rester oisifs en présence de faisceaux si fortement unis. Ainsi le Comité directeur élève gouvernement contre gouvernement, administration contre administration ! La différence qu'il y a est que l'administration du Roi est dans la Charte, et que celle du Comité directeur n'y est pas. » (1). Dès que

collèges de Paris M. M... Le comité directeur n'a pas encore décidé le choix du quatrième collège. Il est vraisemblable qu'il *ordonnera* aux électeurs de porter M. de Corcelles.

. . . .

Aujourd'hui doivent avoir lieu dans Paris les formations de bureaux pour les élections. Le Comité directeur et les journaux révolutionnaires ont proclamé ce matin leurs bureaux définitifs. Nous renvoyons donc nos lecteurs à leurs feuilles pour connaître les *ordres* qui ont été exécutés ce soir dans les bourgs pourris du libéralisme.

(1) Le 12 septembre 1829 la *Gazette* reprenant le même sujet disait encore : « Les associations électorales sont les instruments et comme les membres du comité directeur. Ces associations sont-elles légales ? Il est certain que la Charte n'en parle pas, que les art. 291 et 292 du Code pénal les réprouvent. Un ministre a beau leur prêter le secours d'un argument insidieux; il a beau dire que si la Charte n'autorise pas de tels rassemblements, elle ne les défend

commença la vérification des pouvoirs, elle dénonça le *Comité directeur* « dont les manœuvres au grand scandale de tous les amis de l'ordre et des lois ont été employées pour asservir les libertés publiques, et pour enchaîner le suffrage des électeurs. »

A l'instigation du journal, un député, M. de Curzay, dénonça à son tour le Comité directeur à la tribune de la Chambre élective. A la Chambre des Pairs, le 11 mars, le marquis de Talaru le flétrissait également, en proposant l'ordre du jour sur une pétition de cinquante-neuf électeurs de Niort se plaignant que le Préfet eût refusé d'accueillir des réclamations électorales présentées par des associations : « Le fonctionnaire n'a fait que son devoir en repoussant des réclamations présentées au nom d'un prétendu Comité dont la loi ne reconnaissait pas l'existence. J'ai entre les mains deux lettres signées l'une d'un individu se qualifiant l'un des secrétaires *du comité consultatif électoral et du jury*, l'autre de plusieurs individus se disant *membres du bureau de semaine.* Si un préfet pouvait jamais encourir aucun blâme pour avoir refusé de reconnaître une pareille associa-

pas non plus. Elle les défend puisqu'elle ne les autorise pas..... La doctrine du vote préparatoire qu'on peut nommer la force et la vie du comité directeur, ne trouve sa sanction dans aucune loi ; elle substitue à la souveraineté du peuple la souveraineté de la bourgeoisie ; substitution où l'État n'a rien à gagner..... ; elle amène à sa suite la doctrine du mandat, si dissolvante, si funeste à l'autorité même de la Chambre élective. Elle transplante parmi nous les doctrines et les confédérations qui ont perdu la Pologne, en leur donnant pour correctif l'inquisition qui a énervé Venise. Après cela, demandez-moi si les associations électorales sont contraires à la Charte. »

tion, si jamais la Chambre leur donnait quelque consistance par une délibération favorable, nous retombons dans l'anarchie des clubs. »

Aux explosions de colère de la droite, et notamment à la dénonciation de M. de Curzay, le journal *le Globe*, organe de la société accusée, répondait assez plaisamment, le 16 février : « M. de Curzay a dénoncé à la Chambre un *comité directeur* oppresseur des élections... Je m'étonne que quelques-uns des députés qui sont arrivés par suite de l'oppression dénoncée par M. de Curzay n'ait pas pris la peine de se lever et de lui répondre à peu près ceci : Monsieur, grâce à votre ami M. de Villèle et à trois cents respectables personnes de votre connaissance, la censure a été rétablie, si je ne me trompe, le 15 juillet 1827. En conséquence, des citoyens qui savaient par cœur l'article de la Charte qui permet à tout Français de publier ses opinions se sont réunis. L'un d'eux a pris la parole, et a demandé si, à défaut de journaux libres, on ne pouvait pas recourir à des brochures pour s'instruire soi et le pays. Tout le monde a répondu que oui, et alors une collecte de cinq francs par personne a été faite, et chacun s'est engagé à recruter autant de pièces de cinq francs par mois qu'il aurait d'amis pensant comme lui, et, comme lui, ayant besoin de savoir ce qui se passe. L'argent est venu... Parmi les souscripteurs, quelques-uns plus actifs, plus prompts de la plume ont été nommés pour conter les nouvelles aux autres. Un petit manifeste, pas administratif, il est vrai, mais de bon sens, a été lancé sous le titre modeste de *Aide-toi, le Ciel t'aidera*, et le pays qui avait en effet envie de s'aider a prié les donneurs de nouvelles de lui en donner des plus fraîches et des plus sûres..... Sur ces entrefaites, arrive qu'on parle de la dissolution de la Chambre, et le comité des brochures ainsi avisé écrit de tous côtés. Alors chacun dresse l'oreille, et quand le grand mot est prononcé, personne n'est pris au dépourvu. Comme la chose presse, et que pas mal de gens ne savent pas trop leur métier d'électeurs, le comité a l'idée, voyez un peu l'infernale invention, d'écrire des instructions... Il en envoie tant que sa bourse le lui permet ; et comme, par malheur apparemment pour quelques amis de M. de Curzay, les instructions, les consultations agréent, et que chacun y retrouve ce qu'il rêvait au coin de son feu, comme par malheur encore pour les amis de M. de Curzay, on commence à croire que penser et rêver le bien ne sert pas de grand chose si on laisse agir ceux qui ne voient pas le bien et ne le rêvent guère, chacun s'est mis sur pied, s'est *aidé*, comme disait le comité directeur, ou plutôt s'est opprimé lui-même, comme dit M. de Curzay ; et alors d'oppression en oppression est arrivée la Chambre que nous avons. »

Benjamin Constant vint lui aussi, le 29 mars, défendre du haut de la tribune « le droit, je dirai plus, — s'écriait-il, — le devoir des citoyens de se réunir pour fixer leur choix lorsqu'ils sont appelés à élire un député..... Les prétendus comités directeurs sont des réunions légales qui ont sauvé la France..... »

Le ministère lui-même ne pouvait, si bonne envie qu'il en eût d'ailleurs, contester la légalité des comités. Voici comme en effet s'exprime à leur égard M. de

Martignac dans une circulaire du 21 octobre 1828 relative à l'application de la loi sur les listes électorales. Les restrictions même qu'il veut apporter à l'action des comités sont un hommage rendu à leur droit d'exister. L'administration ne doit pas entrer en relations avec eux, mais elle doit les laisser fonctionner : « M. le préfet, il s'est formé dans plusieurs départements des réunions qui sous les dénominations de *bureaux*, de *comités consultatifs électoraux* ou autres analogues, annoncent avoir pour objet de faciliter aux ayant droit leur inscription sur la liste des élections ou du jury..... Ces réunions se trouvent en dehors de notre législation. Aucune disposition expresse de nos lois ne leur est applicable. *Aucune n'a prohibé leur formation.* Aucune n'a réglé les conditions de leur existence. Tant qu'elles ne troublent pas l'ordre public soit par des actes illégaux, soit par des écrits susceptibles d'être déférés aux tribunaux, vous n'avez à prendre à leur égard aucune mesure...; mais..... la loi n'admet point de réclamation ni d'action collectives. La correspondance purement officieuse et toute privée des bureaux et des comités consultatifs, s'il en existe dans vos départements, ne peut donc avoir lieu qu'entre les individus qui jugeraient à propos de s'adresser à eux et les personnes qui en feraient partie. »

Après l'avènement du ministère Polignac, on voit encore le Gouvernement, par les taquineries mesquines qu'il prescrit contre les comités, avouer implicitement son impuissance à faire plus, et à leur appliquer le Code pénal. Il existe aux Archives nationales (F.7.6741)

4.

la minute d'un post-scriptum ajouté par le ministre de l'intérieur, en main propre, au bas d'une lettre adressée au préfet de Tarn-et-Garonne à la date du 21 août 1829 : « C'est en ôtant toute influence dans l'intérieur des administrations aux comités directeurs que vous affaiblirez leur pouvoir, M. le préfet. Qu'on sache bien qu'ils ne peuvent rien, que tout ce qui se rattache à eux perd ses droits aux grâces et aux faveurs du Gouvernement, et ils seront bientôt isolés dans le pays. »

Les comités électoraux ou la société qui en était l'âme n'avaient pas fini leur tâche en amenant les élections de 1828 qui renversèrent le ministère Villèle. Le pouvoir sut leur en tracer une nouvelle, celle dont l'achèvement les a immortalisés. Ils eurent en juin 1830 à rappeler les 221. Tel est l'acte mémorable par lequel la société *Aide-toi, le Ciel t'aidera* termina sa brillante carrière (1).

Un fait digne de remarque, c'est de voir une monarchie aux abois qui, n'ayant pas reculé devant le coup d'Etat, semble avoir craint de toucher aux comités électoraux. Sans doute que M. de Polignac ne voulait pas dépenser l'illégalité en petite monnaie, l'épargnant toute entière pour le coup final. Mais il ne paraît pas s'être aveuglé sur l'importance fatale des comités : témoin ce passage de son *rapport au Roi*, rapport qui fut découvert après la Révolution : « Le ministère n'ignore pas qu'il existe une association qui s'intitule sans

____

(1) Elle vécut bien quatre ans encore. Mais son esprit changea. Ses tendances devinrent complètement républicaines, et elle perdit son importance.

detour *Comité électoral*. La composition de ces clubs est connue au ministère de l'intérieur. Les listes de plusieurs d'entr'eux ont été imprimées dans leurs propres journaux à l'occasion des élections partielles de 1828 et des six premiers mois de 1829. Ces comités exercent sur les listes électorales une inquisition permanente, favorisée par le droit que la loi accorde aux tiers d'intervenir dans les préparations relatives à la composition de ces listes. Le comité qui surveille chacune d'elles s'applique à rendre aussi facile et aussi prompte que possible l'admission de chaque électeur présumé mal pensant, et au contraire à entraver dans le même degré l'inscription ou le maintien sur la liste des royalistes avérés. Circonvenir les électeurs douteux est une autre tâche du comité. Enfin il veille à ce que les voix du parti ne se divisent pas. »

Quelle qu'ait été la raison de la tolérance ministérielle, la presse royaliste ne la pouvait concevoir. La *Gazette de France*, affolée par les élections de juin 1830, reprochait amèrement au Gouvernement, dans un article du 1er juillet, de n'avoir pas « traduit les membres du comité directeur devant les tribunaux, empêché les associations électorales de nouer leurs intrigues et de monopoliser les élections. » On a en tous cas la preuve que la question fut mise à l'étude dans les bureaux du ministère de l'intérieur, et ce à la suite d'un article paru dans ce même journal le 25 juillet 1829. L'écrivain royaliste avait formulé, avec tout le feu de la passion, un véritable réquisitoire appuyé de textes de loi, et tel que ne l'eût pas désavoué un Bellart ou un Marchangy. Cet article avait pour intitulé :

« Ce que nous voulons : l'abolition du comité directeur
et des comités des départements. » Il débutait ainsi :
« Faites place aux gens de bien, mauvais citoyens que
vous êtes ! » Il disait encore : « Dans les élections générales, et par suite des manœuvres de ce comité, on
est tellement parvenu à en imposer aux électeurs que,
contre la nature des choses, il y a eu un grand nombre de doubles, de triples, même de sextuples nomina-
tions : résultat inévitable d'une combinaison de candidatures concertées et préparées avec un ensemble
qui ne peut être produit que par une coalition. » Il
concluait en demandant qu'on appliquât aux comités
les art. 291, et 123, 109, 113 du Code pénal. A ce réquisitoire était annexée comme « pièce » justificative
la « Proposition de M. Siméon contre les comités constitutionnels en l'an V. » L'article attira d'une façon
toute particulière l'attention du ministère. On retrouve
en effet le numéro du journal dans un des dossiers du
ministère de l'intérieur (1) ; et sur la cote de ce dossier
la main de quelque directeur, sinon du ministre lui-
même, a écrit les numéros des différents articles du
Code pénal visés par la *Gazette.* Le même fonctionnaire a mis ensuite cette mention : « Aucun article du
Code pénal ne me paraît applicable, et il me semble
difficile que l'art. 360 de l'an III, ou que la proposition
de M. Siméon en l'an V eût-elle passé en loi, puissent
être en vigueur aujourd'hui. »

(1) Archives nationales, F. 7. 6741.

§ 2. — Réunions publiques.

Nous venons de parler des associations. Il faut maintenant parler des simples réunions qui prirent place sous la Restauration. Il n'y a guère à mentionner que des réunions électorales. A cette époque où la liberté politique était chose toute nouvelle, et où ni le Gouvernement ni les partis n'étaient bien édifiés sur leurs droits respectifs, on n'avait que des notions confuses sur des distinctions qui, plus tard, se dessineront nettement dans les esprits comme dans les lois : on ne saisissait pas encore les différences qui séparent, d'une part les associations des simples réunions, d'autre part les réunions publiques des réunions privées. Cette confusion apparaît dans un article du *Moniteur* du 4 novembre 1819, défendant contre les attaques de la *Quotidienne* (1) le ministère que les *ultras* accusaient de faiblesse pour avoir toléré une réunion électorale chez Manuel, membre de la Chambre des députés. C'était au moment du procès intenté aux *Amis de la Presse*, et l'écrivain officiel insistait sur la différence qui existait entre les deux

(1) Ce journal disait à ce sujet le 21 octobre : « S'il était besoin de démontrer quelle est la faiblesse du Gouvernement, quelle preuve plus éclatante pourrions nous en donner que cette audace avec laquelle on se rit de ses menaces et on élude les mesures qu'il croit devoir prendre? Il fait fermer un club, et le club se rouvre le lendemain; et on imprime avec une sorte de faste la liste des membres qui s'y sont trouvés. Bossuet l'a dit : « C'est la faiblesse qui perd les empires ».

espèces, expliquant pourquoi il y avait eu lieu à poursuivre dans la première affaire, et pourquoi la seconde réunion ne pouvait être inquiétée. Sa théorie fort embrouillée et fort dangereuse pour la liberté, en ce qu'il ne semblait dispenser d'autorisation que les réunions privées, était, dans la circonstance spéciale tout au moins, favorable à cette même liberté, puisqu'elle aboutissait à laisser les électeurs s'assembler en paix chez Manuel : « Qu'a fait, disait-il, M. le procureur du Roi en citant M. Gévaudan et M. le colonel Simon (*les prévenus dans l'affaire des Amis de la Presse*)? Il leur a dit sans doute : voici la loi sur les réunions politiques ; or, une réunion essentiellement politique existe, et elle existe, non pas sous votre garantie personnelle ni sous l'inviolabilité de vos foyers domestiques, mais dans des appartements auxquels vous prêtez seulement votre nom...; vous n'y avez pas droit de maintenir l'ordre... Donc cette réunion n'offre aucune garantie, quoiqu'elle soit fictivement sous votre nom ; donc elle est soumise à celle de la loi. Maintenant, si M. Manuel ou tout autre citoyen réunit la même société chez lui personnellement, l'existence politique de cette société n'a-t-elle aucune différence? Aura-t-elle son existence propre et collective, ou sera-t-elle dépendante de la volonté de celui qui la reçoit? De deux choses l'une : ou une association se forme sous les auspices et sous la direction exclusive d'un citoyen; alors elle est sans danger, car de sa nature elle ne peut subsister; ou elle se réunit dans un lieu qui lui appartient, sous une constitution particulière, à des conditions communes à tous ses membres. Alors elle est soumise à la surveillance du Gouvernement, qui la dissout si elle est dangereuse, et qui la tolère si elle peut ne pas l'être. Que *la Quotidienne* veuille bien songer à ces deux situations différentes... Voudrait-elle que le Gouvernement eût le droit de forcer l'asile des citoyens? L'usage de toute liberté est voisin de l'abus, sans doute, mais les lois sont précisément portées contre les abus ».

Les réunions électorales qui eurent dans les années suivantes une importance réelle furent encore l'œuvre de la Société *Aide-toi, le Ciel t'aidera.* Lorsque les élections de 1828 furent terminées, avec quel brillant succès, nous l'avons dit, la société organisa, en vue de quarante réélections partielles, des réunions préparatoires de membres de collèges. L'exaspération des royalistes déjà développée par la première phase de la lutte fut alors poussée au paroxysme. L'explosion se produisit à l'occasion des convocations qui furent faites pour s'entendre sur le choix d'un candidat dans deux circonscriptions de Paris. On y décida qu'on n'adopterait aucun candidat qui ne prendrait pas l'engagement formel de n'accepter emploi, titre ni faveur, sans se soumettre à la réélection. Une de ces convocations avait été faite aux Champs-Elysées dans une salle de bal public dite la Rotonde; et la presse royaliste usant d'une argumentation facile, s'emparait du choix du local pour discréditer la réunion, et feindre de croire qu'on y avait vu revivre les désordres dont la Rotonde était habituellement le théâtre (1). La *Gazette de France*

(1) Elle plaisantait aussi la réunion qui s'était tenue rue Grange-Batelière, et où un scrutin préparatoire était demeuré ouvert pendant

débutait ainsi dans son article du 1er janvier : « La
révolution est commencée, le club des jacobins est
rouvert ». Elle criait bien haut à l'illégalité, et cela en
faisant la plus perfide interprétation de la loi de 1817
dont l'article 8 disait en effet : « Les collèges électoraux sont convoqués par le Roi... Ils ne peuvent s'occuper d'autres objets que de l'élection des députés.
Toute discussion, toute délibération leur est interdite. »
Or elle affectait d'assimiler cette réunion préparatoire
et toute officieuse des électeurs à une réunion qui
aurait usurpé le caractère officiel, et elle feignait de
voir une violation ouverte de la loi dans le fait de s'assembler ainsi sans l'ordre du souverain, et de délibérer
au mépris d'une défense positive : « Par qui a été faite
cette convocation ? La Charte dit que les présidents
des assemblées électorales ne peuvent être nommés
que par le Roi. Quel roi dans Paris a nommé M. Davil-
liers président de la section des Champs-Elysées ?
Quel pouvoir occulte a dressé les règlements et les
ordres du jour ? Et l'on nous parle de Montrouge et de
la congrégation ! » Un de ses correspondants demandait la dissolution du collège électoral et la poursuite
contre les membres en faisant partie, pour association
illégale. Un autre établissait un parallèle entre cette
réunion d'un collège, prétendant à ce titre avant la
consécration officielle, et la réunion du Jeu de Paume
dans laquelle des députés isolés s'étaient qualifiés sans

dix jours La boîte du scrutin était restée chez le concierge. De là,
quolibets contre ce concierge élevé à la dignité de gardien des urnes.
Les royalistes savaient ainsi se consoler par une gaîté facile des
sérieux échecs qu'ils essuyaient.

droit eux aussi d'assemblée constituante ; et il voyait dans l'un et l'autre événement l'origine de calamités semblables. « Il est certain, disait encore le même journal à la date du 28 avril, qu'à Paris, un collège de mille citoyens a été opprimé par trois cents électeurs ; que, dans ce collège, de véritables coalitions ont été faites pour priver deux cents citoyens de leur participation à l'élection. Il est certain que des assemblées préparatoires ont produit une fausse manifestation de l'opinion des électeurs..., qu'elles constituent de véritables attroupements..., que le candidat de ces attroupements est devenu le candidat du collège malgré la majorité. Mais ces désordres qui se sont passés dans la capitale du royaume ne sont pas les seuls dont la société ait à gémir ; dans toute la France des comités composés d'anciens jacobins... ont menacé les électeurs royalistes..., ont fait des *descentes* chez les électeurs de campagne ». Le journaliste rappelant les articles 109 et 110 du Code pénal disait en finissant : « Pourquoi le ministère ne fait-il pas mettre en jugement le comité directeur?... »

L'hypocrite effroi de la presse royaliste était raillé par les journaux de l'opposition, notamment par le *Journal des Débats* qui invoquait les mœurs et la législation anglaises à la rescousse du droit qu'on contestait si injustement : « Un anglais monté fièrement sur ses bruyants hustings où le tory le plus altier vient se soumettre avec une complaisance calculée aux brutalités de John Bull prendrait en pitié notre circonspection politique. »

Cependant le Parlement s'émut à l'occasion d'un

rapport fait par M. de Sesmaisons sur une pétition
d'électeurs demandandant une loi pour la répression
des fraudes électorales. Le duc de Sabran interpella
le ministère à la Chambre des pairs : « Il aurait été
tenu au sein de la capitale une assemblée politique de
plusieurs centaines d'individus se qualifiant d'électeurs spontanément organisés sous la direction d'un
président et de secrétaires de leur choix... Que penser
d'un exemple si dangereux, si contagieux de sa nature? » M. de Sabran conclut en invitant les ministres
« à donner à la Chambre tous renseignements, et à lui
faire connaître les mesures judiciaires ou administratives que sans doute ils ont cru devoir prendre. » Ce
fut le ministre de l'Intérieur, M. de Martignac, qui répondit : « Le Gouvernement n'avait pas attendu cet
appel pour porter son attention sur les faits dont les
Champs-Elysées ont naguère été le théâtre. Sans présenter l'imminence du danger que le noble pair a cru
y apercevoir, les faits ont paru au Gouvernement assez
graves pour fixer son attention. Les ministres du roi
sont fermement résolus à assurer aux citoyens la plé-
nitude de la liberté légale que leur garantissent nos
institutions. Ils sont également déterminés à ne pas
souffrir que les limites de cette liberté soient trans-
gressées et que l'ordre public soit troublé. »

Le ministre avait beau enfler la voix, les électeurs
qui s'étaient ainsi réunis étaient incontestablement
dans leur droit. Mais par une timidité d'esprit qui
s'explique quand on songe que ces électeurs, — nous
le rappelions déjà plus haut, — n'étaient pas encore fa-
miliarisés avec l'usage de toutes les libertés publiques,

plusieurs n'étaient pas bien convaincus qu'ils fussent dans la légalité, ou ne savaient pas placer la question sur le vrai terrain, et laissaient de cette façon à leurs adversaires un jeu facile. C'est ainsi que M. Lacretelle, vivement pris à parti pour avoir assisté à la réunion des Champs-Elysées, et enfreint la loi électorale, se défendait maladroitement en alléguant (ce qui, paraît-il du reste, était inexact), que la réunion aurait été précédée d'une déclaration préalable faite à la préfecture de police. Mais en réalité cette circonstance importait peu. En effet, à défaut d'un texte nouveau réglant les réunions publiques, elles se trouvaient régies par les lois de la Révolution qui leur laissaient pleine liberté (1), ainsi que le faisait d'ailleurs remarquer le *Journal des Débats*, sauf faculté pour l'autorité municipale de les dissoudre en cas de troubles, conformément à la loi de 1790.

Quoi qu'il en soit, les bruyantes clameurs des royalistes décidèrent le Gouvernement à intervenir, mais d'une façon qui n'était ni bien gênante ni bien tyrannique. Le 3 avril, à une époque où les élections étaient terminées ou allaient l'être, le préfet de police fit insérer au *Moniteur* une note que les journaux reçurent l'ordre de reproduire, et qui interdisait les réunions. En défendant le Gouvernement contre le reproche de vouloir porter atteinte à la liberté des élections et à la liberté des réunions plus ou moins nombreuses dans lesquelles des électeurs cherchent à s'entendre, le pré-

____

(1) L'article 14 (titre I) du décret du 22 juillet 1791 ne soumet à la déclaration préalable que les sociétés ou clubs.

fet de police ajoutait qu'il ne pouvait cependant tolérer, à raison de son caractère spécial, celle tenue aux Champs-Elysées : « Elle a été convoquée, disait-il, elle s'est formée dans un lieu public... sans avoir même averti l'autorité chargée du maintien de l'ordre... Elle a procédé comme une assemblée délibérante ; elle a publié ses règlements..., elle a eu ses présidents, ses secrétaires, son bureau entier sans qu'on sache de qui ces fonctionnaires tenaient leur pouvoir : elle a admis une discussion solennelle dans laquelle sous forme d'un examen de titres à la candidature, des orateurs ont passé en revue... les actes les plus importants de l'autorité publique... ; elle s'est ajournée à une époque déterminée pour reprendre le cours de ses travaux, et le lendemain les journaux ont publié le procès-verbal de cette étrange séance... Tout cela s'est passé, il est vrai, sans trouble extérieur. Mais c'était la première fois que cette assemblée était convoquée. La curiosité publique n'avait pas encore été excitée. Qui pourrait répondre qu'une nouvelle réunion ne produirait pas d'autres résultats?... Si des électeurs ont ainsi le droit de s'assembler sur la provocation d'un d'entre eux, quel moyen y aurait-il d'empêcher qu'à leur tour les citoyens non électeurs se réunissent pour délibérer sur les matières qui les intéressent?... La réunion formée le 31 mars dernier dans le café appelé le *Salon de Mars*, situé aux Champs-Elysées et qui s'est ajournée au dimanche 6 de ce mois, n'est point autorisée, et ne peut être tolérée. Le Gouvernement fait connaître le défaut d'autorisation aux magistrats de l'ordre judiciaire afin que dans le cas d'une réunion nouvelle les dispositions de la loi soient mises à exécution. »

La note préfectorale conçue d'ailleurs, comme on le voit, dans un style conciliant et paternel, n'en aboutissait pas moins à une mesure arbitraire. Mais le défaut d'intérêt prévint une lutte entre le ministère et l'Opposition qui céda sans acculer l'administration entre une capitulation et un abus de pouvoir ; et on n'eut pas une édition anticipée des banquets de 1848.

Le spectre des réunions électorales continua à hanter l'esprit des royalistes, alors qu'elles n'avaient plus lieu ; et pour les empêcher de renaître, un membre de la Chambre des députés introduisit un amendement dans le projet de loi sur les listes électorales qui fut soumis aux Chambres quelques mois plus tard : « Toutes réunions ou associations formées avant le jour fixé pour l'ouverture des collèges électoraux, toute création de comités constitués pour agir collectivement, soit par représentation des droits des tiers en matière d'élection sont et demeurent interdites, et les délinquants seront punis... » Cet amendement fut d'ailleurs écarté par la question préalable. La loi nouvelle qui, conçue dans un esprit libéral, établissait la permanence des listes électorales pour soustraire les inscriptions à l'arbitraire de l'administration, fut vivement combattue par la droite, toujours à cause des facilités que les électeurs pourraient y trouver pour des réunions : « Jusqu'ici, disait la *Gazette de France*, du 30 avril 1828, les lois électorales avaient considéré comme un droit purement temporaire celui qui s'exerce dans les collèges... Voter n'était pas une fonction ; c'était une délégation d'un jour... Il n'y avait d'électeurs que quand il n'y avait plus d'élus. La nouvelle loi au contraire, surtout avec l'amendement de la commission qui déclare les listes perpétuelles..., laisse subsister les électeurs alors même qu'il n'y a plus personne à élire... Cent mille électeurs de la démocratie vont se trouver constamment en présence de la royauté. Supposez une lutte, supposez une Chambre des députés séditieuse, supposez un usurpateur. Voilà l'instrument *des droits et de la légalité* tout trouvé pour consacrer la révolution et l'usurpation... Il y aura dans l'état un *corps* d'électeurs populaires sans aucun contrepoids... Mais en laissant de côté ces conséquences extrêmes, qu'on nous dise quand enfin se calmeront les passions!... Les sections auront-elles une fin? Avec des collèges permanents viendront les scrutins perpétuels... Il y aura deux Chambres électives, l'une en activité de service, l'autre en expectative. »

Après 1828, le droit de réunion, non pas cette fois en matière électorale, mais encore en matière politique, éveille de nouveau l'attention dans deux circonstances mémorables qui se rattachent aux dernières élections de la monarchie. Il s'agit d'abord du banquet qui en septembre 1829 à Lyon, fut offert à Lafayette réélu député; il parcourut alors le midi en véritable triomphateur. Le pouvoir ne laissa pas que d'être inquiet de ces ovations. Mais en somme il ne bougea pas. Tout se réduisit de sa part à une ordonnance assez ridicule du maire de Lyon, qui, pour essayer amiablement de détourner ses concitoyens des manifestations projetées, publia à nouveau l'ordonnance de son prédécesseur sur les charivaris, sérénades et réunions tumultueuses, en la faisant précéder d'un préambule enfantin (1). Le ministre crut devoir aussi par un arrêt du 11 septembre destituer le maire et l'adjoint de la commune de Vizille « pour avoir pris part aux honneurs publics décernés à M. de Lafayette. » Ces vexations maladroites n'empêchèrent pas le banquet de cinq cents couverts contre lequel aucune entrave directe ne fut tentée, et dont la presse libérale fit une description enthousiaste.

Une seconde réunion fut plus fameuse encore. De nouveau cette fois, il s'agissait d'un banquet, celui qui fut offert le 30 avril 1830 aux 221 après leur réélection. La presse royaliste tourna cette fête en dérision, comme la première, et affecta là encore de voir une réunion de démagogues. Mais quant au Gouvernement il se résigna au silence, et son attitude demeura absolument correcte. Peut-être que l'occasion était trop solennelle, l'attention trop éveillée pour que l'administration osât risquer un procédé d'arbitraire. Qu'on ne nous accuse pas de formuler ici une hypothèse peu charitable en attribuant au sentiment de la peur une conduite qui aurait pris plus haut sa source. Car cinq ans auparavant, en 1825, à propos de manifestations

____

(1) Nous, maire de la ville de Lyon : Considérant qu'il est du devoir d'une administration paternelle de rappeler d'intervalle en intervalle les dispositions des ordonnances qui tiennent plus particulièrement au maintien de l'ordre et de la tranquillité afin que le magistrat n'ait point à réprimer des contraventions qui pourraient souvent être commises par ignorance ou défaut de connaissance, Ordonnons : Le règlement de police de notre prédécesseur du 28 octobre 1820 sera de nouveau publié et affiché. — 28 août 1829.

du même ordre, mais dans des circonstances beaucoup moins retentissantes, et où il se flattait sans doute de n'avoir pas à compter avec l'opinion, le pouvoir avait gratuitement fait acte de tyrannie bien mesquine.

Il s'agissait d'une réunion projetée pour célébrer l'anniversaire de la résistance de Grenoble, le 6 juillet 1815, à l'armée combinée autrichienne et sarde qui s'était présentée devant la ville, précédée de deux commissaires du roi de France pour rétablir l'autorité légitime. Le préfet de l'Isère, pour empêcher cette réunion en donnant à la mesure une couleur de légalité, n'hésita pas à l'assimiler à un attroupement, et à y voir le délit d'offense envers l'autorité royale : « Considérant, dit l'arrêté, qu'un certain nombre d'individus se réunissent chaque année le 6 juillet sous le prétexte de célébrer la résistance opposée en 1815 dans la ville de Grenoble à une armée alliée qui ne se présentait que pour y rétablir l'autorité royale, et après en avoir formellement manifesté l'intention par l'intermédiaire des commissaires que le roi avait délégués auprès de cette armée ; considérant que si un sentiment honorable a pu, au moment de l'investissement de la ville, engager à la défendre des citoyens auxquels on avait soigneusement caché les circonstances qui donnaient un caractère de culpabilité à cette résistance, l'affectation mise depuis plusieurs années à rappeler cet événement a le caractère d'une offense envers l'autorité royale ; considérant qu'une telle réunion devient plus blâmable encore par les discours qui à diverses reprises y ont été prononcés, par une organisation dont elle favorise l'existence, par l'appel fait à un grand nombre d'individus étrangers à la ville, et à d'autres qui n'avaient pris aucune part à la résistance de la place, par la distribution de cartes indiquant la série à laquelle chacun devait appartenir, et par diverses démarches qui prouvent que le but réel de ce rassemblement est de former une sorte de fédération, d'organiser un parti, et d'en classer les membres ; Arrête : Art. 1er. Tout attroupement qui aurait pour objet de célébrer l'anniversaire du 6 juillet 1815 est interdit. — Art. 2. Sera considéré comme attroupement toute réunion non autorisée de plus de vingt personnes dans un même local. — Art. 3. Les attroupements seront dissipés par les voies de droit... En cas de résistance (*des individus qui en feront partie*), ils seront arrêtés pour être poursuivis suivant les cas conformément aux art. 91, 291, 292, 293, 294 C. pénal et aux lois des 17 et 26 mai 1819 et 26 mars 1822. *Signé* D'Haussez. »

Indépendamment des réunions accidentelles, il y en en eut de périodiques sous la Restauration. Nous voulons parler des réunions parlementaires qui n'étaient en quelque sorte que le prolongement des séances législatives dont l'immunité les couvrait. Celles de la gauche, qui ne se formèrent d'ailleurs qu'en suivant l'exemple donné par la droite, étaient en butte aux attaques incessantes mais inoffensives des royalistes purs. Elles accélérèrent le triomphe de la cause libérale. Elles étaient primitivement divisées en sections. Il y avait à l'origine les réunions Ternaux, Gevaudan, Laffitte, qui se tinrent dans des maisons particulières ; puis toutes finirent par se fusionner, et elles se groupèrent alors dans un seul local, successivement rue

Grange-Batelière, rue Richelieu, cour Mandar, rue de
Rivoli, puis de nouveau rue Richelieu, chez le restau-
rateur Lointier. C'est là qu'on se rassemblait chaque
semaine, dans la soirée du vendredi, au nombre d'environ cent-soixante (1).

Que ces réunions n'aient pas été entravées alors,
c'est là un fait trop naturel pour avoir même besoin
d'être relevé. Il s'agissait d'une liberté s'incarnant
trop avant dans le mandat même de député pour
qu'un gouvernement, quel qu'il fût, — nous entendons
du moins un gouvernement parlementaire — eût eu
l'idée extravagante d'y porter atteinte. Si nous éprou-
vons le besoin de rappeler expressément qu'elle fut
respectée, c'est que son véritable caractère a été tra-
vesti, et par ses partisans mêmes : c'est que plus
tard, devant un tribunal de répression, il s'est trouvé
un avocat, un républicain cependant et non des moins
qualifiés, qui pour les besoins de sa cause a cru
devoir signaler comme une simple tolérance le droit
dont on avait joui alors, et présenter les réunions parlementaires comme ayant encouru les rigueurs du
Code pénal. Garnier Pagès, défendant le 2 octobre 1830
devant la police correctionnelle les membres de la
Société des Amis du Peuple poursuivis pour infraction
à l'article 291, voulait assimiler ses clients, simples
particuliers, aux députés de la réunion Lointier, pour
en conclure que ceux-ci aujourd'hui au pouvoir ne

(1) Lettre explicative d'un électeur de Paris à quelques électeurs
de département sur les réunions, les séances, les discours et les
votes des membres de la Chambre des députés. — Paris 1829.

pouvaient sévir contre des gens n'ayant commis d'autre faute que de suivre leur exemple : ils leur devaient l'absolution dont ils avaient bénéficié eux-mêmes : « Combien de fois la Chambre des députés elle-même n'a-t-elle pas donné l'exemple de la violation des articles que l'on invoque contre nous ! Toute la France se rappelle la réunion de la rue Grange-Batelière et de la rue Richelieu où l'on préparait les lois qu'on lui destinait, réunions en dehors de toute publicité, qui ne faisaient aux assemblées ordinaires de la Chambre que de longues parades dans lesquelles on prononçait des discours d'apparat sans que la majorité connue à l'avance perdît ou acquît une seule voix. » Ce n'était là qu'un argument d'avocat, mais il n'en était pas moins plaisant dans la bouche de l'orateur. Garnier Pagès venant dire que les réunions de députés étaient une violation de l'article 291 ! M. de Polignac lui-même eût-il jamais osé hasarder une déclaration pareille ?

§ 3. — Associations religieuses. — Congrégations.

La question des congrégations se posa sous la Restauration à un double point de vue : d'abord y avait-il lieu de leur reconnaître une existence légale ? ensuite, dans le cas où on les repousserait en tant que corporations, ne laisserait-on pas au moins leurs membres continuer à mener la vie en commun ? C'est ce dernier point de vue seul qui rentre dans notre étude et dont nous dirons un mot. Pour le premier, il nous suffit de rappeler qu'il fut tranché pour les congrégations d'hommes par la loi de 1817, ne donnant le droit d'acquérir à titre gratuit et onéreux qu'aux établissements ecclésiastiques *reconnus par la loi*, et pour les congrégations religieuses de femmes par la loi de 1825, déclarant que pour l'avenir aucune congrégation semblable ne pourrait se former que si elle était autorisée par une loi, exception faite seulement en faveur de celles déjà existantes à l'égard desquelles une ordonnance royale suffirait.

En ce qui touche le droit pour les religieux non autorisés de vivre simplement en commun, sans prétendre à être érigés en personne morale, il faut dire que le parti libéral ne battit pas bien vivement en brèche cette revendication. Si l'opposition d'alors redoutait à juste titre de voir les congrégations devenir un État dans l'État, elle ne se montrait pas particulièrement alarmée de voir leurs membres admis à l'exercice d'un droit naturel; et même plus d'un libéral intraitable sur le premier point, prêchait sur le second l'application du droit commun, sans compter que quelques-uns, allant plus loin encore, s'étonnaient que le Gouvernement hésitât à accorder aux congrégations la personnalité morale dont il investissait, suivant les cas, les associations civiles. C'est en ce sens que se prononçaient notamment des articles du *Globe* qui furent fort remarqués à l'époque, et qui étaient dus à la plume de M. Duvergier de Hauranne. Ce n'était là d'ailleurs que l'opinion d'une petite minorité. La masse du parti réclamait la dissolution des congrégations.

On sait ce qui se passa pour les Jésuites à la suite

de la fameuse dénonciation du comte de Montlosier, qui aboutit, le 18 août 1826, à l'arrêt de Paris déclarant l'existence de l'ordre contraire aux lois, mais proclamant en même temps que ce n'était qu'à la haute police du royaume qu'il appartenait de le dissoudre. Déjà sa situation avait été discutée à la Chambre des pairs. M. Lainé en avait fait ressortir l'illégalité à l'occasion du débat sur le budget des cultes. L'orateur après avoir passé en revue différentes questions religieuses sur lesquelles, disait-il, il s'en remettait à la prudence du Roi et des Chambres, ajoutait : « Pourquoi faut-il que je n'aie pas la même sécurité au sujet d'une congrégation fameuse ? » Il voulait espérer que, si on devait rétablir les Jésuites, on ne les rétablirait que par une loi. Si le Gouvernement, après mûre délibération, se refuse à présenter un projet dans ce sens, « on doit avoir la confiance qu'il ne souffrira pas une introduction subreptice dont les Jésuites, sans doute dans leur intérêt bien entendu, ne voudraient pas eux-mêmes. Il est loin de la pensée du noble pair de décrier des mesures sévères. Les Jésuites, comme particuliers, doivent être protégés autant que les autres Français...; mais l'autorité ne doit pas les encourager, etc... »

Peu de temps après cette discussion, et après l'arrêt de la Cour de Paris, le comte de Montlosier, continuant sa campagne, déposa à la Chambre des pairs une pétition l'invitant notamment à « prendre en considération le danger imminent qui résulte de l'état de délit flagrant où se trouvent, en France, les divers établissements de congrégations et de Jésuites, et à aviser immédiatement aux mesures les plus promptes pour opérer leur dissolution ». Portalis déposa le 18 janvier 1827 un rapport qui a souvent été cité. Après avoir rappelé, au sujet des ordres monastiques, « qu'en dépit de la règle interdisant l'établissement d'un ordre religieux en France, sans la permission expresse du Roi, règle jadis inflexible, il existait aujourd'hui en France, de par les aveux même d'un prélat, ministre du roi pendant la dernière session, des associations d'hommes liés par des engagements mutuels, pratiquant la vie commune et obéissant à une règle monastique », il insistait sur ce point qu'elles ne sauraient échapper à la nécessité de l'autorisation alors qu'en thèse générale toutes les associations, tous les rassemblements, toutes les réunions, même fortuites d'hommes, sont placées sous la surveillance spéciale de l'autorité publique : « Comment admettre, disait-il, que des réunions, qui ne sont pas seulement périodiques, mais permanentes, dont les membres ne se contentent pas de mettre en communauté leurs pensées, mais leur vie entière..., comment admettre que des associations qui lient entre eux des hommes par les engagements les plus forts et les plus puissants, par le renoncement le plus absolu à leurs affections naturelles et l'abnégation la plus complète de leur volonté propre, que des associations qui se rattachent par des liens de confraternité, d'affiliation et de dépendance à des établissements situés hors la patrie, n'auraient pas besoin d'être autorisées...? On ne pourrait, sans une singulière méprise, inférer de l'art. 5 de la Charte qu'un ordre monastique puisse s'établir dans l'État sans autorisation légale. L'État, par cet article, n'a point abdiqué le droit d'examiner la doctrine et le culte d'une secte religieuse avant de l'admettre dans sa communion politique. Il doit les examiner, non dans leurs rapports avec la religion qu'il professe, mais dans leurs rapports avec l'ordre public, les mœurs et les institutions du pays. Si la liberté de conscience est de sa nature absolue et illimitée parce que nul ne peut forcer le retranchement impénétrable de la liberté du cœur, il en est autrement de la liberté des cultes, parce que l'exercice public d'un culte gît en fait, et que toutes les actions extérieures tombent dans le domaine de la police et de la loi... Il est avéré qu'il existe, malgré les lois et sans autorisation légale, une congrégation religieuse d'hommes. Si elle est reconnue utile, elle doit être autorisée. Ce qui ne doit pas être possible, c'est qu'un établissement, même utile, existe de fait lorsqu'il ne peut avoir aucune existence de droit, et que loin d'être protégé par la puissance des lois, il le soit par leur impuissance... Ce n'est pas, — concluait le rapporteur, — la sévérité des lois que votre commission invoque. C'est le maintien de l'ordre légal. Les tribunaux se sont déclarés incompétents ; l'administration seule peut procurer en cette partie l'exécution des lois. Votre commission vous propose de renvoyer à M. le Président du Conseil la pétition de M. le comte de Montlosier en ce qui touche l'établissement en France de diverses maisons d'un ordre monastique non autorisé par le Roi. »

Parmi ceux qui soutinrent les conclusions du rapport

il faut citer M. de Barante et M. Pasquier. M. de Barante demandait que les Jésuites fussent soumis à la loi générale sous le coup de laquelle il les considérait comme incontestablement placés. Ce n'est pas, d'ailleurs, qu'il fût partisan de cette loi sur la portée de laquelle il insistait, tout en en faisant ressortir les vices : « Nous voudrions qu'un jour, sous des conditions légales, les citoyens eussent le droit de se réunir pour mener une vie commune. Cette liberté... est dans l'esprit de la Charte. Pour le présent, nous n'en jouissons nullement. En attendant l'ordre légal, l'administration admet ou refuse à son gré l'autorisation de s'assembler ou de mener une vie commune... La profession commune d'une croyance religieuse, la pratique d'un culte ne sont pas à ses yeux un titre suffisant pour obtenir son autorisation. Elle ne permet pas aux piétistes d'Alsace de se réunir. Elle interdit à une secte protestante de s'établir à Saint-Etienne; ailleurs elle ne permet pas même à la communion calviniste d'assembler ses fidèles... Puisqu'il n'existe pas de droit commun, la législation spéciale a dû conserver toute sa force; puisque les citoyens n'ont pas une permission générale de se réunir pour une vie commune, la prohibition de se former en communauté religieuse n'a pas été abrogée, et une loi est nécessaire chaque fois qu'il s'agit de déroger à cette prohibition... Tel est l'esprit et le texte de la législation de 1817 et 1825. » Rappelant ensuite à quel point l'opinion publique était hostile aux jésuites, l'orateur disait en finissant : « Même en supposant cette opinion injuste et exagérée, est-il à propos de la défier sans motifs, et de la mettre ainsi à la disposition de ceux que (*le duc de Fitz-James*) regarde comme les ennemis du trône?... Le ministère n'aurait-il pas aperçu des dangers si évidents?..... Enlacés par de précédents engagements, embarrassés de perdre d'anciens alliés sans en retrouver de nouveaux, (*les ministres*) voient le bien et font le mal; ils se laissent dériver au courant, et semblent flotter au hasard jusque sur le bord de l'abîme. Contraignons les ministres à avoir de la force et du courage. Jusqu'ici, aucun n'a pris part à notre discussion, et je me persuade qu'en les rappelant á l'observation des lois, nous les aiderons sinon à prendre une résolution franche et complète, du moins à montrer moins de faiblesse, et à songer que leur responsabilité est sérieusement mise en demeure. »

Après M. de Barante, ce fut le baron Pasquier qui vint combattre la fameuse congrégation : « S'il est jamais possible, s'écria-t-il, d'établir dans un pays quelconque sans autorisation légale une puissance égale ou seulement ressemblant de loin à celle dont on vous a présenté le brillant tableau, je le dis avec une pénible assurance, avec une douloureuse conviction, il n'y a plus rien d'assuré dans ce pays livré si témérairement à une influence au-dessus de toutes les lois, et dont rien ne saurait plus désormais nous garantir. On a beaucoup parlé des sociétés secrètes. Je les redoute autant que qui que ce soit. Je les regarde comme le plus dangereux des instruments..... Or, les jésuites tolérés sont condamnés par cela seul à n'être en France qu'une agrégation de sociétés secrètes. »

A la fin de la discussion, M. de Frayssinous, ministre

des affaires ecclésiastiques, se leva pour défendre les jésuites; mais il ne se plaça pas sur le terrain juridique, et la conclusion de son discours fut assez hésitante : « Il resterait à examiner, dit-il, si toutes les lois qu'on allègue contre eux, et qui sont antérieures à la restauration de la monarchie ne se trouvent pas abolies par les articles 5 et 6 de la Charte; mais le temps ne me permet pas de traiter la question..... Ne semblerait-il pas plus convenable à la Chambre de passer à l'ordre du jour pour témoigner combien elle réprouve une attaque si violente contre les ministres de la religion de l'État? » Cet appel un peu timide ne fut pas écouté. Les conclusions de la commission furent adoptées, après que l'Assemblée eut rejeté, par 113 voix contre 73, une proposition de passer à l'ordre du jour.

Il fut encore question des jésuites, à la Chambre des députés cette fois, le 21 juin 1828, à propos d'une pétition d'un sieur Dutasta demandant leur expulsion. Le rapporteur se montra dans cette occasion le partisan de ce système dont nous parlions plus haut, c'est-à-dire qu'il déclara repousser les jésuites comme corporation, en leur concédant le droit naturel de s'associer en fait : « Rien ne s'oppose, déclarait-il, à ce que quelques hommes, plus portés que d'autres à la vie dévote et contemplative, se réunissent pour s'adonner en commun à toutes les pratiques pieuses. On ne leur dispute que le droit de se constituer en corporation, ou de former dans l'État une personne civile. On se borne à leur interdire de manifester par des actes extérieurs une existence qui leur est interdite. » Le rapporteur, M. de Sade, concluait au renvoi de la pétition au garde des sceaux en ce qui touche le rétablissement d'un ordre monastique non autorisé.

Entre le moment où le rapport avait été rédigé et celui où il fut ainsi lu en séance, le Gouvernement avait, par une mesure importante, voulu donner satisfaction à l'opinion publique animée contre les congrégations. Le 16 juin 1828, sous le ministère Martignac, parurent des ordonnances qui « soumettaient au régime de l'Université les Écoles secondaires ecclésiastiques dirigées par des personnes appartenant à une congrégation religieuse non autorisée », et portaient que « nul ne pourra être ou demeurer chargé soit de la direction, soit de l'enseignement, dans une maison d'éducation dépendant de l'Université ou dans une des écoles secondaires ecclésiastiques, s'il n'a affirmé par écrit qu'il n'appartient à aucune congrégation religieuse non légalement établie en France. » Ces ordonnances étaient le résultat de la campagne entamée en 1826 par M. de Montlosier, qui avait espéré une mesure plus radicale encore. Il paraît, d'après M. de Vatimesnil, qu'on agita à ce moment la question de dissoudre les congrégations, mais que le Gouvernement ne crut pas pouvoir aller jusque-là.

Pour en revenir au rapport de M. de Sade, celui-ci, en faisant précisément allusion à ces ordonnances de 1828 survenues depuis la préparation de son travail, disait qu'elles donnaient suffisamment satisfaction à la commission ; que nonobstant, elle avait cru devoir persister dans ses conclusions, estimant que la mesure nouvelle allait soulever des orages contre le Gouvernement, et que le Ministère avait dès lors besoin, pour être raffermi dans sa ligne de conduite, d'une manifestation de la Chambre. La Chambre adopta les termes du rapport.

Un dernier débat qui touchait encore à la question par certains côtés surgit de nouveau deux ans plus tard, le 7 mars 1829, devant la même assemblée, à l'occasion des pétitions de MM. Grand et Isambert, « relatives à l'existence en France de sociétés religieuses qui se livrent à l'exercice des missions tant à l'intérieur qu'au dehors du royaume. » Il s'agissait plus particulièrement des premières, de ces fameuses missions qui firent tant de bruit sous la Restauration, et qui se promenaient par toute la France pour convertir les *idolâtres*. Leurs démonstrations religieuses sur la voie publique, leurs plantations de calvaires amenaient des démonstrations contraires, et étaient l'occasion de fréquents désordres dont les feuilles libérales retentirent longtemps. Dans la discussion sur la pétition, il ne fut pas directement question du droit pour les congréganistes de vivre en commun. Cependant le rapporteur, M. de Sade, souleva implicitement ce point en passant en revue les congrégations que le Gouvernement avait cru pouvoir autoriser avant la loi de 1817, en vertu du décret de messidor an XII (1).

(1) Ces congrégations étaient : 1º celle des Missions étrangères, autorisée le 2 mars 1815 ; 2º celle des congrégations du Saint-Esprit, autorisée le 3 février 1816 (destinée à fournir des prêtres aux colonies) ; 3º celle des congrégations de Saint-Lazare, autorisée à la même date (fondée par Saint-Vincent-de-Paul dans le but de diriger les sœurs de la charité). — Les Lazaristes ont, disait le rapporteur, quelques établissements à l'étranger, font de modestes mis-

D'une part cette autorisation par ordonnance ne lui paraissait pas très régulière. D'autre part il expliquait qu'il aurait au moins fallu que les ordonnances établissant ces congrégations eussent été rendues publiques. Il rappelait qu'il n'en avait cependant pas toujours été ainsi, notamment pour l'ordonnance du 2 mars 1815 qui avait institué les *Missions étrangères*. En discutant ainsi la régularité de forme de certaines autorisations, il indiquait d'une façon bien claire qu'il en fallait une pour pratiquer la vie commune; et c'est par ce côté que le débat alors engagé rentre dans notre sujet. Le rapporteur, se bornant d'ailleurs à manifester un regret au sujet du défaut de publicité de certaines autorisations, ne demandait le renvoi de la pétition au Garde des sceaux que pour ce qui concernait les missions de France, et c'est aussi en ce sens restreint que se prononça l'Assemblée.

Il y eut en 1826, au mois de septembre, une mesure de dissolution prise contre une congrégation, celle des Liguoristes, que leurs adversaires prétendaient n'être que des Jésuites déguisés. Le fait n'eut pas d'ailleurs un grand retentissement à cause du peu d'importance qu'avait la communauté, et du petit nombre de ses membres. Les Liguoristes ou Rédemptoristes étaient

sions à l'intérieur, et ont dans les départements quatre établissements soumis au régime universitaire.

Ces trois sociétés recevaient par la loi de finances une allocation au budget ecclésiastique sous le titre de secours. On voyait là une sorte de reconnaissance des Chambres en leur faveur.

Le rapporteur signalait encore la *Société des Missions de France*, celle qui, disait-il, parcourt le royaume avec éclat.

installés au couvent de Bischeberg, près Bischoffeim, dans l'arrondissement de Schlestadt. Ils étaient venus de Suisse, où ils s'étaient établis tour à tour dans les Grisons, dans le Valais et dans le canton de Fribourg. Au moment où il s'agit de les renvoyer, leur nombre n'était que de quarante-trois, presque tous Allemands ou Suisses. Les supérieurs du couvent, sauf un seul, étaient tous Allemands. Le vicaire général de l'ordre habitait Vienne, et le général était un Napolitain qui résidait en Italie. C'est la raison patriotique que l'opposition fit valoir pour contraindre le Gouvernement à expulser les Liguoristes. « Entrés en France en 1815 avec les étrangers, disait le *Courrier français* du 6 septembre 1826, les Liguoristes, dont le supérieur réside à Vienne, semblaient un dernier détachement de l'armée d'occupation colonisé dans une province française que l'Autriche regarde comme un démembrement de ses possessions. » Et le journal parlant des mesures projetées contre eux concluait en disant : « La milice du général autrichien n'a pas obtenu du gouvernement la même faveur que la milice du général romain. » Le *Moniteur* du 9 septembre 1826 reproduisit une note du *Journal du Bas-Rhin* qui, sur un ton destiné à apaiser les susceptibilités du parti religieux, avait cependant pour but de donner satisfaction aux libéraux, en présentant la mesure de dissolution comme complète et définitive. Dans cette note les Liguoristes étaient qualifiés « d'étrangers. » On disait que comme ils n'avaient reçu aucune autorisation du gouvernement pour s'établir sur le territoire français, le préfet les avait invités à se retirer dans leur pays. La note se terminait par l'affirmation que « aujourd'hui à l'exception de deux religieux dont l'un est français, et qui restent pour régler les affaires que cette communauté a laissées, tout est parti. Ils se sont retirés dans les maisons qu'ils ont à Vienne et en Suisse. » Cette affirmation si nette était-elle bien exacte? On en douterait s'il fallait s'en rapporter au *Courrier français* et au *Constitutionnel* qui ne désarmèrent pas, et reproduisirent un article d'un journal local disant qu'on avait trompé le public, que le couvent subsistait, et que les travaux étaient en pleine activité. Cependant la mesure paraît avoir été sérieuse, et le ministère eut deux ans plus tard à l'opposer aux tentatives subreptices des Rédemptoristes pour revenir dans leur ancien couvent.

En parlant des incidents auxquels les congrégations donnèrent lieu, nous n'avons encore rien dit de ceux que fit naître la *Congrégation*, comme on l'appelait absolument parlant et sans épithète, et comme elle demeure connue dans l'histoire. Mais c'est que nous n'aurions pu la ranger dans la catégorie des congrégations proprement dites qu'à la faveur d'un jeu de mots, d'une homonymie. Car quoiqu'elle eût des tendances religieuses par excellence, et fût placée sous la direction d'une autorité religieuse, elle n'était qu'une assemblée de laïques. Son influence sur le Gouvernement, son immixtion dans la politique par l'intermédiaire des hommes qu'elle faisait arriver aux places et au pouvoir a été relatée par tous les historiens. La Congrégation était le bouc émissaire de l'opposition, qui lui attribuait tous les péchés de la Restauration, et qui était d'autant plus exaspérée contre elle qu'elle était insaisissable, parce qu'elle n'apparaissait pas sous forme de société unique, mais de plusieurs sociétés portant des noms divers, se consacrant chacune à une œuvre différente, bien qu'animées toutes du même esprit, et dirigées par la même main.

Le Gouvernement avait donc beau jeu pour nier l'existence de cette association sous le nom sous lequel on la dénonçait. Un jour vint cependant où il fut obligé de la confesser, et où le ministre des affaires ecclésiastiques fit à la tribune de la Chambre des députés, le 25 mai 1826, une déclaration qui retentit comme un coup d'éclat. A l'occasion du budget des cultes, M. de Frayssinous, se trouvant appelé à défendre le clergé contre les attaques d'un orateur, ne craignit pas de nommer en propres termes la Congrégation. Après avoir protesté contre cette imputation que le clergé serait animé de l'esprit de domination et d'envahissement, il ajoutait : « Mais peut-être cet esprit se trouve dans des influences secrètes, dans je ne sais quels clubs mystérieux et mystiques, dans une sorte de gouvernement occulte qu'on ne voit pas, et qui cependant est partout, en un mot, messieurs, puisqu'il faut l'appeler par son nom, dans la *Congrégation*. Craignons de prendre pour une réalité un fantôme qui s'enfuit.... à mesure qu'on veut le saisir. » L'orateur expliquait qu'il s'agissait là d'une réunion pieuse, réunion dont il exaltait les tendances, mais dont d'ailleurs il déclarait ne point faire partie.

Ce fut un véritable évènement que d'entendre un ministre du Roi nommer en toutes lettres la congrégation, présenter le fantôme dissimulé jusque-là. Casimir Périer fut l'interprète des sentiments de triomphe de la gauche, en s'écriant dans sa réplique : « La voilà donc reconnue officiellement cette congrégation mystérieuse, dont l'existence a été souvent si formellement niée à cette tribune et par les feuilles ministérielles ! Rien de plus naturel et de plus utile que des sociétés religieuses secrètes dans un temps où le culte des chrétiens ne pouvait être public. Mais aujourd'hui, à quoi bon ? Ou cette congrégation marche d'accord avec le Gouvernement, ou elle marche dans un sens inverse. Si elle marche d'accord avec lui, elle est inutile ; si elle est opposée, voyez combien elle peut être dangereuse, si elle compte parmi ses membres un grand nombre d'hommes élevés en dignités et exerçant des fonctions administratives. » Quoi qu'il en soit, la Congrégation ne se dispersa qu'au moment de la Révolution de Juillet. La tolérance du Gouvernement à cet égard lui tint lieu d'une autorisation que celui-ci aurait eu le droit de lui conférer expressément comme à toute espèce d'association.

CHAPITRE IV

LA MONARCHIE DE JUILLET

---

§ 1er. — Associations politiques.

La Révolution de Juillet qui s'annonçait comme devant donner le signal de toutes les libertés semblait faire présager l'abrogation de l'article 291 du Code pénal. Le parti avancé y comptait absolument. Dans le procès qui fut intenté dès le début du règne à la *Société des Amis du Peuple*, le prévenu Hubert interpellé par le président sur la violation de l'article en question, répondait qu'il avait été abrogé par les balles de Juillet. Dans cette même affaire, le prévenu Caffin (2 octobre 1830) s'adressant au tribunal après le réquisitoire et les plaidoiries disait : « Messieurs, quand je tirais sur le Louvre, j'entendais tirer aussi sur les articles 291 et 293 ; et en tuant les Suisses, je croyais tuer aussi ces articles-là. » Dans un autre procès où la même société était en cause, deux années plus tard, et où les poursuites étaient encore dirigées en vertu de l'article 291, le jury non content d'acquitter les prévenus éprouva le besoin de se livrer à une manifestation légèrement ridicule. Le chef du jury, après le verdict, prit la parole pour dire : « Mes collègues m'ont chargé en masse de dire qu'ils auraient voulu avoir à décider si le fait d'association au-dessus de vingt personnes est coupable ou non, et qu'ils sont tout étonnés que cette question n'ai pas été posée. C'est donc solennellement au nom du jury que je déclare ici qu'il a jugé dans sa conscience le fait d'association non coupable..... ». (Audience du 15 décembre 1832.)

Quoi qu'il faille penser du ton insolent ou du mode illégal de ces revendications, il est bien vraisemblable qu'à l'origine, le Gouvernement avait eu l'intention sérieuse de les devancer, d'inaugurer son installation par la suppression de l'article 291 ; et il est fort probable que M. Guizot était de bonne foi lorsque, vers la fin de 1830, il laissait dans un de ses discours à la Chambre des députés, pressentir des dispositions favorables à cet égard. En tous cas, la Royauté nouvelle rencontra tout de suite de la part des sociétés secrètes ou avouées une hostilité telle, et elles affichèrent si nettement le bouleversement social comme programme qu'elles transformèrent bien vite les tendances libérales du pouvoir en une haine acharnée contre la liberté d'association : cette monarchie régénérée sur laquelle on avait fondé espoir pour sauvegarder un droit précieux fut celle-là même qui le battit le plus énergiquement en brèche. Dès le lendemain de son avènement la guerre éclatait.

C'est la *Société des Amis du Peuple* qui ouvre la série des victimes offertes en holocauste à l'article 291 par le régime nouveau. Cette société s'était formée le 30 juillet dans le but de s'occuper de débats politiques. Elle constituait une sorte de club qui tenait ses séances dans un manège de la rue Montmartre, et qui était pour les négociants du quartier une cause constante de trouble. Déjà menacée de répression, elle acheva de se perdre en faisant distribuer une affiche pour provoquer à la dissolution de la Chambre. Le 25 septembre, comme elle tenait dans son local habituel, une réunion qui avait attiré autour du manège un rassemblement de deux mille personnes, des officiers de la garde nationale s'introduisirent dans la salle, et déterminèrent, par persuation ou par intimidation, les membres à se séparer dans l'intérêt de la paix publique. Pour entourer cette dernière réunion d'une auréole, on fit courir le bruit que dut démentir la presse officieuse, à savoir que le duc d'Orléans avait promis d'assister à la séance. Quoiqu'il en soit, le Gouvernement ordonna des poursuites contre l'association. Son président Hubert, renvoyé en police correctionnelle le 28 octobre, se drapa, pour braver les juges, dans la plus insolente attitude : « Je n'aurai pas l'inexcusable faiblesse de vous accepter pour juges et de me défendre devant vous..... Juges de Charles X, récusez-vous, le peuple vous a dépouillés de la toge en rendant la liberté à vos victimes, et vous-mêmes avez sanctionné sa sentence en fuyant lorsqu'il se battait. »

Le 25 septembre, le jour même où la *Société des Amis du Peuple* allait ainsi disparaître, ses agissements fournissaient matière à un débat devant la

Chambre des députés. A propos d'un sujet qui ne paraissait guère recéler dans ses flancs une question politique, à propos d'une pétition de commissaires-priseurs, un député trouvait moyen de s'élever contre « cette société désorganisatrice qui, suivant sa propre expression, conspire à ciel ouvert. » Il dénonçait une parade dont elle avait, quelques jours auparavant, donné le spectacle, au détriment de la sécurité publique, lorsqu'elle avait imaginé une procession à la place de Grève en l'honneur des Quatre Sergents de la Rochelle. Un grand nombre ne négociants, fort alarmés par cette manifestation, avaient même, de ce chef, adressé une protestation au *Journal des Débats.* L'orateur se refusait à admettre « qu'il puisse appartenir à une société populaire de convoquer par écrit, de réunir et de conduire sur nos places publiques deux ou trois mille individus qu'on pérore (*sic*). Tout Paris a pu voir, tant sur le passage et l'arrivée du cortège, les postes militaires sortir, se mettre en ligne, battre aux champs, présenter les armes..... ». L'interpellation mérite d'être rapportée; car elle appela à la tribune le Ministre de l'Intérieur, M. Guizot, dont le discours est curieux, en ce qu'on y discerne clairement la lutte entre les instincts conservateurs du ministre, et ses efforts pour faire la part des idées libérales, pour donner satisfaction au parti encore tout enflammé par le souvenir des journées de Juillet, pour faire en un mot de l'*opportunisme,* si l'on peut ici se servir de ce mot en faisant dans le langage un anachronisme de cinquante ans. C'est dans ce but qu'il laissa échapper en faveur de la liberté d'association des déclarations

6.

devenues fameuses parce que, notamment lors de la
discussion de la loi de 1834, et aussi lors de toutes
les occasions survenues depuis pendant sa longue administration, on les lui a opposées pour le prendre en
flagrant délit de palinodie : « Dans les craintes qu'ex-
citent les Sociétés qu'on appelle *populaires*, dit-il, il y
a un peu d'exagération. Je crois qu'il y a du souvenir
dans la terreur qu'elles inspirent, et que le passé
exerce peut-être ici autant d'influence que le présent.
Quelque exagérées que soient ces craintes, elles ont
un fondement solide *(parce que les sociétés populaires)*
exaltent de jour en jour parmi nous l'état révolutionnaire. Quand nous nous adressons à notre législation
pour lui demander un remède à ce mal, que trouvons-
nous? l'article 291 du Code pénal. Je me hâte de dire,
et du fond de ma pensée, *que cet article est mauvais,
qu'il ne doit pas figurer longtemps dans la législation
d'un peuple libre.* Sans doute, les citoyens ont le droit
de se réunir pour causer entre eux des affaires publiques. *Il est bon qu'ils le fassent, et jamais je ne con-
testerai ce droit....* Mais l'article 291 n'en est pas
moins aujourd'hui l'état légal de la France..... L'intention (du Gouvernement) n'est pas d'interdire des
sociétés légitimes quelque nombreuses qu'elles soient.
Ce n'est pas à la limite du nombre que le pouvoir s'arrêtera. Il ira au fait; et là où il trouvera un danger
véritable, il appliquera l'article 291... *Le temps viendra, et j'espère qu'il ne sera pas long, où l'article 291,
n'étant plus motivé par l'état réel de la société, disparaîtra de notre Code.* Il existe aujourd'hui; on doit
en faire une application raisonnable, légitime... Je

dans les circonstances présentes, les sociétés
... es peuvent être dangereuses, et puisque le
... ernement est armé d'un pouvoir légal... il doit
... en servir. »

Le Gouvernement, sous des ménagements de forme,
annonçait ainsi sa ferme intention de lutter contre les
associations politiques, et c'est là un engagement auquel il ne faillit point. En effet, après la Société des
Amis du Peuple, vint le tour des *Associations* dites
nationales, imaginées au commencement de 1831, à la
veille du ministère Casimir Périer « pour la défense
du territoire, celle de la Charte et de nos institutions,
et pour assurer l'exclusion perpétuelle de la branche
aînée des Bourbons. » En réalité elles étaient, dans
chaque département où elles s'organisaient, un foyer
d'agitation, et un centre d'opposition contre le Gouvernement. Voici quels étaient les statuts — analogues
d'ailleurs pour les autres villes de France — de l'association qui s'était fondée à Paris avec un comité où
figuraient les noms de Béranger, Armand Carrel,
Émile Salverte, etc. L'acte, disait une note publiée
le 14 mars 1831 par la presse, est « présenté à la signature des patriotes et déposé au *Constitutionnel*, au
Courrier français, au *National*, au *Journal du Commerce*, à la *Tribune* : Art. 1er. Une association est formée dans le département de la Seine pour assurer
l'indépendance du pays, et l'expulsion perpétuelle de
la branche aînée des Bourbons. — Art. 2. Sont membres de la société tous ceux qui s'inscriront ou se
feront inscrire sur l'une des listes déposées aux journaux indiqués ci-dessus. — Art. 3. Chaque associé

s'engage à payer une cotisation de 25 centimes par mois. — Art. 4. Tous les associés s'engagent, sur la vie et sur l'honneur, à combattre par tous les moyens personnels et pécuniaires l'étranger et les Bourbons, et à ne jamais transiger avec eux, à quelque extrémité que la patrie soit réduite. »

M. Guizot, en retraçant à la tribune, le 30 mars 1831, l'organisation de ces associations, nées dans le département de la Moselle, expliquait bien comment, à raison des conditions dans lesquelles elles s'étaient formées, de l'esprit qui les avait animées dès le début, elles justifiaient amplement l'attitude défensive du Gouvernement vis-à-vis d'elles : « Il y a plusieurs mois, disait-il, qu'une société particulière très peu nombreuse s'est constituée à Metz en état d'hostilité non seulement avec l'administration locale, mais avec l'administration centrale. Elle a institué des séances, elle s'est constituée en club, elle a donné son programme. Elle s'est déclarée hostile au système d'administration qui était suivi à Paris, et a même sollicité le renversement du ministère précédent comme contraire à l'indépendance et à la dignité de la France... On a pu voir dans un petit journal publié à Metz les écrits et le langage de cette société..... C'est du sein de cette société qu'est sortie la première association sur le modèle de laquelle toutes les autres ont été formées. »

Après M. Guizot, Casimir Périer, dans la séance du 31 mars, donnait lecture des considérations, suffisamment caractéristiques au même point de vue, que l'association avait placée en tête de sa constitution :

« Considérant que les antécédents d'un grand nombre dés dépositaires du pouvoir, la faiblesse et l'attitude incertaine des autres, donnent lieu de craindre que ces périls ne soient point prévenus par les résolutions énergiques et efficaces que commande le salut de la patrie ; qu'en présence de tels dangers il n'est pas permis à des hommes de cœur de rester impassibles ; que c'est un devoir pour tous les Français dignes de ce nom de *suppléer à ce qu'il y aurait d'incomplet dans les mesures du Gouvernement*, et de prévenir au prix de tous les sacrifices les malheurs d'une troisième Restauration : Art. 4. Tous les associés s'engagent..... à combattre..... les *Bourbons*. — « Remarquez, ajoutait Casimir Périer, qu'on ne dit pas dans cet article *les Bourbons de la branche aînée*. Voilà, messieurs, quels sont les termes d'un article signé par MM. Bouchotte, maire de Metz, Charpentier, premier président, Vallée, substitut du procureur du Roi, et Varé, premier avocat général ! »

Les *associations nationales*, une fois lancées par la note du 14 mars susénoncée, se propagèrent par tout le territoire. Dans le *National* du 25 mars, on voit qu'elles existaient déjà à cette date dans 41 départements. Beaucoup de députés de la gauche y avaient adhéré. Elles embauchaient aussi les militaires, tout en prenant contre les rigueurs de la discipline les précautions requises. Un journal publiait une lettre d'un sieur Lennox, chef d'escadron au 6e lanciers, qui s'exprimait ainsi : « Nous recommandons d'éviter soigneusement dans les régiments les associations collectives qu'une autorité ombrageuse pourrait désapprouver.

Mais nous pensons qu'on ne peut légalement empêcher aucun militaire de devenir membre individuel..... Cependant il ne serait peut-être pas convenable de publier en ce moment les noms des militaires. »

Ce n'est pas un ministère autoritaire comme celui de Casimir Périer qui pouvait rester impassible devant un mouvement prenant de pareilles proportions. Il adressa immédiatement une circulaire aux préfets pour leur enjoindre d'entraver dans la mesure possible et légale ces associations. « Elles ont, disait-il dans cette circulaire, fait appel au patriotisme, et l'on conçoit qu'elles aient à ce titre obtenu l'adhésion de plus d'un citoyen. Mais la défense de la Révolution et du territoire est le premier des devoirs du Gouvernement. Une fédération formée pour remplir ce devoir suppose que le Gouvernement ne le remplit pas ; elle manifeste une défiance offensante pour les pouvoirs publics..... La formation de telles associations est donc un acte de l'opposition la plus vive et la plus déclarée..... Le Roi a ordonné de l'avis de son conseil que l'improbation de toute participation des fonctionnaires civils ou militaires aux associations nationales fût officiellement prononcée. »

En exécution de ces menaces que certains fonctionnaires rebelles crurent devoir braver, le *Moniteur* du 2 avril 1831 contenait l'annonce que MM. Alexandre Delaborde et Odilon Barrot sortaient du conseil d'Etat, que le commandement supérieur des départements de l'Ouest qui était confié au général Lamarque était supprimé, que M. Woirhaye, premier avocat général à Metz, deux substituts à Pau, M. Dubois Aymé, directeur des domaines à Paris, et M. Bouchotte, maire de Metz, étaient révoqués.

A la Chambre des députés l'opposition souleva un incident à l'occasion de la circulaire de Casimir Périer; il fut enté sur la discussion de la loi sur les attroupements qui était alors à l'ordre du jour. Lafayette, dans la séance du 29 mars, prononça quelques mots pour défendre les associations nationales. Dupin les combattit avec sa verve habituelle : « Les intentions louables n'ont jamais manqué à toute espèce d'association. La Sainte-Ligue faite sous les Valois, rien assurément ne fut plus louable. Elle était faite pour le bonheur du pays, pour la défense de la religion, qui était le premier intérêt d'alors, et même de la Monarchie. Afin de rassurer le bon Roi qu'on voulait faire entrer dans la ligue, on lui disait : « Soyez tranquille, il ne vous arrivera rien, nous veillerons sur vous ; c'est à dire nous gouvernerons sans vous, malgré vous. » Après M. Dupin, M. Guizot disait à son tour fort justement : « S'associer pour des actes dont la Constitution a spécialement chargé les pouvoirs publics, cela est radicalement vicieux. Que diriez-vous d'une association formée pour rendre la justice? Que diriez-vous d'une association pour battre monnaie? » La discussion sonna d'ailleurs les funérailles des associations nationales qui disparurent bientôt tout naturellement.

A peine s'évanouissaient-elles que le Gouvernement s'occupait du saint-simonisme dont les péripéties sont suffisamment connues. On sait comment renvoyés devant la Cour d'assises sous différents chefs, notamment « pour avoir en 1830-31, et au commencement de 1832, formé sans l'autorisation du Gouvernement une association de plus de vingt personnes dont le but était de se réunir à certains jours marqués pour s'occuper d'objets religieux, politiques, littéraires ou autres », Enfantin et Chevalier furent condamnés à la prison, Olinde Rodrigues et Barrault à l'amende. L'arrêt prononça aussi la dissolution de la Société.

La monarchie de Juillet eut pendant ses dix-huit années à lutter contre des sociétés autrement redoutables pour elle que les associations nationales ou le saint-simonisme. Celle qui lui fit le plus de mal, et qui eut l'honneur d'être par son attitude une des causes de la loi de 1834, ce fut la *Société des droits de l'homme* constituée le 29 août 1832, qui compta bientôt dans Paris plus de quatre mille membres, et se vantait d'être « une société mère de plus de trois cents associations se ralliant sur tous les points de la France aux mêmes principes et à la même direction. » Les noms des différentes sections entre lesquelles elle se divisait, et qui furent rappelées dans la discussion de la loi, indiquent suffisamment quel était son caractère et ses tendances. Il y avait les sections de *Mort aux tyrans*, *Guerre aux Châteaux*, *Ça ira*, *5 et 6 Juin*, *République Universelle*, *Insurrection de Lyon*, *Abolition de la propriété*, *Bonnet phrygien*, *Marat*, *Santerre*, etc. M. de la Hodde, dans son Histoire des Sociétés secrètes, nous retrace le plan d'organisation des Droits de l'homme : « Un comité de onze membres appelés directeurs ; sous les ordres des directeurs, douze commissaires, un pour chaque arrondissement, puis quarante-

huit commissaires de quartiers, subordonnés aux commissaires d'arrondissement. Les commissaires de quartier étaient chargés de former des sections composées d'un chef, d'un sous-chef, de trois quinturions, et de vingt membres au plus. Ce chiffre de vingt membres était fixé pour éluder la loi. Dans le même but, chaque section devait porter un nom différent. »
Le but de la Société, but qu'elle ne cachait pas d'ailleurs, c'était le triomphe des principes contenus dans la déclaration du 24 juin 1793. Elle ne tarda pas à se signaler par ses exploits, et dès le 10 avril 1833, ses membres étaient renvoyés en Cour d'assises. Dissoute par la police, elle se reconstituait bientôt en octobre 1833, en se fractionnant en sections. Elle publiait à cette occasion sous la signature de Godefroi Cavaignac, président de son comité, un manifeste qui sema l'effroi dans la bourgeoisie. Elle déclara qu'elle « adoptait comme expression de ses principes la déclaration présentée à la Convention nationale par le représentant du peuple Robespierre, et elle joignit le texte de ce document à son manifeste. Elle exerçait une propagande dont l'audace se fait sentir dans un extrait d'une de ses circulaires produite en juin 1834 devant le tribunal correctionnel de Rouen : « La propagande est suivant le comité la première chose dont nous devons nous occuper. Instruire le peuple... telle nous paraît être l'une des premières conditions à remplir pour hâter la chute du régime monarchique sous le joug duquel nous gémissons depuis trop longtemps. Pour vous aider dans ce travail, le comité central se fera un devoir de vous faire parvenir... toutes les publications.

7

Vous devez les répandre autour de vous... principalement dans la classe ouvrière... Vos efforts de propagande devront également porter sur ceux des journaux de votre département qui, partageant votre
haine et votre mépris pour ce qui existe aujourd'hui,
ne se tiennent à l'écart que par timidité. » La Société
ne disparut qu'après l'insurrection et le procès d'avril
1835, pour se fondre dans d'autres sociétés du même
genre.

Autour d'elle gravitaient sous son influence la
Société pour la défense de la Presse qui s'occupait de
secourir les écrivains condamnés pour articles politiques, la *Société de propagande* qui fomentait des coalitions d'ouvriers, la *Société du père André* qui avait
pour but la publication et le colportage des écrits démagogiques, etc. Après la *Société des Droits de l'homme*,
on vit se former avec ses débris la *Société des Familles*,
fondée en 1834 par Blanqui et Barbès, puis celle des
Saisons avec Martin Bernard pour directeur. Toutes
ces sociétés eurent maille à partir avec la justice;
mais ce fut, le plus souvent, pour des attentats et des
complots, non pour le seul fait d'association prohibée;
et par conséquent le récit de ces procès ne serait pas
ici à sa place, en ce qu'il ne concerne pas directement
le droit d'association. Voici un arrêt de la Cour d'appel
de Paris, du 10 juillet 1841 (*Gaz. Trib.* 11 juillet) dont
les considérants sont intéressants en ce qu'ils donnent
un aperçu de l'organisation savante de l'une de ces
Sociétés : « Considérant que..... les sus-nommés font
partie d'une association de plus de vingt personnes
dite des *Communistes*, formée sans autorisation sous

les dénominations de *métiers* composés chacun de huit hommes, d'*ateliers* composés chacun de trente métiers, de *fabriques* formées chacune de trois ateliers, ayant des chefs qui se qualifient d'*ouvriers*, de *contre-maîtres* et de *maîtres*, le tout dirigé par un comité secret dont les membres sont inconnus aux associés; qu'il est établi que cette association avait pour but d'anéantir le droit de propriété, et de renverser le Gouvernement pour leur substituer le partage et la communauté des biens... »

Le Gouvernement de Louis-Philippe vit aussi se dresser contre lui les restes du carbonarisme. Le procureur du Roi décrivait d'une façon remarquable la réorganisation de l'antique société dans un procès correctionnel devant le tribunal de Toulouse, le 20 janvier 1836. Il faut convenir qu'il y avait là un mécanisme habilement agencé dont la mise en mouvement était bien faite pour alarmer le pouvoir : « Envisagée dans son ensemble, l'association se compose, disait le ministère public, de *ventes*, de *loges* et de *tribunaux secrets*. Une *vente* est formée par trois maîtres et un certain nombre d'adeptes. Une *loge* est la réunion d'un nombre de maîtres supérieur à celui qui constitue la vente. Elle est placée sous la présidence d'un grand maître qui a le titre de *très discret*. Le *tribunal secret* se compose : 1° de tous les grands maîtres qui existent dans la même localité, ou, pour parler le langage des carbonari, dans la même *forêt*; 2° de tous les présidents de loge travaillant dans cette forêt. — Trois grades dans le carbonarisme : *adepte, maître, grand maître*. — Dans toutes les loges sept fonctionnaires :

le *très discret*, puis le 1er et le 2e *surveillant*, chargés de maintenir l'ordre, l'*orateur*, le *secrétaire*, le *trésorier*, l'*aumônier*. A la suite de ces dignitaires, les employés préposés à la garde des loges durant les réunions : le *frère vigilant* qui, à un signal convenu, ouvre la porte aux *cousins*. Près de la porte, le *chef des voyants*. Les voyants circulent à l'extérieur. Craignent-ils une surprise, ils avisent le *chef des voyants* qui prévient le *frère vigilant*, qui avise le *très discret*. — Les obligations imposées aux cousins sont : 1° cotisation mensuelle; 2° se pourvoir d'un masque, d'un bonnet rouge, d'une écharpe et d'un poignard. » A côté de cette organisation si bien ourdie, et pour compléter le tableau, il est bon de transcrire le procès-verbal suivant, saisi au domicile d'un individu poursuivi avec onze de ses complices, le 27 décembre 1835, devant le tribunal de Lyon, pour avoir fait partie d'une association de carbonari : « Le citoyen est introduit... Votre nom, etc...? — Êtes-vous dans la résolution de sacrifier votre vie pour la cause de la République? — Le serment que vous allez prononcer accablera votre existence de travaux et de persécutions... S'il arrivait que vous y manquiez un jour, votre tête sera le prix de votre lâcheté ou de votre trahison. Les mers ne pourraient vous soustraire à notre puissance; car nos frères couvrent le globe, et les ordres du grand maître sont aussi fidèlement exécutés que ceux de la justice. Sa volonté est aussi immuable que celle de Dieu!... Si on vous disait d'immoler un roi, auriez-vous le courage de lui plonger votre poignard dans le cœur? »

Nous parlions plus haut de la loi de 1834, à propos

de la Société des Droits de l'homme, et nous disions
que les deux sujets étaient liés l'un à l'autre. Le Gouvernement ne s'avisa, en effet, de la loi que parce qu'il
était poussé à bout par la guerre implacable que lui
faisait ladite Société qui renaissait de ses cendres, qui,
judiciairement dissoute, reparaissait, émiettée en
apparence en sections, pour déjouer par ce subterfuge
les rigueurs du Code pénal au sujet du chiffre fati-
dique de 21, mais n'ayant toujours au fond qu'une
direction et qu'une âme acharnée contre le pouvoir.
C'est principalement dans le but d'atteindre ce Protée
insaisissable que le Gouvernement proposa la fameuse
mesure qui déchaîna un instant la guerre civile, et qui,
avec les lois de septembre contre la presse, pèse
encore comme l'accusation la plus lourde sur le règne
de Louis-Philippe. « Chaque jour depuis trois ans,
disait le garde des sceaux en présentant le projet de
loi, a vu varier les formes des Sociétés créées par les
deux factions que la nation a vaincues en juillet (1830)
et en juin (1834). Parcourez par la pensée tous les
désordres qui successivement ont troublé la France
pendant les trois années qui se sont écoulées, depuis
le jour où, en octobre 1830, l'émeute vint se montrer
pour la première fois dans le palais du prince, jusqu'à
ces dernières agitations dont les symptômes ont ap-
paru simultanément à Marseille, à Lyon, à Saint-
Etienne, à Paris ; vous reconnaîtrez toujours la même
action, le même principe. Dans les plus misérables
émeutes comme dans les luttes sanglantes dont la capitale elle-même a été le théâtre, on a trouvé les associations politiques fournies d'armes, de munitions, de

proclamations, et délibérant en permanence lorsqu'elles ne descendaient pas dans nos rues et sur nos places. » Arrivant à l'expédient employé par les sociétés d'une division en sections, il disait : « N'est-ce pas une dérision que de tolérer des associations composées de plusieurs milliers d'individus par cela seul qu'elles sont fractionnées par dix-neuf, tandis qu'une association de plus de vingt personnes et qui n'a aucune correspondance peut paraître contraire à la paix publique? » Le projet qui fut voté par le Parlement frappait tous les membres d'une association prohibée, alors que le Code pénal n'atteignait que les chefs directeurs, ou administrateurs. Il punissait toute association de plus de vingt personnes, quand même elle serait partagée en sections de moins de vingt personnes. L'article 291 n'interdisait que les réunions périodiques. La loi nouvelle sévissait, qu'il y eût ou non périodicité. Elle punissait la récidive d'une peine double. Une disposition qui fut introduite dans le projet par la Commission de la Chambre des députés frappait ceux qui auraient sciemment loué leur maison pour la réunion des membres d'une association non autorisée.

M. Bérenger avait vainement essayé, au cours de la discussion à la Chambre des députés, d'introduire un amendement substituant les mesures répressives aux mesures préventives, reconnaissant le droit absolu de s'associer, et obligeant seulement toute association, au moment de sa création, à déclarer à l'autorité dans quel but, sous quelles formes, et à quelles conditions elle se constituait. Le droit d'assister aux séances et de dissoudre la société aurait été réservé à l'autorité. L'amendement fut rejeté à une forte majorité, après une lutte de deux jours, et grâce aux efforts de trois ministres.

Un autre amendement présenté par MM. Eschassériaux et Teste, et tendant à limiter la durée de la loi n'eut pas plus de succès. Ce fut en vain que Garnier-Pagès fit entendre une protestation indignée, annonçant qu'il braverait la loi, et que seul au besoin, il irait au devant des poursuites : « Si un Français homme de bien veut se réunir pour propager, affermir, garantir le christianisme, je suis son homme, malgré vos ministres et votre loi. Si un Français homme de bien veut se réunir pour étendre les secours de la bienfaisance à la classe pauvre et laborieuse, aux malades, aux infirmes, aux ouvriers sans travail, je suis son homme, malgré vos ministres et votre loi. Si un Français homme de bien veut une plus puissante diffusion de vérités acquises, de saines doctrines, de ces lumières qui préparent la moralité de l'avenir et le bonheur de l'humanité, je suis son homme, malgré vos ministres et votre loi. Si un Français homme de bien veut donner au pays la sauvegarde de l'indépendance électorale, et s'opposer à ces choix honteux qui livrent la vénalité politique à la corruption ministérielle, je suis son homme, malgré vos ministres et votre loi... Je désobéirai à votre loi pour obéir à ma conscience. » Toute cette éloquence n'empêcha pas que la loi ne fût votée avec son caractère permanent. Mais elle ne le fut à la Chambre des députés que par 246 voix contre 154. La minorité n'avait jamais encore été si nombreuse.

La loi, comme l'indique son titre, ne règle exclusivement que le droit d'association ; et on a établi dans la discussion, avec une clarté suffisante, les caractères qui différenciaient ce droit du droit de réunion non visé par la législation nouvelle. A propos d'un amendement présenté dans la séance du 21 mars par M. Couturier, exceptant en termes formels « les réunions accidentelles qui n'ont pas le caractère d'une association permanente », le rapporteur, M. Martin du Nord, repoussant la disposition comme superflue, disait : « Les réunions ont pour cause des événements imprévus, instantanés, temporaires ; le motif venant à cesser, la réunion cesse avec lui. Les associations au contraire ont un but déterminé et permanent ; un lien unit entr'eux les associés. Le plus souvent une cotisation vient pourvoir aux moyens d'existence. Des conventions soit verbales, soit écrites, leur donnent un caractère de permanence qui les fait facilement discerner... La loi est étrangère aux réunions. » M. Couturier, satisfait de ces explications, déclarait retirer son amendement.

La jurisprudence n'a jamais cessé jusqu'à ce jour de faire la distinction rappelée par M. Martin du Nord, distinction à la faveur de laquelle ont échoué des poursuites téméraires, comme, par exemple, dans une espèce relativement récente sur laquelle la Cour de cassation a statué par un intéressant arrêt : « Sur le premier moyen pris de la violation prétendue des articles 291 du Code pénal et 1 de la loi du 10 avril 1834 en ce que l'arrêt de la Cour d'Angers aurait refusé de voir une association illicite dans les faits constatés à la charge de l'abbé Janny : Attendu que l'arrêt attaqué constate que l'abbé Janny a réuni d'abord dans sa chambre, puis dans une maison par lui louée des ouvriers et des jeunes gens dans le but de les empêcher de fréquenter les cabarets en leur procurant gratuitement des divertissements et jeux divers ; que l'arrêt déclare en outre qu'il n'existe ni engagement réciproque dans un intérêt commun et dans un but déterminé, ni même aucun lien entre les personnes qui ont assisté à ces réunions ; qu'il n'y avait ni règlement pour l'admission ou la non admission aux dites réunions, ni statuts, ni cotisations ; que les membres de ces réunions n'étaient pas plus liés entr'eux ou vis-à-vis de l'abbé Janny, que celui-ci ne l'était lui-même envers eux ; Attendu que ces constatations et déclarations de l'arrêt sont souveraines ; qu'elles sont exclusives de l'idée d'un concert formé à l'avance et d'un but cherché en commun ; que dès lors l'arrêt, en refusant de reconnaître aux faits ainsi déterminés les caractères d'une association tombant sous le coup des prohibitions de la loi, n'a pu violer ni l'article 291, ni l'article 1 de la loi de 1834... (Rejet ch. crim., 17 juillet 1881).

La loi de 1834 fut le point de départ d'une série de poursuites contre les associations, tant celles que la loi nouvelle permettait seule d'atteindre que celles tombant déjà sous l'ancienne, aussi bien celles dont l'attitude pouvait être vraiment alarmante que les associations puériles ou inoffensives, et à l'égard desquelles dès lors l'administration se montrait bien gratuitement vexatoire et tyrannique. Il faut reconnaître, du reste,

7.

qu'elle n'a pas toujours mérité ce reproche, et que plusieurs poursuites n'étaient que trop justifiées. On n'a, pour s'en convaincre, qu'à parcourir les décisions judiciaires par lesquelles elles furent clôturées.

Ces décisions, dans leurs motifs, rappellent des détails ou des agissements dont l'indication était suffisamment éloquente. Tantôt c'est au gouvernement qu'on en veut, tantôt c'est à l'ordre social lui-même. Comme exemple de la première catégorie d'associations, nous citerons l'œuvre de Saint-Louis, dont les membres furent condamnés par la Cour de Paris le 22 novembre 1845. Elle était patronnée par le comte de Chambord, qui en rappelait le but et l'esprit dans la lettre qu'il écrivait au comte de Brissac, un des directeurs de l'entreprise : « Ayant appris que vous faisiez partie de l'association formée pour le soulagement des personnes et des familles que les événements de 1830 ont privées de leurs moyens d'existence..., je vous prie de la recommander en mon nom à tous nos amis de France, en les assurant qu'ils ne peuvent rien faire qui me soit plus agréable que d'y participer. » Le jugement du tribunal dont la Cour adopta les motifs fait bien voir quelle arme de guerre cette œuvre de Saint-Louis braquait contre la royauté de 1830. Ce jugement, après avoir constaté que les membres dépassaient le nombre de 20, ajoutait : « Attendu d'ailleurs et surabondamment que le patronage sous lequel s'est placée l'association de Saint-Louis, les projets de propagande ayant eu un commencement d'exécution, la correspondance de plusieurs de ses membres, les termes de ses diverses circulaires....; leur publication et leur distribution, ainsi que des lettres autographiées du protecteur, la nature de certaines ressources dont l'œuvre est alimentée, les secours spécialement accordés aux Vendéens insurgés de 1832, et aux individus poursuivis et condamnés pour crimes et attentats contre le Gouvernement..., tout démontre que ladite association avait, sous le voile de la charité, le but essentiellement politique d'être un centre de subventions, d'encouragements, d'espoir même pour ceux qui ont donné des gages de dévouement à l'ancienne dynastie, d'hostilité ou de révolte contre la royauté fondée en 1830. » Les chefs de l'association furent condamnés à l'amende, et l'association fut dissoute.

Comme exemple de poursuites contre une association dangereuse, nous citerons l'affaire du carbonarisme, dont nous avons déjà parlé plus haut, et qui se termina par un jugement de Toulouse, du 21 janvier 1836 (*Moniteur* du 29) : Considérant, dit le jugement, que Pietro Régis a fait partie de cette association (*composée de plus de 20 personnes et ayant un caractère politique*) ; que c'est lui qui, étant réfugié Italien, a cherché à propager en France l'association carbonarique ; que notamment, étant à Montbrison, il a initié le sous-officier Martin ; qu'étant de passage à Toulouse, il a présidé la loge *la Guerrière*, et fait usage des grands pouvoirs dont il était ou se disait investi pour organiser la loge *le Sphinx*, subdivision de la loge *la Guerrière* ; considérant que Martin a fait entrer dans cette association une grande partie des sous-officiers du 11ᵉ régiment de ligne ; que c'est lui qui, comme *très discret*, a dirigé tous les travaux de la loge..... ; consi-

dérant que Vignard faisait partie de cette association ;
qu'il en était un des membres les plus actifs et les
plus dangereux, en fabriquant les poignards dont tous
les affiliés devaient être pourvus ; considérant que XXX
en entrant *(dans l'association)*, n'en connaissaient pas
le but politique, et qu'ils n'y sont restés que par crainte,
et pour obéir au serment redoutable qu'on leur avait
fait prêter..... Condamne Régis, Martin et Alcade, en
leur qualité de membres de l'association et propagateurs du carbonarisme, à un an de prison et 50 francs
d'amende. »

A côté de poursuites de ce genre, qui n'étaient que
trop fondées, combien d'autres la chronique judiciaire
n'eut-elle pas à enregister alors, qui étaient ou fâcheu-
ses ou vraiment grotesques ! Les tribunaux avaient
parfois à prononcer des acquittements qui auraient dû
être une leçon pour le pouvoir. Voici, par exemple, en
1835, l'affaire du *Cercle patriotique* de Strasbourg :
Plusieurs personnes, parmi lesquelles six membres du
Conseil municipal, étaient poursuivies pour avoir fait
partie de ce cercle dissous par arrêté du préfet du Bas-
Rhin, du 13 avril précédent. C'était en vain qu'elles
avaient excipé devant l'autorité du caractère inoffensif
de leur société formée pour lire les journaux, faire la
partie, et prendre des rafraîchissements ; elles disaient
qu'un comité existait dans la Société comme dans
chaque Casino, mais protestaient que jamais le cercle
ne s'était, comme cercle, occupé de politique. L'administration voulut absolument les traduire en justice,
et ne se tint pas pour battue par un jugement d'acquittement du 3 juin. Il fallut que, sur l'appel du ministère

public, la Cour de Colmar, par arrêt du 26 juin (*Gaz. Trib.* 7 juillet) vint confirmer la décision première : « Attendu, dit la Cour, que lors de la discussion de la loi de 1834 on a écarté tous les amendements qui tendraient à maintenir quelques associations, parce que le titre aurait pu servir à voiler des manœuvres répréhensibles, mais qu'il a été bien entendu que la loi ne serait appliquée qu'aux réunions hostiles.....; que pour ne pas compromettre le sort (*de la loi de* 1834), pour qu'elle reste une œuvre de sagesse, il ne s'agit pas seulement de l'exécuter avec fermeté, mais surtout avec justice et discernement. Car une saine politique enseigne qu'il faut rattacher et non repousser. »

En 1845, on voit encore des poursuites qui, pour être fondées en droit, ne l'étaient guère en fait. Dans le courant de 1844, plusieurs ouvriers de Lyon, appartenant à la fabrique et à autres professions, quittèrent le compagnonnage dont ils faisaient partie, et fondèrent une nouvelle Société toute de bienfaisance et de secours mutuels. Un président et un secrétaire furent élus, mais sous des noms déguisés. Les membres étaient plus de 20. Il n'en fallut pas davantage pour qu'on sévît contre eux. Faute de griefs sérieux, l'avocat général fut réduit à dire devant la Cour « qu'en raison du mystère dont la Société s'enveloppe, elle *doit* avoir un but caché, but politique que la loi doit réprimer. » Des peines d'emprisonnement furent prononcées (Lyon 8 mai 1845, *Gaz. Trib.*, 16 mai).

Le pouvoir tomba bien souvent dans le ridicule en traquant une foule de petites associations qui, sous de véritables noms de foire, se réunissaient chez le marchand de vin pour boire et chanter, et dont le but était beaucoup plus les libations que la politique. Parmi celles qui eurent ainsi maille à partir avec la justice, voici par exemple la *Société des Infernaux* qui tenait ses assises dans un débit. La politique était soidisant interdite dans les réunions. Mais on y chantait le *Roi de la Fève* avec ce refrain : « Ton règne ne durera pas toujours. » Il y eut une condamnation en première instance et en appel contre les membres (*Gaz. Trib.*, 24 avril et 10 juillet 1840). Les membres de la *Société des Animaux*, qui se rassemblaient chez Maire, marchand de vins, rue aux Ours, furent condamnés en 1847 (*Gaz. Trib.*, 23 mai). On avait trouvé sur la table des chansons manuscrites : *Le Doyen des Chauffeurs,* — *Conseils aux Espagnols,* — *Arrêté de M. le Préfet de Police à MM. les Mouchards.* — Condamnation dans des conditions analogues de la Société chantante des *Joyeux Enfants de Vaugirard* (*Gaz. Trib.*, 26 avril 1847). La société *la Goguette* fut condamnée le 26 avril 1847 par le tribunal de Blois (*Gaz. Trib.*, 29 avril). Elle se réunissait dans les cafés de Tours. Elle avait pour but le développement du communisme. Ses membres avaient des sobriquets comme *Couche-tout-nu, Égalitaire, Tu-me-gênes, Sans-culotte, Rabajoie, Pied-de-nez, Lucifer.*

Au mois de mai 1847, la police surprenait cent douze personnes entassées chez un marchand de vins, et occupées à chanter des hymnes allemandes. Il s'agissait d'une société qui avait des réunions périodiques où on ne se contentait pas de chanter, mais où on lisait, et où commentait les articles d'un journal intitulé :

Feuille enseignante du peuple badois. On y tenait aussi des discours communistes. Une amende fut prononcée contre les membres.

On voit que la justice n'avait pas à chômer, mais que si sa besogne était continue, elle était parfois bien mesquine.

Les Francs-Maçons subirent aussi le contre-coup de la lutte que le pouvoir entama alors contre les associations; et ils ne pardonnèrent pas au maréchal Soult, ministre de la guerre, d'avoir par une circulaire de 1845 interdit aux militaires d'entrer dans les loges maçonniques : « Colonel, disait cette circulaire, il a été rendu compte à M. le ministre de la guerre que des militaires en activité... cédant à des sollicitations venues quelque fois de leurs anciens camarades se sont fait recevoir francs-maçons. Sans jeter aucun blâme sur une institution tolérée par le Gouvernement, le ministre croit devoir rappeler que les règles de la discipline s'opposent à ce que les militaires entrent dans une association quel qu'en soit le but... Vous recommanderez *(aux officiers)* de prémunir leurs subordonnés contre les tentatives qui pourraient être faites pour les entraîner dans une association quelconque, et de prescrire à ceux qui sont déjà liés de ne se rendre sous quelque prétexte que ce soit aux loges et réunions maçonniques. »

Si les associations politiques furent soumises à cette époque à un régime rigoureux, rigoureusement appliqué, celles qui tout en ayant ce caractère pouvaient se réclamer des principes de la liberté électorale ne subirent aucune entrave. Nous voulons parler des comités électoraux qui purent fonctionner à l'aise, sans même que le parti monarchique imaginât de recommencer la campagne par lui entreprise sous la Restauration, et de les dénoncer comme illégaux. C'est ainsi qu'en octobre 1837, au moment où M. Molé venant de dissoudre la Chambre, il y avait lieu de procéder à des élections générales, on vit se former librement sous la direction de Louis Blanc, Dupont de l'Eure, Arago, Laffitte et autres, un *Comité central démocratique* pour s'occuper des élections. « Son but, disait une note publiée dans la presse, est de réunir dans une même action toutes les nuances de l'opposition nationale, et d'obtenir par la composition de leurs efforts une Chambre indépendante. » La circulaire continuait en engageant, « les citoyens à suivre l'exemple donné par les patriotes à Paris et à constituer des comités électoraux dans tous les départements où il n'en existe pas encore. » Les journaux monarchiques et aussi ceux de l'opposition dynastique dont le chef, Odilon Barrot, n'avait pu parvenir à s'entendre et à fusionner avec ce comité d'une nuance trop accentuée, combattirent avec âpreté son attitude et ses visées ; mais jamais ils ne prétendirent le faire tomber sous le coup de quelque texte de loi.

De nouveau, au mois de juillet 1845, non plus cette fois à la veille même des élections générales, mais en prévision d'une dissolution qui, finalement, ne fut décrétée qu'un an plus tard, le groupe de la gauche constitutionnelle et celui du centre gauche purent chacun former sans encombre un comité électoral ; et pourtant, dans leur manifeste, une administration ennemie des libertés publiques aurait pu relever et incriminer tous les éléments d'une association des mieux caractérisées. Le manifeste de la gauche constitutionnelle (10 juillet 1845) était suffisamment explicite en ce sens : « Le premier soin qui nous est imposé..., c'est de resserrer par des rapports plus fréquents les liens qui nous unissent. C'est dans ce but que la gauche constitutionnelle vient d'établir un comité central composé de membres de la Chambre des députés... Il importe que dans chaque département et dans chaque arrondissement électoral il se forme immédiatement des comités locaux. Là où ces comités ont déjà existé, il ne s'agit que de les faire revivre... Aussitôt qu'ils seraient formés, ils donneraient au comité central de Paris avis de leur constitution, et dès ce moment s'établirait entr'eux l'échange de relations... Pour rendre ces rapports plus complets... il vous paraîtra sans doute nécessaire de posséder dans chaque canton, sinon un sous-comité, du moins un correspondant, de telle sorte que tous les cantons soient attachés au chef-lieu d'arrondissement par un lien analogue à celui qui unira les arrondissements au comité central... En même temps que le comité local de chaque collège aidé des sous-comités de canton donnera ses soins à la loyale composition de la liste électorale, un autre objet réclame dès aujourd'hui toute sa sollicitude : c'est l'adoption d'un candidat immédiat pour les prochaines élections. Car si la liste électorale est le corps d'armée, le candidat c'est le drapeau... Du reste le choix des candidats est l'affaire de chaque localité. Le comité central n'a point à y intervenir à moins qu'on ne l'y pro-

voque... Comme l'administration met déjà tout en
œuvre pour préparer les élections, il est essentiel de
surveiller dès à présent les moyens divers qu'elle emploie pour arriver à son but... C'est au comité local
qu'il appartient d'en tenir note, et de réunir les preuves
(*des faits de corruption*) (1), etc.

Le centre gauche (15 juillet) ne traçait pas moins
nettement tout un plan d'association. C'était, comme
le rappelait d'ailleurs expressément le manifeste, la
réédition de l'antique campagne entamée sous la Restauration par la société *Aide-toi, le ciel t'aidera*; et la
nouvelle campagne ne fut pas plus entravée que ne
l'avait été l'ancienne. « Le premier conseil que nous
devions vous adresser, — disait ce document —, c'est
de constituer longtemps à l'avance et partout où cela
est possible, des comités électoraux qui se placent en
face de l'Administration pour la contrôler et la maintenir, en face de l'Opposition pour l'éclairer... Une
fois ces comités constitués, nous serons prêts... à leur
donner toutes les indications... C'est sur la révision
des listes que nous appelons toute votre attention...
Des listes très imparfaites deviennent, pour une année,
permanentes, irrévocables. A ce mal il n'est qu'un
remède, c'est que les comités prennent les listes à
cœur, et se chargent d'obtenir toutes les inscriptions,

(1) Le 30 juin 1846, c'est-à-dire cette fois à la veille même des
élections, nouveau manifeste dans le même sens : « C'est le 1er août
que les collèges électoraux doivent être convoqués... Il nous paraît
toujours désirable que dans chaque département, puis dans chaque
arrondissement, il se forme des comités locaux qui correspondent
entr'eux, et se prêtent un mutuel appui. »

toutes les radiations qui leur semblent fondées... Nous terminerons par une dernière réflexion. En 1827 il y avait comme aujourd'hui un ministère hostile aux principes libéraux, peu soucieux de la dignité nationale, et qui, fier d'avoir vécu quelques années, commençait à se croire inébranlable... Mais à Paris et dans les départements des comités se formèrent qui avertirent le pays des dangers qu'il courait... Parmi ces comités, il en était un présidé par M. Guizot, dont M. Duchâtel faisait partie, et qui adressait à ses correspondants les mêmes conseils que nous vous adressons aujourd'hui. » (1).

Les traits d'une association s'accentuent encore quand la campagne électorale est officiellement ouverte par l'ordonnance de dissolution du 6 juillet 1846. Alors « le Comité central des électeurs de l'opposition du département de la Seine » adressé « aux Électeurs de Paris et des départements » une circulaire signée par MM. Lasteyrie, président, Recurt, vice-président, Pa-

(1) Le 3 septembre 1846, c'est-à-dire après les élections, nouvelle circulaire du comité du centre gauche et de la gauche constitutionnelle à leurs correspondants pour maintenir l'association qui ne peut plus guère, le scrutin étant achevé, se qualifier encore de *Comité électoral*, si ce n'est par une extension singulièrement osée, mais que l'administration tolère : « Il est nécessaire, dit ce manifeste, qu'autour de la Chambre il y ait des petits centres d'action où les forces dispersées se réunissent. Ce sont ces considérations qui ont déterminé les comités de l'opposition constitutionnelle à se maintenir en permanence au lieu de se dissoudre, et à charger quelques-uns de leurs membres de correspondre avec les départements. Ce sont des considérations qui doivent nous engager à former partout des comités locaux où toutes les nuances de l'opposition libérale soient représentées. »

gnerre, secrétaire, Labélonye, trésorier, et expliquant comment le comité est constitué et organisé : « Les électeurs appartenant aux diverses nuances de l'opposition ont formé des comités dans le département de la Seine. Les délégués de ces différentes réunions forment le comité central de l'opposition parisienne..... Le comité central est unanime pour penser que dans les circonstances présentes il appartient aux électeurs libéraux..... de manifester hautement leurs opinions et de se préparer par toutes les voies légales à les faire prévaloir dans les prochaines élections. »

L'attitude tolérante du Gouvernement vis-à-vis de ces comités fut d'autant plus méritoire que ceux-ci, en dehors de leur tâche directe, se hasardèrent à faire une incursion sur un autre domaine où, pour le coup, ils exposaient leur association à des poursuites, et qu'ils ne craignirent pas de diriger la campagne des banquets réformistes. Ils se fusionnèrent en effet avec le Comité de la Réforme électorale, lors d'une réunion qui fut tenue à la suite d'une entente avec toutes les fractions de la gauche. Dans cette réunion, on constitua un comité spécial de la réforme. On chargea le Comité central des Électeurs de toutes les mesures relatives à la propagande de la pétition pour la Réforme. On décida qu'un banquet serait offert par lui et par les Comités d'arrondissement du département de la Seine, dans le mois de juillet suivant, aux comités parlementaires des groupes de gauche. Après cette réunion, la direction du mouvement réformiste passa aux mains du bureau du Comité central qui, en raison de ses anciennes fonctions de comité électoral, bénéficia d'une immunité contre toute poursuite. Le souvenir de sa mission originaire servait de passeport à ses autres agissements; et en l'entravant, le pouvoir aurait craint de paraître porter atteinte à la liberté électorale.

Le Comité put donc se donner libre carrière, ainsi que l'atteste sa circulaire du 1er août 1847 : « Monsieur et cher concitoyen, une grande manifestation politique a eu lieu à Paris. Électeurs et députés de toutes les nuances de l'opposition, rassemblés dans un banquet fraternel, ont sanctionné l'union de tous les citoyens dévoués... qui veulent garantir le bien-être du pays, la moralité du pouvoir. Le Comité central des Électeurs de l'opposition du département de la Seine a fait appel au patriotisme de tous, et cet appel a été entendu. Les divisions ont cessé sans que les opinions aient abdiqué. Chacun est resté libre en s'associant au mouvement général sous un drapeau commun, celui de la réforme électorale et parlementaire. Cette réforme, en effet, doit conduire à toutes les autres..... Mais comment agir sur la Chambre?... La loi nous fournit une arme irrésistible dans le droit de pétition...... Nous comptons... sur votre patriotisme bien connu pour nous aider dans l'accomplissement de l'œuvre commune en répandant sur tous les points de votre arrondissement des pétitions pour la réforme électorale et parlementaire..... Nous tenons à votre disposition un exemplaire de la pétition rédigée par le Comité central..... Depuis trop longtemps la vie publique est languissante..... Réveillons-la par toutes les démonstrations publiques qu'autorise la loi. Les électeurs de Paris ont pris l'initiative en se réunissant dans un banquet..... Les électeurs des départements feront comme eux. Dans ce banquet, les pétitions pourront être lues, signées et répandues parmi les assistants qui se chargeront à leur tour de recueillir au dehors de nouvelles signatures (1). »

Il faut savoir gré au Gouvernement, nous le répétons, de n'avoir pas dirigé contre ces associations des poursuites auxquelles l'article 291 aurait fourni un fondement solide. Car ses adversaires acharnés n'essayaient même pas de dissimuler le caractère véritable desdites associations qu'ils encourageaient et fomentaient; ils ne cachaient pas comment elles n'avaient rien à faire avec les élections, comment elles visaient le bouleversement de la Constitution, et comment elles étaient illégales dans leur essence. Dans une publication populaire du journal *le Commerce*, sous la rubrique *Avis au pays*, après le rappel des circulaires des députés des gauches qui avaient invité les comités électoraux des départements à se constituer en permanence, le

---

(1) A la fin de cette même année 1847, nouvelle circulaire analogue reproduite dans le *National* du 4 décembre: « La Chambre des députés est convoquée pour le 28 décembre. Le moment approche où devra lui être soumise la pétition pour la réforme électorale et parlementaire... La réforme dépend de la volonté des citoyens... Mais comment pourrait être connue la volonté du pays si chacun restait muet? » Le Comité invite, en conséquence, le public à former des réunions chez les différents citoyens: « Rien dans la loi ne s'y oppose. Ce droit a été formellement reconnu dans les discussions de la Chambre. Rien ne peut vous contraindre à l'isolement. Nous espérons que, dans un bref délai, vous nous renverrez, chargés de signatures, les exemplaires de la pétition que vous a adressés le Comité central, et nous nous chargeons de les déposer à la Chambre des députés dès les premiers jours de la session. »

journaliste, en disant qu'il faut encourager ce mouvement, continue ainsi : « La permanence des comités électoraux, tel est le seul remède à la corruption qui nous dévore, à l'indifférence en matière de politique. Après les grandes élections de 1789, les électeurs de Paris résolurent de ne point se séparer. Ils se constituèrent en permanence, et l'on sait l'immense portée qu'eurent ces réunions sur l'opinion publique. Nous sommes les premiers à reconnaître que la permanence des comités électoraux dans une société soumise au régime représentatif est un fait anormal, insolite, et dont la légitimation ne se trouve point dans la lettre de la Constitution elle-même. Mais la Constitution n'a pas prévu que le pouvoir exécutif établi par elle chercherait à l'amoindrir. Ce qui donc serait sans nul doute un excès populaire sous un régime sincèrement constitutionnel devient une mesure légale sous un gouvernement où la Constitution reçoit chaque jour les atteintes les plus rudes. *Que nos 459 collèges électoraux se hâtent donc de se constituer en permanence!* »

Il s'agissait donc, l'Opposition le reconnaissait, d'une association permanente de tous les électeurs, association qu'on avouait être contraire à la lettre de la Constitution, et qui allait se mettre en antagonisme avec les Chambres législatives. Si le pouvoir la subit cependant en raison du scrupule que nous indiquions plus haut, par contre, dès que ce titre de Comité électoral n'apparaissait plus pour protéger les associés, quand ce n'était plus pour traiter du choix de candidats que les individus prétendaient se grouper, quand ils prétendaient se réunir en vue de discuter la *réforme,* sous prétexte qu'ayant le droit de débattre les élections ils avaient aussi le droit de débattre la législation électorale, cette fois le pouvoir n'entendait plus les épargner. S'il respectait les associations pour l'exercice d'un droit préexistant, il n'estimait pas qu'il dût se laisser imposer celles formées en vue d'aviser aux moyens d'étendre ce droit. C'est ainsi qu'il prohiba avec une inflexibilité qui exaspéra la gauche, et que blâmèrent même des journaux modérés, les comités pour la réforme de la loi électorale. Le garde des sceaux, M. Martin (du Nord), adressa le 23 septembre 1841, aux procureurs généraux, une circulaire qui ne lui fut jamais pardonnée par l'Opposition : « Il s'est formé dans plusieurs arrondissements du royaume des comités dont le but apparent est de parvenir à la réforme de la loi électorale. Ces comités correspondent avec un comité central établi à Paris, et sous l'influence duquel ils agissent. C'est là une véritable association dont le Gouvernement ne saurait tolérer l'existence. Il ne peut consentir à ce qu'une société, sous le prétexte de poursuivre par voie de pétition la réforme électorale, place à côté du Gouvernement établi et dans les divers degrés de la division territoriale une organisation permanente qui pourrait servir de point d'appui aux factions dans les temps de troubles. Il y aurait là pour la paix publique un danger réel que l'article 291 du Code pénal et la loi du 10 avril 1834 ont eu principalement pour but d'empêcher et de prévenir. Ces principes salutaires viennent au reste d'être consacrés par un arrêt de cassation du 4 septembre 1841 (1)......

(1) Voici l'arrêt dont parle la circulaire : « Attendu que l'arrêt

Tout nous révèle que les séditions qui affligent le pays sont fomentées par des sociétés illicites, où les hommes les plus pervers, exaltant les esprits et dominant les caractères faibles, trouvent et préparent des instruments pour les plus grands crimes. En présence de ce funeste résultat, vous ne pouvez souffrir l'existence d'aucune association illicite sous quelque prétexte qu'elle puisse se couvrir, et vous devez rappeler les citoyens à la stricte observation des lois. »

Dans l'étude à laquelle nous nous livrons, et qui ne porte sur le droit d'association qu'en tant qu'envisagé au point de vue du droit naturel, ce serait une tâche

attaqué a constaté... que Blaise et Andry font partie d'une association non autorisée de plus de 20 personnes dont le but apparent est de réclamer par voie de pétition des modifications à la loi électorale, dont le but réel est d'agiter le pays et d'attaquer les institutions; que dans les grandes villes, cette association se forme de comités de quartiers et d'arrondissements, ailleurs de comités établis par commune, par canton, par arrondissement, faisant des cotisations mensuelles, se réunissant à certains intervalles et correspondant par leurs délégués avec un comité central dont ils reçoivent la direction; ..... Attendu que les dispositions de la loi sont générales et absolues; qu'elles proscrivent notamment toute association qui ferait des matières politiques l'objet de ses réunions ; que si la pensée du législateur n'a pas été d'interdire les réunions temporaires et accidentelles qui précèdent d'ordinaire l'exercice du droit d'élection, l'esprit et le texte de la loi condamnent une association qui, sous le prétexte de poursuivre par voie de pétition la réforme électorale, placerait à côté du gouvernement établi et dans les divers degrés de la division territoriale une organisation permanente qui pourrait servir de point d'appui aux factions dans les temps de troubles; qu'il y aurait là pour la paix publique un danger réel que l'article 291 et la loi de 1834 ont eu principalement pour objet d'empêcher et de prévenir; attendu que l'article 292 C. Pén. veut que ces associations soient dissoutes..... »

8

hors de saison que d'intercaler l'histoire des entraves introduites dans la matière au préjudice de certains fonctionnaires ou de certaines corporations. En effet, les incapacités édictées en pareil cas ne sont inhérentes qu'à la fonction que personne n'est tenu d'accepter, qui n'est pas indispensable à l'existence ; elles n'attaquent pas l'homme même qui n'a qu'à se démettre pour recouvrer sa pleine liberté. Nous ne signalerons donc que pour mémoire l'article 30 de la loi des 21-23 mars 1831 sur l'organisation municipale disant que « si un conseil se mettait en correspondance avec un ou plusieurs autres conseils, il serait suspendu par le préfet (1) », et l'article 16 de la loi des 22-25 juin 1833, déclarant qu' « il est interdit à tout Conseil général de se mettre en correspondance avec un ou plusieurs Conseils d'arrondissement ou de département. »

§ 2. — Droit de réunion.

Le Gouvernement qui, dans la mesure de ses moyens, s'était montré l'ennemi des associations, ne fit pas voir des sentiments beaucoup meilleurs à l'égard du simple droit de réunion. Nous ne voulons pas parler ici des réunions électorales proprement dites. Celles-là, le Gouvernement les respecta toujours, et il ne pouvait pas faire autrement, lié qu'il était par les déclarations du Garde des Sceaux lors de la discussion de la loi de 1834. A cette époque la Com-

(1) Cette disposition a été reproduite dans l'article 25 de la loi du 5 mai 1855 et dans l'article 72 de la loi du 5 avril 1884.

mission chargée d'examiner le projet de loi avait introduit un article disant que la mesure ne serait pas applicable « aux réunions électorales qui auraient lieu dans chaque département après l'ordonnance de convocation du collège, à moins qu'il n'y ait affiliation avec d'autres réunions du même genre dans d'autres départements. » Le Garde des Sceaux fit alors observer que cette disposition était inutile; que le Gouvernement s'était déjà plusieurs fois expliqué sur ce point. Il déclara que les réunions électorales dont parlait l'amendement de la Commission n'étaient pas comprises dans la loi. « On fait, disait-il, une loi contre les associations, et non pas une loi contre les réunions accidentelles et temporaires qui auraient pour objet l'exercice d'un droit constitutionnel. » Dans ces conditions l'amendement auquel la commission avait cru devoir renoncer, et qui avait été repris par un autre membre fut écarté par la question préalable.

Les réunions électorales étant ainsi placées hors de la question, ce sont les réunions publiques d'un autre genre que le Gouvernement, par une interprétation plus ou moins juridique de la loi, chercha à entraver. La loi de 1790 disait que « les objets de police confiés à la vigilance de l'autorité et des corps municipaux sont:... 2° le soin de réprimer et de punir les délits contre la tranquillité publique...; 3° le maintien du bon ordre dans les lieux où il se fait de grands rassemblements d'hommes. » Le ministère interprétait cette disposition dans le sens qui donnait aux municipalités la faculté non seulement de réprimer, mais de prévenir; et cette faculté il ne se fit pas faute d'en user pendant les pre-

mières années du règne (1) pour aboutir en dernière
analyse à cette interdiction des banquets d'où la Révolution est sortie.

Pour le département de la Seine, le préfet de police
publia le 31 mai 1833 une ordonnance « concernant les
bals et autres réunions publiques », qui n'était d'ailleurs que le renouvellement d'une ordonnance antérieure du 30 novembre 1830, et qui était ainsi conçue :
« Considérant qu'aux termes de la loi des 16-24 août
1790, l'autorité municipale est chargée de maintenir
le bon ordre et la tranquillité dans les endroits où
il se fait de grands rassemblements de personnes et
autres lieux de divertissements publics ; Considérant
que ces dispositions sont applicables à tous les lieux
où se forment des réunions soit pour danser, soit pour
d'autres motifs, et dans lesquelles le public est admis
indistinctement : 1. — Toutes personnes donnant des
bals, concerts, danses, banquets et fêtes publiques où
l'on est admis indistinctement... ne pourront en aucun

(1) La presse de l'opposition se plaignit hautement de l'interdiction, au moment de la question d'Orient, de la réunion annuelle des
Polonais réfugiés, réunion fixée au 29 novembre 1840. Ils se proposaient de célébrer ce jour-là le dixième anniversaire de la révolution qui pour quelques mois délivra Varsovie de l'oppression
russe. Ils avaient convié Garnier-Pagès, Buchez, Bastide, et Arago
qu'ils avaient adjoint comme président français au général Ry-
binski. Mais le préfet de police, M. Delessert, vint prohiber expressément toute réunion où des Français présideraient et porteraient
la parole. Dans ces circonstances les Polonais crurent devoir renoncer à leur banquet. Le *National* du 25 novembre rapportait
ces faits, et en prenait texte pour apostropher le pouvoir : « Ne par-
lez plus des droits de la Pologne, vous qui faites intervenir la police
dans des assemblées saintes! »

temps ouvrir ni des bals, ni donner des concerts, banquets et fêtes publiques qu'après en avoir préalablement obtenu l'autorisation de la préfecture de police. »

Les Chambres réunies de la Cour de cassation furent appelées le 7 novembre 1833 à sanctionner la légalité de cette ordonnance qu'un arrêt du 13 avril de la même année avait déjà consacré (1). Dès lors on voit en avril 1833 l'Administration interdire à Paris un bal patriotique qui devait être donné par souscription au profit des condamnés politiques. La Commission de la fête avait entendu lui donner les allures d'un bal privé. La *Tribune* annonçait qu'on ne serait reçu que sur la présentation d'une lettre d'invitation nominative obtenue par l'intermédiaire d'un des commissaires qui répondrait de l'invité. Cent commissaires exerçaient dans les salons la plus exacte surveillance. L'Administration estima que, malgré les apparences, le bal devait avoir le caractère d'un bal public, et crut devoir le défendre.

Un mois plus tard, à Lyon, on avait voulu offrir dans la salle de l'*Elysée Lyonnais* un banquet à Garnier-

______

(1) « ... Attendu qu'en accordant à toute personne la liberté de faire tel négoce ou d'exercer telle profession, art ou métier qu'elle trouverait bon, à la charge de se conformer aux règlements de police, l'article 7 de la loi du 2-17 mars 1791 a virtuellement maintenu les dispositions de l'art. 3 n° 3, titre XI, de celle des 16-24 août 1790 qui confie à l'autorité municipale le droit d'assurer la tranquillité publique dans les lieux où il se fait de grands rassemblements; que ce droit implique nécessairement celui de subordonner l'ouverture d'un établissement où elle pourrait être compromise à la nécessité d'obtenir l'autorisation préalable; que l'ordonnance par laquelle le préfet de police prescrit cette condition a donc été légalement rendue. » (Arrêt du 13 avril 1833. Affaire Barron.)

8.

Pagès venu pour défendre devant la Cour d'assises le journal *la Glaneuse*. Là encore, il y eut refus formel de l'Administration. La Commission, soutenue par une consultation du barreau, songea un instant à passer outre, puis se résigna à céder, en formulant une renonciation dans laquelle elle s'élevait vivement contre une mesure arbitraire.

Pendant cette même année l'Administration interdisait encore des banquets dans l'Isère, dans le Bas-Rhin et à Rive-de-Gier ; elle en interdisait au Mans, en 1835, un autre qui avait encore été organisé en l'honneur de Garnier-Pagès. L'attitude qu'elle prenait et qu'elle entendait prendre dans des questions de ce genre se trouve dessinée dans des lettres du ministre de l'Intérieur aux préfets, lettres qui sont écrites en 1840, mais qui ne sont que l'expression d'une politique soutenue pendant tout le règne : « Vous m'avez fait connaître, disait-il dans une instruction du 21 juillet, que des banquets républicains ont eu lieu à Rouen, à l'occasion de l'anniversaire du 14 juillet, et que ces manifestations ont donné lieu à des toasts anarchiques. Je vous prie de vouloir bien donner ordre pour qu'à l'avenir les banquets de ce genre soient interdits lorsqu'ils paraîtront présenter un caractère dangereux. » Il disait par contre au sujet d'un banquet qui devait avoir lieu à Metz : « Je vous engage à autoriser cette réunion en vous assurant toutefois qu'on ne lui donnera aucun caractère menaçant pour l'ordre. C'est une règle à suivre pour tous les cas analogues. Les banquets peuvent être tolérés chaque fois... qu'ils ne pourront pas être considérés comme une manœuvre préparée d'avance pour exalter les passions politiques... Les banquets réformistes avaient pris ce caractère à Paris, et l'autorité supérieure a dû les défendre. Mais en prenant cette détermination prudente, elle n'a point voulu frapper d'interdit toutes les réunions pacifiques auxquelles les citoyens voudraient prendre part. »

Les défenses successives que formulait l'Administration soulevaient sans doute des colères, mais toutes momentanées. Il faut arriver à l'année 1840, à l'époque qui porte en germe la véritable campagne des banquets, pour relever de la part du Gouvernement une résistance qui eut sérieusement du retentissement dans le pays, et un retentissement fatal à la monarchie. Il s'agit du banquet pour la réforme électorale que le VIIIe arrondissement avait voulu organiser dans un local à Saint-Mandé, pour le 14 juillet. A l'appel de la municipalité avaient répondu trois mille hommes, sur lesquels plus de deux mille officiers et gardenationaux. Le maire de la commune avait accordé l'autorisation lorsque, le 10 juillet, vint un ordre du préfet de police qui interdisait au propriétaire du local de recevoir plus de mille personnes. Grand émoi dès lors dans l'opposition. Le *National* du 11 juillet publia un article intitulé : *Première persécution du pouvoir contre le parti démocratique.* — Un autre journal, le *Courrier Français*, appartenant lui aussi à l'opinion avancée, mais plus sage, donnait, tout en blâmant le Pouvoir, des conseils sensés à ses coreligionnaires politiques. Faisant allusion à de nombreuses réunions qui s'étaient déjà tenues les jours précédents, et qui, en raison même de leur nombre, avaient déjà dû donner ombrage à l'Administration, et l'indisposer pour l'avenir, il ajoutait : « Nous engageons (*le parti radical*) à prendre une attitude plus modeste et plus réservée. Ses réunions n'étaient d'abord que de six à huit cents personnes. Le banquet des Communistes en a compté douze cents. Il s'agit déjà de trois mille convives pour le 14 juillet. Qui sait si l'on ne voudra pas bientôt réunir dix mille radicaux sur quelque place publique, au risque d'une explosion semblable à celle de juin 1832? Si le parti radical est prudent, il n'inquiétera pas l'opinion publique. Vous prétendez être trois mille. Eh bien! faites plusieurs banquets, et buvez à la réforme dans plusieurs arrondissements au lieu de concentrer vos forces sur un seul. » Quoi qu'il en soit du refus du préfet de police, on en appela au ministre de l'Intérieur, M. de Rémusat, qui maintint le refus, du moins pour l'heure présente. Force fut donc d'ajourner le banquet. Mais la partie remise n'en fut célébrée que d'une manière plus éclatante le 31 août à Châtillon, cette fois avec le caractère de réunion privée, de façon à pouvoir se passer de la permission administrative. Six mille convives, distribués par groupes sur un terrain loué à leur usage, burent à la réforme, sous la présidence de M. Recurt, capitaine de la 8e légion. Cette fête fut le signal d'une série d'autres toutes semblables dont la province voulut se donner le luxe à l'exemple de Paris; puis le mouvement s'arrêta pour ne reprendre qu'en 1847 avec l'intensité qui emporta la monarchie.

Cette campagne dernière, qui sonna le glas de la monarchie, est dans toutes les mémoires. Elle s'ouvrit par le banquet du Château Rouge où vinrent s'asseoir, le 9 juillet 1847, douze cents électeurs de Paris et un grand nombre de députés parmi lesquels on vit, à côté de républicains déclarés, figurer des membres de l'opposition dynastique, tels que MM. Duvergier de Hauranne et Odilon Barrot. Le mouvement se communiqua par toute la France, à Mâcon, où on entendit la voix de Lamartine, à Colmar, où le banquet fut présidé par le premier président de la Cour, à Meaux, à Orléans, etc., à Saint-Quentin, où se rendirent les maires des communes voisines. Si ému que pût être le Gouvernement, il ne bronchait pas, pensant apparemment que ces réunions éparpillées dans les provinces ne pourraient aboutir à une insurrection. Ses dispositions changèrent après le banquet de Lille auquel furent conviés MM. Ledru-Rollin et Flocon dont l'adjonction significative mit en fuite le président de la réunion, M. Odilon Barrot, peu soucieux de fourvoyer ses sentiments dynastiques dans un milieu aussi compromettant. C'est alors que le pouvoir essaya de se défendre.

Il s'était déjà livré du reste contre les réformistes à une série de taquineries anodines dont tout l'effet d'ailleurs avait été d'aviver plutôt le mouvement. On retrouve la trace de ces tracasseries dans les journaux de l'opposition qui les signalent chaque jour. C'est ainsi que nous voyons à Semur, le 31 juillet 1847, à Cosne les 15 et 17 octobre, le maire empêcher une réunion réformiste, le 12 novembre à Avesnes, le 27 novembre à la Charité-sur-Loire, la municipalité refuser l'usage d'un bâtiment communal pour le banquet (1). En même temps l'Administration laissait entendre des menaces contre les officiers ministériels qui prendraient part aux manifestations.

Des deux côtés on était surexcité au plus haut point, et pour engendrer l'incendie, il ne fallut qu'une étincelle. Le roi, dans le discours du trône, fit une allusion aux banquets par la phrase fameuse où il parlait « de l'agitation que soulèvent les passions ennemies ou aveugles. » A ce passage, que l'opposition dynastique regardait comme une provocation, elle répondit en s'associant aux préparatifs d'un banquet qui devait avoir lieu dans le XIIe arrondissement. Le préfet de police refusa l'autorisation. La Commission déclara qu'elle passerait outre. Elle prétendit mettre à profit pour soutenir son droit les déclarations même de ses adversaires : la Chambre des pairs venait de voter l'adresse, et, tout en donnant satisfaction au Gouvernement par la condamnation des banquets, n'avait pas cru devoir en critiquer la légalité que le Gouvernement ne contestait pas : « Nous sommes persuadés, disait l'adresse, que de telles agitations *tolérées par un*

(1) A Vienne, la Commission avait loué d'un propriétaire du quartier Saint-Gervais une vaste salle située au premier étage d'une maison dont le reste était occupé par un escadron de hussards. Pour arriver au premier étage, il fallait nécessairement passer par une allée commune. Le sous-préfet prit d'abord un arrêté interdisant l'usage de cette allée, et ordonnant qu'elle serait occupée militairement. Pour lever cet obstacle, la Commission du banquet se résolut à jeter un pont qui, appuyé sur une maison voisine, aboutissait à une porte-fenêtre de la salle. Les délégués trouvèrent à la porte un commissaire de police qui s'opposa à leur entrée, et déclara qu'en cas de résistance il avait ordre de requérir la force armée.

régime de liberté sont impuissantes contre l'ordre public. » La Commission crut devoir retenir cet aveu de légalité fait par la Chambre haute pour l'opposer au préfet dans sa protestation. Voici d'ailleurs comment était conçue la note qu'elle communiqua aux journaux : « La Commission du banquet s'est réunie; et considérant qu'en fait nulle autorisation n'a été sollicitée, que M. le préfet a bien voulu confondre une déclaration pure et simple du lieu et du jour du banquet avec une demande en autorisation qu'on n'avait pas à demander ni à refuser; s'appuyant sur les lois de 1831 et de 1835 qui ne prohibent point les réunions accidentelles, sur les déclarations formelles de l'orateur du Gouvernement dans la discussion de ces lois, sur le récent arrêt de la Cour de cassation, sur la pratique constante du Gouvernement, et sur la reconnaissance du caractère légal des banquets, faite dans l'adresse de la Chambre des pairs, la Commission décide à l'unanimité qu'elle regarde la sommation de M. le préfet de police comme un acte de pure arbitraire et déclare passer outre. »

Cependant la discussion de l'adresse arrivait à la Chambre des députés; et là, la réponse à la phrase du discours de la couronne ne devait pas s'élaborer aussi aisément que dans l'autre Assemblée. Pendant quatre séances, l'opposition s'efforça à la fois et d'établir le caractère constitutionnel, l'opportunité des banquets auxquels elle avait pris part, et de démontrer comment l'autorité n'avait à aucun titre le droit de les interdire à l'avenir. « Je suis tout prêt, s'écria M. Duvergier de Hauranne qui entama la discussion, à

m'associer à ceux qui, par un acte éclatant de résistance légale, voudront prouver jusqu'à quel point,
cinquante-huit ans après notre première révolution,
les droits des citoyens peuvent être confisqués par un
arrêté de police. » On s'appuya de part et d'autre sur
la loi de 1790, et M. de Malleville rappela à M. Duchâtel comment l'Assemblée constituante avait accom-
pagné cette loi d'une instruction pour les corps administratifs, instruction sous l'égide de laquelle il entendait placer les banquets : « Les directoires veilleront
à ce que les citoyens ne soient pas troublés dans la
faculté de se réunir paisiblement pour rédiger des
adresses et des pétitions, lorsque ceux qui voudront
s'assembler ainsi auront instruit les officiers municipaux des temps, lieu, et du sujet de ces assemblées... »
Le ministère persista à soutenir qu'il avait le droit
d'interdire les banquets ; il persista à déclarer qu'en
fait il s'opposerait au banquet du XIIᵉ arrondissement.
Le Garde des Sceaux, M. Hébert, s'exprima avec une
énergie qui provoqua les colères de la gauche, et qui
attira à l'orateur cette apostrophe de M. Odilon Barrot : « M. de Polignac et M. de Peyronnet n'ont jamais
parlé ainsi ! » Le ministère eut, on le sait, gain de
cause à la Chambre qui, lui donnant une victoire
éphémère dans toute la force du terme, vota l'adresse
dans des termes analogues à ceux adoptés par les
Pairs.

Fort de ce vote, M. Hébert adressa aux procureurs
généraux à la date du 18 février 1848, une circulaire
dans laquelle il reprenait les arguments juridiques
qu'il avait développés à la tribune, et traçait en consé-

quence aux parquets la ligne de conduite à suivre dans la question des banquets : « Un des droits les plus incontestables de l'autorité publique, écrivait-il, celui qui touche le plus essentiellement au maintien du bon ordre et de la tranquillité, est devenu récemment l'objet d'une controverse inattendue ; des principes qui depuis longtemps étaient universellement reconnus... ont été subitement remis en question ; et il se peut que le ministère public et les tribunaux soient appelés à les défendre et à les consacrer de nouveau. Il importe dès lors que les principes en soient exactement rappelés à tous les magistrats qui, sous vos ordres,... concourent à l'exercice de l'action publique. Les lois, vous le savez, confient à la vigilance et à l'autorité des corps municipaux tout ce qui peut intéresser le maintien du bon ordre... dans les lieux publics. Ces corps ont par là même le pouvoir, sauf réformation par l'autorité suprême, de faire des arrêtés sur les objets confiés à leur surveillance. De cette attribution sans laquelle on ne concevrait point l'ordre dans la cité sont nés pour l'administration municipale et pour l'administration départementale de qui elle relève, le pouvoir et l'obligation sous leur responsabilité d'interdire... les réunions publiques toutes les fois que par la nature, le but de ces réunions et les circonstances au milieu desquelles elle tenteraient de se produire, le trouble et le désordre pourraient en être la conséquence. Des applications multipliées de ces principes d'ordre public ont eu lieu à toutes les époques et sous toutes les administrations. » Ici le ministre rappelle une ordonnance de police de 1830 sur les bals publics, et une

autre du 31 mai 1833. Il continue en disant que la
jurisprudence des tribunaux est venue ajouter son
autorité à celle de ces actes administratifs en déclarant qu'ils étaient en parfaite conformité avec la loi.
« Il est donc certain qu'aux termes des lois, les autorités municipales dans toute la France, et le préfet
de police dans le département de la Seine ont... le
droit et le devoir d'exercer pleinement leur vigilance
en tout ce qui touche aux réunions publiques, et qu'ils
l'exercent selon les cas, soit en prévenant, soit en dis-
sipant, soit en surveillant ces réunions de la manière
la plus propre à sauvegarder les graves intérêts dont
ils répondent... Toute infraction aux interdictions et
autres mesures que l'autorité compétente croirait nécessaire d'adopter en vue du bon ordre et dans la
limite de ses attributions telles qu'elles viennent d'être
rappelées devrait être immédiatement poursuivie devant les tribunaux. »

On sait quelle réponse les événements firent à toute
cette théorie. On connait la transaction qui avait été
passée entre les députés de la gauche et le ministère ;
on se souvient comment les convives devaient se
rendre seulement jusqu'à la porte du banquet, et se
disperser aussitôt sur l'ordre du commissaire de police,
comment ils devaient se mettre en mouvement uniquement pour permettre au commissaire de verbaliser, et
à la justice ensuite saisie de trancher définitivement
cette question du droit de réunion. On sait encore
comment, effrayée des proportions que paraissait
devoir prendre la manifestation, l'autorité revint sur
cette transaction, déclara de nouveau s'opposer d'une

façon absolue à la réunion des individus dans le lieu indiqué ; comment les députés de la gauche, intimidés par cette attitude nouvelle, déclarèrent alors qu'ils cédaient à la force, et ne se rendraient pas au banquet ; comment, au contraire, la masse voulut y accourir ; et comment enfin la Révolution sortit de ce rendez-vous.

Le dernier fait juridique relatif au droit de réunion sous la monarchie fut l'acte d'accusation du ministère, acte que M. Odilon Barrot déposa le 24 février sur le bureau de la Chambre pour corriger aux yeux des électeurs le mauvais effet de l'abstention de la gauche qui renonçait au banquet. « Nous proposons, disait ce document, de mettre le ministère en accusation comme coupable... d'avoir violemment dépouillé les citoyens d'un droit inhérent à toute constitution libre et dont l'exercice leur avait été garanti par la charte. » Ce fut là la dernière phase légale par laquelle passa la question des banquets (1).

(1) Au lendemain de la Révolution de février, le Gouvernement, par un acte de condescendance aux passions populaires, donna ordre au procureur général Portalis de requérir une instruction contre le ministère Guizot. Dans le réquisitoire dressé le 26 février par le parquet, on lit notamment : « que les ministres de l'ex-roi Louis-Philippe *en prohibant un acte non défendu par la loi*, et en portant sur plusieurs endroits de Paris des masses de troupes avec ordre de faire feu sur les citoyens, sont inculpés d'un crime prévu par l'article 91 du Code pénal. » La Cour, après avoir délibéré, rendit arrêt conforme aux réquisitions du procureur général, décréta de prise de corps M. Guizot et ses collègues, et nomma pour procéder à l'information MM. les conseillers de la Haye et Perrot de Chézelles jeune. Mais le 25 novembre intervint un arrêt de non-lieu.

On a souvent cité comme un exemple curieux des dispositions inquiètes et mesquines du Gouvernement de Juillet à l'égard du droit de réunion le refus que l'Administration opposa à la requête d'un grand industriel, le sieur Leclaire, entrepreneur de peinture, demandant à réunir ses ouvriers pour s'entendre avec eux sur le moyen de les faire participer aux bénéfices de son industrie (1). Ici ce n'est pas seulement du refus d'autorisation qu'il faut s'étonner. On se demande même comment le pétitionnaire a pu s'imaginer qu'une autorisation lui fût nécessaire, le législateur n'ayant inscrit dans aucun texte une semblable exigence. Quoi qu'il en soit, l'Administration crut devoir prohiber une réunion privée, et tentée seulement dans un but économique. Bien que nous ne parcourions l'histoire du droit de réunion qu'en matière politique, nous nous reprocherions de laisser de côté cette espèce. On y voit ce qu'on pouvait alors attendre du pouvoir, et quelles libertés il prenait à l'encontre d'un droit primordial dans ses manifestations sinon les plus salutaires, du moins à coup sûr les plus inoffensives. « Monsieur le préfet, — écrivait M. Leclaire, le ... février 1842, — depuis plusieurs années j'ai introduit dans mes ateliers des règlements auxquels mes ouvriers se soumettent... Je suis déterminé à en élargir les bases en accordant à un certain nombre des principaux une part dans le bénéfice du travail. Ayant besoin de les réunir pour leur expliquer mes statuts, et n'ayant d'autre intention

(1) Voir l'Enquête de la Commission extra-parlementaire des associations ouvrières nommée par le ministre de l'Intérieur (1883, 2e partie, page 494).

que de concourir autant qu'il est en moi au maintien de l'ordre, je viens vous prier de vouloir bien me permettre de réunir mes ouvriers dimanche 6 mars dans mes magasins, sis à Monceaux, rue Cardinet 20. Je joins à ma demande un exemplaire des statuts pour la répartition des bénéfices. » Au reçu de cette lettre, le préfet écrivait le 2 mars 1842 au commissaire de police : « Je vous invite à informer sans retard M. Leclaire... que je ne puis accorder la demande... En conséquence, vous voudrez bien lui enjoindre de s'abstenir de former la réunion dont s'agit sous les peines de droit, et veiller en ce qui vous concerne à ce qu'il ne soit pas contrevenu à cette injonction, en procédant à la dissolution de la réunion si elle venait à se former malgré le refus de l'administration. » M. Leclaire ne se tient pas pour battu. Le 18 septembre 1843, il renouvelle sa demande, dont le commissaire de police lui notifie encore le rejet après un rapport au préfet ainsi conçu : « Nous pensons, dans les circonstances où se place cet entrepreneur, que son intention n'est autre que d'embaucher des ouvriers pour assurer l'extension de ses travaux, en leur donnant des chances de partage dans les bénéfices qu'il retire de ces travaux. C'est là une question de règlement de salaires d'ouvriers qui ne nous paraît pas devoir être encouragée, et qui est même défendue par les lois. L'ouvrier doit rester entièrement libre de fixer et régler son salaire, et il ne doit pas pactiser avec le maître, et c'est à quoi le sieur Leclaire vise aujourd'hui. Sous ce rapport, les autorisations qu'il sollicite nous paraissent devoir lui être refusées, surtout si l'on considère que, pour l'association dans les bénéfices, l'ouvrier s'engage avec le maître au delà d'une année ; ce qui lui est défendu par l'article 15 de la loi du 22 germinal an XI. »

§ 3. — Associations religieuses.

La question des associations au point de vue religieux a sérieusement occupé les Chambres et les tribunaux sous le Gouvernement de Juillet. En parlant de ces associations, nous n'entendons pas y comprendre les congrégations qui ont eu aussi leur large part alors dans l'attention publique, mais qui furent l'objet d'une discussion séparée, régies qu'elles étaient par des textes tout à fait spéciaux. Nous ne visons que le associations qui n'étaient pas des communautés, et nous n'avons même rien à dire de celles qui, sans avoir directement pour but l'exercice du culte, se consacraient à des œuvres touchant de plus ou moins près à la religion. On se résignait sans trop de discussion à reconnaître qu'elles tombaient sous le coup de l'article 291, et on ne voit pas qu'il y ait eu de ce côté là débat parlementaire ou poursuites judiciaires. Sous la rubrique de ce paragraphe nous ne comprenons que les associations pour l'exercice du culte.

La Révolution de Juillet avait amené une grande fermentation dans les esprits. La réforme ne s'arrêtait pas à la politique, et les vieilles religions ne suffisaient plus à des âmes ardentes. On vit surgir alors sinon des religions inconnues jusque là, du moins des sectes fantaisistes qui réclamaient le droit de cité. Les adeptes de ces croyances n'allaient-ils pas se heurter à l'article 291 C. Pén., et à un autre article non moins gênant, l'article 294, interdisant sous peine d'amende à tout individu de consentir, sans la permission de l'autorité municipale, l'usage de sa maison pour l'exercice du culte? Ce dernier article, s'il demeurait applicable, était une pierre d'achoppement pour la liberté des associations religieuses. Car pouvoir s'associer pour l'exercice d'un culte, c'est fort bien. Mais que faire de cette liberté, et n'est-ce pas le plus stérile des présents si, pour obtenir un local où ils puissent s'assembler, les fidèles sont à la merci de l'autorité? Dans nos climats où nous ne jouissons pas du soleil de l'Italie ou de la Grèce, quel sera le néophyte assez enthousiaste pour remplir sous un ciel de janvier ses dévotions en plein vent? On citera sans doute l'exemple de l'Angleterre où des pasteurs improvisés, des clergymen ambulants, enflammés de l'esprit saint, haranguent la foule au coin des carrefours, et la maintiennent autour d'eux sous la pluie et le brouillard, chantant des psaumes et adorant l'Eternel. Mais le scepticisme français n'est pas fait à ces mœurs édifiantes.

Quoi qu'il en soit, on s'est demandé après 1830, et la question avait déjà surgi vers la fin de la Restauration, si la Charte qui avait proclamé la liberté des cultes avait, par là même, affranchi de toute nécessité d'autorisation l'association pour l'exercice d'un culte. Car, disait-on, la liberté du culte sans la liberté de le professer, soit sans la liberté d'accomplir les cérémonies et les pratiques y relatives, ce n'est rien autre chose que la liberté de conscience réduite à ses plus strictes limites, c'est-à-dire un droit qui depuis

1789, a toujours et sans contestation été reconnu. Or est-ce pour consacrer ce droit si profondément entré dans les mœurs comme dans les lois que l'auteur de la Charte a pris la peine d'édicter une disposition spéciale ? C'est la foi en tant qu'elle s'affirme par des manifestations extérieures qu'il a entendu protéger et soustraire à la discrétion de l'Administration. Il a donc abrogé l'article 291 sur ce point, ou même il n'a pas eu besoin de l'abroger. Car en réalité, l'article 291 est étranger à la matière. Inspiré à l'Empereur, suivant des auteurs contemporains, par la crainte que lui causaient certains conciliabules secrets de sectes religieuses hostiles au Concordat, il n'a garde de parler du culte, et est dès lors, ainsi que l'article suivant, applicable seulement aux associations qui, sans se séparer d'un culte, se réunissent en secret pour s'occuper de discussions religieuses, de prières communes, de pratiques particulières : « Je ne crois pas que ces deux articles aient été entendus autrement sous l'Empire, dit M. Duvergier de Hauranne, et l'on n'a pas connaissance que les quakers et les piétistes aient été empêchés d'exercer leur culte. » Et maintenant ce droit d'une association de se former librement dans le but indiqué n'est pas frappé d'impuissance par l'article 294. Cet article n'impose l'autorisation préalable pour l'exercice d'un culte dans un local que quand il s'agit d'une maison ou d'une partie de maison, c'est-à-dire d'un emplacement pouvant servir d'abri à une réunion secrète. Mais il ne parle pas d'un édifice qui serait destiné à l'exercice public d'un culte. Si les sectateurs de la foi nouvelle en ont un semblable, il leur suffit pour en avoir le libre usage de se conformer à l'article 17 de la loi du 7 vendémiaire an IV toujours en vigueur, obligeant seulement à indiquer aux administrations municipales l'enceinte choisie.

Les partisans de l'autorisation préalable répondaient qu'en dehors des religions reconnues par l'Etat, et pour lesquelles la reconnaissance vaut autorisation d'un libre exercice, la puissance publique ne saurait sans contrôle laisser s'en implanter d'autres dont les tendances pourraient être de nature à bouleverser la société. « Je crois, disait J.-J. Rousseau, qu'un homme de bien, dans quelque religion qu'il vive de bonne foi, peut être sauvé ; mais je ne crois pas pour cela qu'on puisse légitimement introduire en un pays des religions étrangères sans la permission du souverain. » M. Dupin qui faisait cette citation devant la Cour de cassation ajoutait : « Si ce droit d'invasion au nom de tous les cultes était absolu... les uns pourraient donc ressusciter le paganisme et les turpitudes de la mythologie, d'autres se mettre à célébrer les mystères d'Isis et de la Bonne Déesse... La politique, ses calculs, ses complots pourraient se glisser sous le manteau religieux. » La Charte, — faisait-on généralement observer, — n'a pas abrogé l'article 291 qui a été édicté à une époque où la liberté des cultes existait tout aussi positivement qu'elle a existé depuis 1814. Cet article, en parlant d'associations religieuses, vise suffisamment celles pour l'exercice d'un culte; et quant à la loi de vendémiaire, elle contient toute une série de dispositions incompatibles avec la législation moderne qui l'a implicitement abrogée.

Lors de la discussion de la loi de 1834, dans la séance du 21 mars, cette question de la liberté des associations religieuses fut soulevée par un amendement ainsi conçu : « Toutefois les associations ou réunions qui auront exclusivement pour objet la célébration d'un culte religieux sont dispensées de la demande d'autorisation (1). » Le Garde des Sceaux le repoussa, reconnaissant néanmoins, qu'étant donné l'article 291 que le projet de loi laissait intact en y ajoutant seulement une sanction nouvelle, des associations pourraient être empêchées de se former alors même qu'elles auraient un but religieux. « Par exemple, disait-il, il y a d'anciennes lois contre les congrégations et les associations religieuses. » Mais il ajoutait : « Tout cela est entièrement étranger à la liberté des cultes, et, je dois le dire, la loi actuelle serait applicable à ces associations. Car il est très possible que dans ces associations, au lieu de s'occuper de choses purement spirituelles, on ne s'occupe que de choses temporelles... S'il s'agit d'associations qui auraient pour objet ou pour prétexte les principes religieux, la loi leur est applicable, et il serait à craindre que l'amendement ne fût que l'abrogation implicite d'un principe qui existe à cet égard... (L'*amendement*) est dangereux s'il peut donner aux associations la faculté de se former en disant seulement qu'elles ont un but religieux. » Après le Garde

(1) Déjà, le 20 novembre 1830, la Chambre avait eu à statuer sur la pétition de divers citoyens de Paris s'élevant contre l'article 291 du Code pénal appliqué aux réunions religieuses. Sur le rapport de M. de Sade, elle avait ordonné le renvoi de la pétition au Garde des Sceaux et au Ministre de l'Instruction publique et des Cultes.

des Sceaux, M. Dupin vint, dans son langage vif et coloré, combattre à son tour l'amendement : « Plus la cause est sainte, dit-il, plus il est facile d'en abuser. C'est toujours sous le manteau de la religion qu'on a fait les brèches les plus sensibles à la liberté des personnes et quelquefois à la liberté politique des États. C'est là que des *ambitions sacrées* se sont agitées dans tous les temps. » M. Dupin adjura la Chambre « si elle ne veut pas être encore dupe des déceptions de gens qui conservent toutes leurs espérances même en s'effaçant, de ne pas leur ouvrir cette porte... Il paraît bien singulier que des gens qui n'étaient qu'au service du despotisme semblent maintenant au service d'une autre cause. Mais c'est qu'ils ne veulent que le triomphe de leur cause sous le prétexte de la religion. Quelle que soit la forme du Gouvernement, leur but est constamment le même.....; ils ne sont jamais pris au dépourvu. Vivent-ils sous un gouvernement monarchique qui ait à sa tête une famille dont le chef consente à suivre leur direction, ils défendront le Gouvernement... parce qu'ils savent qu'en fortifiant ce pouvoir et en le rendant absolu, qu'en amenant un roi à dire : L'État c'est moi, — ils savent que quand ils auront l'homme, ils auront l'État..... Au contraire, est-ce un de ces gouvernements qu'on ne confesse pas? est-ce un gouvernement constitué avec des Chambres, où il n'y a pas seulement un roi avec un aumônier à côté de lui? Alors le gouvernement est détestable, il faut l'abattre... Voilà pourquoi sous une dynastie légitime, on a des congrégations absolutistes, et sous un régime de liberté on aura des congrégations ultralibérales qui prêchent aux masses le radicalisme et l'insurrection. » L'amendement fut rejeté.

La jurisprudence a pensé, avec les auteurs de la loi de 1834, que la liberté des cultes n'avait rien à voir avec l'article 291, et ne devait pas dès lors être un obstacle à l'application dudit article. C'est en ce sens que, par un arrêt du 3 août 1826, la Cour de cassation s'est prononcée dans l'affaire des piétistes. Il s'agissait d'une secte chrétienne séparée de l'Église romaine et des deux communions protestantes. Leur culte était d'inspiration. Ils n'avaient ni prêtres, ni chefs, ni cérémonies. Celui qui était *inspiré* pouvait et devait parler et instruire. Ils étaient répandus dans l'Alsace. Ils s'étaient réunis à Bischwiller au nombre de 40, chez un tisserand qui fut l'objet de poursuites avec quelques-uns des piétistes pour association non autorisée. La Cour cassa l'arrêt de Colmar qui les avait acquittés.

Cependant, après cet arrêt, un revirement temporaire se produisit. L'opinion contraire put s'appuyer d'un arrêt de Rennes qui fit événement alors, et fut accueilli avec un véritable enthousiasme par les feuilles libérales de la Restauration. C'était dans l'affaire de la *petite Église*, secte bretonne dont les membres étaient connus sous le nom de *louisets* ou *anticoncordataires*, et qui méconnaissaient les principes de l'Église gallicane ainsi que le Concordat de 1801. Malgré le refus d'autorisation de l'administration, les louisets s'étaient réunis chez leur chef, l'abbé de Juvigny, où un autel avait été élevé pour la célébration du mystère. L'abbé, poursuivi en vertu de l'article 294, fut acquitté par la Cour de Rennes que l'Opposition félicita d'avoir proclamé les principes de la liberté dans cette même Bretagne, jadis terre classique de l'intolérance et du fanatisme. « Considérant, dit cet arrêt célèbre, que quelque déplorable que soit dans l'intérêt de la religion catholique la dissidence des sectes qui, en se séparant de la société générale des fidèles, s'efforcent d'en troubler l'harmonie ou d'en détruire l'unité, les tribunaux chargés d'appliquer les lois protectrices de la liberté des cultes ne peuvent dans ces sortes de contestations que rechercher s'il a été commis quelque infraction à ces mêmes lois; considérant, sous ce rapport, que l'article 5 de la Charte dispose que chacun professe sa religion avec une égale liberté; que cette liberté ne peut s'entendre de la simple pensée d'un dogme renfermé dans le cœur de celui qui l'adopte, et qui par là même, échappant à toute investigation humaine, n'aurait pu être l'objet d'une loi, soit permissive, soit prohibitive; d'où il suit que professer une religion dans le sens de la Charte, c'est la pratiquer en faisant les actes qui constituent l'exercice d'un culte, pourvu que ces actes n'offrent rien de contraire à l'ordre public; considérant que la même liberté a été accordée également à tous, et n'a pas été restreinte par la Charte à des particuliers isolés, ni subordonnée à une autorisation préalable lorsqu'ils voudront se réunir pour exercer leur culte au-delà d'un nombre déterminé, ainsi que l'avaient antérieurement prescrit les art. 291 et suivants; d'où il est naturel de conclure que ces dispositions ont été tacitement abrogées par la Charte..... »

L'arrêt de Rennes demeura isolé. La Cour de cassation persista dans sa première jurisprudence à laquelle les Cours se rallièrent dans différentes espèces. Il y eut d'abord le procès des Saint-Simoniens. Mais dans cette cause célèbre, les Saint-Simoniens, en même temps qu'ils étaient prévenus d'association illicite, étaient accusés d'outrage à la morale publique et aux bonnes mœurs. En outre, la prévention déniait à leur association le caractère d'une association pour l'exercice d'un culte, si bien que nous n'insisterons pas autrement sur cette affaire qui, quelque retentissante qu'elle ait été, ne se rattache pas suffisamment à notre question.

Nous y revenons directement avec le procès fait à l'abbé Laverdet, s'intitulant le premier pasteur de l'Église évangélique française, Église fondée par Chatel, dont Laverdet s'était séparé après avoir été son disciple. On connaît l'histoire de Chatel et de sa secte. Ses innovations consistaient en ce que l'office était célébrée en français, et la confession déclarée facultative. C'était au nouveau pontife que les communes devaient s'adresser pour obtenir des pasteurs. Ralliant chaque jour des adeptes, il avait agrandi son installation, la chapelle qu'il avait ouverte à son domicile, rue des Sept-Voies, et l'avait transportée successivement rue de la Sourdière, puis dans la salle des concerts de la rue de Cléry où, prenant le titre d'*Évêque primat coadjuteur des Gaules*, il avait officié en costume épiscopal. Enfin, le 6 novembre 1831, l'exercice du culte avait été transféré faubourg Saint-Martin, dans l'ancien local des pompes funèbres. C'est à partir de ce moment que la brouille survient entre Laverdet et Chatel, qui, au dire du premier, trafiquait des choses saintes. Laverdet fait bande à part, et ouvre boulevard Bonne-Nouvelle l'Église évangélique française, puis en janvier 1833 une chapelle à Clichy. L'Église s'étendit dans le département d'Eure-et-Loir; et en Seine-et-Oise, à Senneville près Mantes, les habitants manifestèrent l'ardeur de leur foi par la construction d'un temple qui fut élevé en vingt-sept jours. L'autorité voulut mettre fin à cette propagande. Le dimanche 12 mars 1837 les agents s'opposèrent à la célébration du culte. On fit fermer le temple d'abord, puis successivement les églises de Boulogne, Paris et Clichy. Laverdet poursuivi fut condamné à 500 francs d'amende pour association illicite, et la Cour de cassation, le 22 juillet 1837, rejeta son pourvoi.

L'année suivante, ce fut le tour d'un sieur Roussel, qui, après avoir donné sa démission de pasteur des églises réformées de Saint-Étienne, vint, sur la demande des mêmes habitants de Senneville, des anciens adeptes de Laverdet, altérés de nouveautés religieuses, leur prêcher une forme nouvelle de protestantisme, et célébra sans avoir reçu mission d'un consistoire, le culte réformé dans un temple qu'il avait pris à bail. La Cour de cassation, en rejetant par un arrêt du 22 avril 1843 le pourvoi contre le jugement de tribunal de Versailles qui avait condamné Roussel à 16 francs d'amende, décida que l'article 5 de la Charte n'avait pas abrogé l'article 291; « que les dispositions de cet article se concilient parfaitement avec les principes de liberté et de protection consacrés par la Charte; qu'en effet la liberté religieuse n'exclut ni la

surveillance de l'autorité publique sur les réunions
qui ont pour objet l'exercice des cultes, ni les mesures
de police et de sûreté sans lesquelles cette surveillance
ne pourrait être exercée ; que si l'article 294 punit
celui qui sans la permission de l'autorité municipale
accorde ou consent l'usage de sa maison..... pour la
réunion d'une association même autorisée ou pour
l'exercice d'un culte, il n'en résulte pas que l'art. 291
ne soit point applicable aux réunions qui ont lieu à la
suite d'une association et pour l'exercice d'un culte
même autorisé ; que, lorsque pour l'exercice d'un tel
culte, il existe une organisation que l'autorité publique
ne peut pas ignorer, lorsque ce culte est desservi par
des ministres ayant un caractère public et une mission
reconnue, lorsque ses temples sont ouverts à tous et
publiquement fréquentés, évidemment de telles réunions ne sauraient constituer le délit d'association
défini par l'article 291 ; mais que les sages prévisions
de ces articles seraient sans effet; que les garanties
données à la société par ces articles seraient compromises si des associations particulières, formées au sein
des différentes religions, ou prenant la religion pour
prétexte, pouvaient sans la permission du gouvernement dresser une chaire ou élever un autel partout et
hors l'enceinte des édifices consacrés au culte ; qu'à la
vérité le demandeur prétend qu'il faut distinguer entre
une simple réunion ayant pour unique objet des
prières, des prédications et les cérémonies d'un culte
reconnu, et l'association préparée d'avance, organisée
par un certain nombre de personnes, et sous certaines
conditions ; mais que si cette distinction peut en effet

être admise pour des réunions temporaires, accidentelles, non préméditées ou qui n'auraient pas un but
déterminé, qui ne tiendraient pas à une organisation
durable, cela ne peut s'entendre des réunions périodiques qui seraient la conséquence ou le résultat d'une
association de plus de 20 personnes, de quelque manière qu'elle ait été formée, si elle a pour condition des
réunions quotidiennes ou périodiques, pour s'occuper
d'objets religieux, ailleurs que dans un local publiquement consacré. »

. Dans une affaire Doyne et Lemaire, jugée le 12 avril
1838, la Cour de cassation avait dû formuler les mêmes
principes à l'encontre du système contraire qui avait été
adopté par la Cour d'Orléans. Celle ci s'était prononcée
dans le sens où avait statué 10 ans auparavant la Cour
de Rennes dans l'affaire des Louisets : Doyne autorisé
par le pasteur de la consistoriale d'Orléans, s'était
rendu dans deux communes, et là avait fait des prières,
chanté des psaumes, lu et expliqué l'Évangile en présence de tous ceux, — constatait la Cour d'Orléans, —
qui, soit par un sentiment religieux, soit par un motif
de curiosité, s'étaient spontanément, et sans accord
préalable, réunis autour de lui. La Cour avait prononcé l'acquittement en se fondant entr'autres motifs
sur l'abrogation de l'article 291. La Cour de cassation
rejeta le pourvoi, mais en condamnant cette dernière
partie des motifs de la Cour d'appel. Elle se base seulement sur ce que d'une part la Cour d'appel s'est bor-
née à constater deux réunions formées spontanément
dans deux communes différentes, et sans qu'elles eussent été préparées ou concertées à l'avance, et sur ce

que, d'autre part « l'application de l'article 291 ne peut s'étendre aux simples réunions temporaires et accidentelles non préparées à l'avance ou qui n'auraient pas un but déterminé. »

Cette distinction ainsi faite par la Cour suprême entre les associations et les réunions était faite aussi à la tribune par le Garde des Sceaux, lors de la discussion de la loi 1834, à l'occasion de cet amendement cité plus haut qui voulait dispenser de toute autorisation « les associations ou réunions qui auront exclusivement pour objet la célébration d'un culte religieux. » Après avoir combattu, comme nous l'avons rappelé, la dispense d'autorisation pour les associations, il disait au contraire pour les réunions : « S'agit-il de réunions qui ont seulement pour but le culte à rendre à la Divinité et l'exercice de ce culte, la loi n'est pas applicable... L'amendement est inutile s'il a pour objet de rassurer des libertés qui ne sont pas compromises. »

Ce n'est pas seulement devant la justice qu'a été débattu sous le Gouvernement de Juillet le droit pour certains individus de s'associer sans autorisation à l'effet d'exercer leur culte. Ils ont porté leurs revendications devant le Parlement. Un grand débat s'est engagé le 11 mai 1843 à la Chambre des pairs à l'occasion d'une pétition du consistoire de Niort se plaignant des entraves apportées au libre exercice du culte protestant, et demandant que désormais il suffise pour l'établissement d'un culte d'en faire la déclaration au maire de la commune afin qu'il puisse exercer sa surveillance. M. de Gasparin a soutenu cette revendication fondée, suivant lui, sur l'article 5 de la charte. « Dans des villes, a-t-il dit, où il n'y a jamais eu qu'un petit nombre de protestants isolés, où peut-être il n'y en a point eu, s'élève une grande industrie qui appelle des ouvriers étrangers à la localité ; un grand nombre d'entr'eux professe le culte de la minorité. Le Gouvernement accordera l'autorisation *(d'exercer ce culte)* ; mais il peut la refuser, mais il l'a refusée ou du moins l'a fait longtemps attendre. Ainsi voilà la liberté religieuse d'un grand nombre de citoyens livrée à la merci de l'autorisation ministérielle ! Est-ce ce qu'a voulu la charte ? » Répondant à l'objection que la réunion des dissidents pouvait soulever des troubles dans la commune, il disait que ce serait alors du devoir de l'autorité de protéger les dissidents usant de leurs droits. « Quand dans une disette la populace se porte sur les greniers des riches, conseille-t-on à ceux-ci de se laisser piller pour que l'ordre soit maintenu ? »

Les observations de M. de Gasparin devaient apparaître comme pleinement justifiées à quiconque se rappelait certains actes d'intolérance dont les protestants avaient été victimes sous la Restauration. On en trouve en 1826 un exemple consigné dans une lettre du consistoire de l'Eglise réformée de Lyon aux divers consistoires des Eglises réformées de France. L'Eglise consistoriale de Lyon, dit ce document, renferme dans son sein plusieurs communes rurales où se trouvent un grand nombre de protestants. Ces communes sont à une distance de Lyon telle qu'ils ne peuvent que fort rarement se rendre dans notre temple... Sur la demande des protestants de Tarare, un des pasteurs de Lyon s'y était rendu il y a déjà quelque temps afin de célébrer au milieu d'eux le service divin. (*Difficultés aplanies par le préfet.*) Nous ne nous attendions plus à rencontrer aucune contrariété lorsque M. le pasteur Claparède, célébrant le service divin à Saint-Consorce, se vit tout à coup interrompu par M. le maire qui le somma de dissoudre notre réunion, lui annonçant qu'il était en contravention à l'art. 291 C. pén. (*On se pourvoit auprès du préfet qui répond*) que les propriétaires des locaux où se tiendrait le culte devraient requérir une permission de l'autorité municipale. Le maire sollicité accorde alors la permission à la veuve Cazot de recevoir chez elle en assemblée de prière les protestants de la commune aux conditions que les seuls religionnaires de la commune se réuniront chez elle avec le ministre qui s'y transportera de Lyon; qu'aucun étranger à la commune ne fera partie des réunions... Comme cette permission renfermait des restrictions inadmissibles, nous la communiquâmes à M. le préfet en lui faisant observer que partout notre culte se célébrait à huis ouvert... Cependant le 10 septembre une bande d'étrangers s'introduit par surprise dans le temple de Saint-Consorce pendant que le pasteur y prêchait. Tumulte, arrestation du perturbateur par le garde-champêtre et plainte au parquet par le pasteur. Au lieu d'une instruction contre les coupables, intervient un arrêté du maire, approuvé provisoirement par le préfet jusqu'à la décision du ministre de l'Intérieur, et retirant l'autorisation précédemment accordée, en se fondant sur le désordre dont le temple venait d'être le théâtre. Sur la réclamation du consistoire, le préfet répondit au vice-président en l'engageant à accepter, comme ministre et comme bon citoyen, la décision en question dans l'intérêt de la paix publique : « Les individus qui s'étaient réunis dans la chapelle nouvellement disposée pour cette destination étaient notoirement, disait-il, et d'après leurs propres discours, mûs par des motifs purement humains de haine contre le curé de la paroisse ou contre l'Administration à laquelle ils attribuent la suppression de leur succursale... Plusieurs chefs de famille protestants, sages autant que zélés... ne montrent nul désir de voir élever en ce moment dans les campagnes des succursales réformées en rivalité des églises catholiques. » Toutefois ultérieurement, dans le courant de 1827, le ministre de l'Intérieur ordonna la réouverture du temple. Mais un autre ministre eût pu se montrer moins éclairé ou moins facile, et on comprend que les protestants qui n'étaient plus à l'époque de Louis XIV ne dussent pas s'accommoder de ce régime arbitraire.

Quoi qu'il en soit, la proposition de M. de Gasparin fut combattue par M. Barthe, venant défendre la législation et la pratique existantes. Il s'attacha à démontrer que le système de liberté n'établirait entre les cultes qu'une égalité apparente. Car pour la religion catholique, la liberté ne pourrait pas exister. En effet, les règles de la discipline avec l'Etat se trouvent intimement liées avec les principes constitutifs du culte catholique. Le concordat et les articles organiques sont profondément liés, de manière qu'en faisant cette concession, vous arriverez à ce résultat, c'est que, pour le culte catholique, la discipline tiendrait rigoureusement, invinciblement, par la force des choses, et que d'un autre côté, la liberté se présenterait partout... Pendant que vous auriez un culte organisé avec sa discipline..., vous déchaîneriez autour de lui tous les esprits prétendus créateurs de cultes qui, ne reconnaissant pas de lien avec l'Etat, auraient leurs missions libres, parleraient en chaire, sauf la responsabilité du Code pénal, ne reconnaissant pas les mesures que le culte catholique s'impose et accepte, et attaquant ouvertement le culte de la majorité qui ne pourrait pas se défendre par les mêmes armes. Voilà ce que vous appelleriez une égalité de protection! Mais c'est l'inégalité même! C'est le désordre! »

M. de Gasparin insista de nouveau, et fit remarquer qu'il n'y a de culte établi et payé par l'Etat que là où se trouvent agglomérés au moins six mille protestants; qu'il y a donc une foule de localités où se trouvent disséminés des protestants qui n'ont aucun culte a leur portée, et qui doivent tendre naturellement à se rapprocher de leurs frères, mais en sont souvent empêchés par l'autorité municipale. Il concluait en invitant le Gouvernement à proposer une loi où l'on prendrait à l'égard des personnes qui voudraient établir des réunions religieuses toutes les garanties qu'on exige par exemple des instituteurs, où on les obligerait à déclarer en quoi leurs doctrines se rapprochent ou s'éloignent de celles reconnues par l'Etat, et où l'on donnerait à l'Administration des droits suspensifs qui mettraient l'ordre public en sécurité. »

La Chambre passa à l'ordre du jour sur la pétition du consistoire de Niort.

Mais le débat ainsi enterré fut réveillé l'année suivante, et cette fois avec un meilleur succès pour les défenseurs du principe de liberté. M. d'Haussonville, dans la séance du 20 avril 1844, vint faire un rapport sur quatre-vingt-dix pétitions, dont cinquante-sept émanaient des consistoires de l'Eglise réformée de France et de la Confession d'Augsbourg, et insistaient toujours sur les griefs déjà signalés. « Votre Commission a pensé, — conclut M. d'Haussonville — que des citoyens professant les mêmes dogmes religieux, quand ils se réunissent entr'eux toutes portes ouvertes, dans la seule intention de prier Dieu, ne se constituent pas, par cela seul, en une de ces associations qui tombent sous le coup de l'art. 291... Elle n'hésite pas à penser que des mesures législatives ne soient nécessaires pour régler d'une façon stable et permanente l'exercice de la liberté des cultes. Elle demande à l'unanimité le renvoi au Garde des sceaux. »

Dans la discussion qui s'engagea, M. de Gasparin qui, comme l'année précédente, soutint encore la lutte cita à l'appui des conclusions du rapport certains faits qui étaient bien de nature à impressionner vivement les esprits modérés, à leur montrer jusqu'à quel point les conscience se trouvaient opprimées par le régime en vigueur. Dès qu'un pouvoir arbitraire est laissé à l'Administration, ses allures demeurent identiques à toutes les époques. Aussi le gouvernement voltairien de Louis-Philippe se comportait-il comme aurait pu se conduire la monarchie cléricale de la branche aînée. Dans la Haute-Vienne le préfet avait rendu un arrêté ainsi conçu : « Considérant qu'aucun habitant de Ville-Favard n'appartient au culte réformé, et que dès lors l'intervention du pasteur est sans objet et ne saurait être réclamée de bonne foi ; considérant d'ailleurs qu'il n'est pas muni de l'autorisation prescrite par l'art. 291 C. Pén., arrêtons : Il sera procédé à la fermeture du lieu de réunion et à l'apposition des scellés. »

A Foix un délégué d'un consistoire, le pasteur Boubila ayant voulu procéder à une cérémonie d'enterrement, le maire lui avait adressé cette déclaration : « Dans l'intérêt de l'ordre et de la tranquillité des habitants de Foix qui sont tous catholiques, je ne consentirai jamais à ce que des étrangers viennent se réunir dans une maison de la ville, pour se livrer à l'exercice d'un culte qui n'y est pas légalement et ostensiblement établi. »

Dans le débat parlementaire, le Garde des Sceaux s'efforça d'atténuer la portée des espèces ci-dessus citées, et de calmer les scrupules de la Chambre en lui donnant connaissance d'une circulaire toute récente qu'il venait d'adresser aux préfets, le 28 février : « Les protestants disséminés sur différents points du territoire au milieu des populations catholiques sont, en quelques lieux, en trop petit nombre pour qu'il soit possible de leur donner aux frais de l'Etat des pasteurs spéciaux... Cependant ils ont le désir de se réunir pour prier en commun sous la direction d'un ministre...... Dans quelques communes surgissent parfois des difficultés qu'il importe de prévenir. Le principe de la liberté religieuse doit être largement entendu. On ne saurait sans de graves motifs,en restreindre l'application quand elle est réclamée de bonne foi par des citoyens pratiquant l'un des cultes reconnus en

France..... (*Les administrations municipales*) appelées aux termes de l'article 294 du Code pénal à donner leur assentiment lorsque les protestants veulent se réunir dans une maison particulière pour y prier, doivent se montrer animées des plus bienveillantes dispositions..... Se souvenant d'ailleurs que chacun jouit de la faculté de professer sa religion et obtient pour son culte une protection égale, elles veilleront à ce que l'exercice du droit des uns ne porte aucune atteinte à la liberté des autres. »

Malgré la lecture de ce document, la Chambre, se déjugeant à un an de date, entérina le rapport de sa commission et adopta le renvoi de la pétition au ministre.

D'autres escarmouches eurent encore lieu dans les Chambres en 1845 et 1846, à l'occasion de la liberté religieuse. Il convient seulement de signaler un discours de M. de Montalembert sur la question, à la Chambre des pairs, le 14 janvier 1845, lors de la discussion de l'adresse. Lui aussi vint citer des exemples qui n'étaient pas à négliger. Il signale à l'Assemblée un arrêté du préfet de la Gironde, en date du 26 août précédent : « Il est permis aux 26 protestants disséminés dans les communes de ....., de se réunir au château de la Lorée pour y célébrer leur culte. La réunion ne pourra dépasser ce nombre, dans lequel les habitants du château, le ministre et son clerc ne sont pas compris. »

« Le préfet, disait M. de Montalembert, fixe à 26 le maximum des fidèles ; de sorte que s'il leur vient un ami ou un parent, le nouveau venu demeure exclu de ce culte permis ; si les 26 personnes réussissent à faire

10

un converti..., ce converti devient également exclu; enfin, s'ils ont des enfants, ... comment restera-t-on dans la limite du maximum? Ces enfants qui, pour naître et pour grandir, auront pu heureusement se passer de la permission de M. le Préfet, ne le pourront pas pour être initiés aux pratiques de leur culte. Il faudra lui en référer pour le prier de daigner revenir sur cette mémorable décision..... Et voilà comme on interprète l'article 5 de la Charte en 1845! »

§ 4. — Congrégations.

Sous la monarchie de 1830, les congrégations passèrent tour à tour par des périodes de persécution et de tolérance. Au début, ce fut la persécution qu'elles rencontrèrent. Le vent qui soufflait contr'elles depuis les dernières années de la Restauration, et au souffle duquel s'était faite la Révolution était encore dans toute sa force. Aussi voit-on le ministère s'attaquer tout de suite à une association contre laquelle des pétitions avaient été adressées aux Chambres sous le dernier régime.

Il s'agit de la *Société des Missions de France*. M. Mérilhou, ministre de l'instruction publique et des cultes, demandait au Roi d'en prononcer la dissolution : « En arrivant au ministère que m'a confié Votre Majesté, disait-il dans son rapport (*Moniteur* du 6 septembre 1831), un de mes premiers soins a dû être de rechercher quels étaient les établissements religieux qui existaient en contravention aux lois du Royaume. Sous ce rapport, la corporation connue sous le nom de *Société des Mis-*

sions de France doit fixer au plus haut degré l'attention du Gouvernement. Une ordonnance royale du 25 septembre 1816 autorise cette Société et sanctionne ses statuts. Les rédacteurs de cette ordonnance constituant une véritable corporation religieuse ont violé manifestement l'ensemble de nos lois qui proscrivent une pareille création. Il serait inutile de retracer ici l'extension rapide qu'a reçue ce corps de missionnaires, et d'examiner si les résultats de leur zèle ont toujours été favorables à la paix publique et au respect dû au clergé ordinaire. Il serait inutile surtout de rechercher les causes et les motifs de l'influence qui, à une époque peu éloignée, fut exercée par eux. Il suffira de dire qu'en peu de temps, de grandes propriétés immobilières furent mises à leur disposition..... L'heureuse Révolution qui a appelé Votre Majesté au trône ayant rendu aux lois du royaume toute leur énergie, il est devenu possible et par conséquent nécessaire de remédier aux abus, introduits par diverses causes pendant la durée du Gouvernement précédent..... L'illégalité de la *Société des Missions de France* est la conséquence nécessaire de toutes les lois de l'État (*Analyse de ces lois*). ... Votre Majesté aura rendu un nouvel hommage aux lois du pays en faisant cesser les infractions commises sous le gouvernement déchu. » Conformément aux termes de ce rapport intervint, le 25 décembre 1830, une ordonnance rapportant « comme contraire aux lois » l'ordonnance de 1816, et déclarant la *Société des Missions de France* « éteinte à compter de ce jour ». La même ordonnance révoquait en outre les dons faits à cette Société.

Presqu'à la même date, au mois de novembre, était prise sans grand tapage une mesure qui n'était d'ailleurs que la réédition de celle prise sous le règne précédent. Il s'agit de la dissolution des Liguoristes, de ces religieux dont nous avons relaté plus haut l'expulsion au mois de septembre 1826, et la tentative de retour en 1828. Cette tentative, ils avaient cru devoir la renouveler après la Révolution ; mais le préfet, d'ordre du ministre, la prévint immédiatement par un arrêté d'expulsion du 6 novembre (1). Les Liguoristes protestèrent dans une lettre à ce fonctionnaire, en disant qu'ils ne constituaient pas une communauté religieuse,

(1) « Vu le décret du 3 messidor an XII,...; vu la circulaire du conseiller d'État chargé des cultes, en date du 17 pluviôse an XI ;... vu l'art. 32 des articles organiques de la convention passée le 26 messidor an IX entre le pape et le gouvernement français, lequel article porte qu'aucun étranger ne pourra être employé dans les fonctions du ministère ecclésiastique sans la permission du gouvernement ; vu les renseignements qui nous ont été transmis..... sur l'existence dans la commune de Bischoffseim, au lieu dit Bischenberg, d'une association religieuse d'hommes se disant Liguoriens ; vu la lettre de M. le Ministre de l'Intérieur du 31 octobre dernier ; considérant qu'il résulte.....; 2° que (*l'association*) n'a point été autorisée par le gouvernement ; 3° que les religieux qui la composent sont sous la direction immédiate du général de l'ordre des Liguoriens, lequel réside habituellement à Vienne en Autriche ; 4° qu'une partie de ces religieux se compose d'étrangers non naturalisés...; 6° qu'en 1826 le gouvernement fit signifier à cette association l'ordre de se dissoudre et aux religieux qui en faisaient partie celui de sortir du royaume, et que cet ordre fut exécuté ; que plus tard ils revinrent en France et s'établirent de nouveau au Bischenberg où ils reçurent derechef en 1828 l'ordre de partir ; considérant en conséquence que l'existence de l'association.... est évidemment en opposition aux lois du royaume ; avons arrêté : A la réception du présent arrêté, l'association....., sera tenue de se dissoudre. Les religieux étrangers qui en font partie devront sortir de France dans le délai de 8 jours... »

qu'ils vivaient simplement en commun, comme individus, qu'il n'y avait parmi eux que deux étrangers. Ils annonçaient qu'ils allaient se pourvoir devant le tribunal de Schlestadt contre l'acte illégal dont ils étaient victimes. Mais il n'apparaît pas qu'ils aient donné suite à l'instance projetée.

L'année suivante, en 1831, Casimir Périer fait procéder à la dissolution des Trappistes de la Meilleraye, qui passaient non sans raison pour constituer un foyer d'opposition carliste. A la suite d'un vœu émis par le conseil d'arrondissement de Châteauroux et par le conseil général de la Loire-Inférieure, le préfet agissant d'ordre du ministre entreprit leur dispersion le 5 août 1831. Une association pour la défense de la liberté religieuse adressa le 6 octobre à M. Saulnier, abbé de Meilleraye, une lettre signée de La Mennais, Lacordaire et Montalembert, pour l'inviter à déférer à la justice les autorités qui « ont ordonné et dirigé cet exécrable attentat ». Celui-ci ne resta pas sourd à ces exhortations. Il intenta en effet une action en dommages-intérêts contre le ministre devant le tribunal de Nantes, qui se déclarait incompétent le 20 janvier 1832. En même temps, la Chambre des députés était saisie par lui d'une pétition dans laquelle, se qualifiant de propriétaire de la terre de Meilleraye, il demandait à poursuivre Casimir Périer, président du Conseil, à raison de sa qualité de député, parce que « le domicile du requérant aurait été illégalement violé, et les individus qui cohabitaient avec lui dispersés par la force. » Le 31 décembre 1831, après un débat de quelques jours, la Chambre, allant plus loin encore que le rapport de la commission qui

10.

concluait au refus d'autorisation de poursuites, passa purement et simplement à l'ordre du jour, se rangeant ainsi à l'avis de M. Dupin qui disait : « Déclarer qu'il n'y a pas lieu d'accorder l'autorisation supposerait que vous pouvez l'accorder. » Or, faisait-il observer, « nous pouvons bien poursuivre les ministres ; mais nous ne pouvons déléguer ce droit à d'autres par forme d'autorisation. »

Quelques années plus tard, d'autres congréganistes subirent le sort des trappistes de la Meilleraye. Le 23 novembre 1838, ordre de M. Montalivet, ministre de l'Intérieur, au préfet du Rhône de dissoudre un couvent de capucins (1).

Le 12 février 1839, le préfet de la Loire avise le Garde des Sceaux, M. Barthe, qu'il a prescrit la disso-

(1) L'arrêté du préfet en date du 1er février 1839 est ainsi conçu : « Vu le rapport du commissaire spécial de police en date du 14 octobre dernier qui nous signale l'existence d'une réunion de capucins presque tous étrangers, qui s'est formée aux Brotteaux....; — Vu une lettre en date du 13 novembre dernier, par laquelle le maire de Lyon demande que les art. 32 et 33 du décret organique du 26 thermidor an IX soient appliqués à cette congrégation, et présente à l'appui de cette demande les considérations suivantes : que ces religieux représentent des siècles passés qui, par leurs règles monastiques, n'appartiennent plus ni à nos mœurs, ni à notre état social actuel, qui sont presque tous étrangers, qui ont établi aux Brotteaux un noviciat, et se font remarquer dans la ville par leur costume et par leurs quêtes ; qu'ils peuvent entretenir des intrigues au dedans et des relations au dehors.....; — Vu la loi des 13-19 février 1790, celle du 18 août 1792 ; — Considérant que les capucins établis aux Brotteaux, presque tous étrangers, sont placés sous la direction d'un supérieur Italien ; qu'ils portent le costume et suivent les règles d'un ordre monastique aboli, et ont formé une communauté religieuse semblable en tout à celles dont les lois de 1790 et de 1792 ont ordonné la suppression.... »

lution de l'établissement des religieux Récollets, qui avait été récemment fondé à Montbrison : « Ce sera, écrivait-il, donner à l'opinion publique une satisfaction qu'elle désire... (*La mesure*) donnera la preuve que le Gouvernement n'entend nullement consentir au rétablissement de corporations repoussées de notre état social où elles sont un non-sens ou plutôt un contresens. »

En novembre 1842, l'administration prononçait encore, sans rencontrer de résistance, la dissolution d'un établissement dans le Tarn.

Ce n'étaient là toutefois que des accidents motivés par des circonstances particulières. L'esprit du Gouvernement paraissait à cette époque un esprit de tolérance. Le 28 juillet 1839, le préfet du Cantal ayant demandé des instructions au sujet des congrégations non autorisées, le Ministre des Cultes, M. Teste, lui répondit « qu'il devait les laisser vivre en paix ; que cette tolérance était la conséquence des lois sur la liberté individuelle, et rentrait dans l'esprit de l'article 291 du Code pénal. » Mais bientôt l'opinion dans le pays et dans les Chambres devint de nouveau très hostile aux congrégations, et exerça naturellement son influence sur le ministère. L'orage avait déjà commencé à gronder à la Chambre des députés le 14 juin 1843, à l'occasion de la discussion du budget des cultes, et le Ministre cherchait à désarmer les attaques en rappelant précisément les mesures de rigueur que le Gouvernement avait prises précédemment contre les congrégations. « Toutes les fois, disait-il, que quelques individus dans un but religieux se réunissent sans que l'autorisation soit accordée, le droit du Gouvernement est de les dissoudre quand il veut. Le Gouvernement ne le veut sans doute qu'en présence d'un intérêt réel. Mais il sait au besoin user de son droit. Ainsi, par exemple, vous voyez que quelques trappistes sont venus s'établir au mois de novembre dernier dans le Tarn. Le Gouvernement a vu que cette congrégation soulevait quelque opposition dans plusieurs localités. Qu'a-t-il fait alors? Il a donné aux Trappistes l'ordre de se dissoudre, et de quitter la maison qu'ils avaient achetée et où ils s'étaient réunis. »

L'incident, qui n'eut pas de suite immédiate, fut réveillé à grands fracas deux ans plus tard, le 2 mai 1845, par la fameuse interpellation de M. Thiers au Garde des Sceaux, Ministre des Cultes, sur « l'exécution des lois religieuses en ce qui concerne les congrégations religieuses ». M. Thiers s'attacha à impressionner son auditoire par le tableau de la puissance des Jésuites, puissance assez solidement assise pour que la congrégation ait pu se diviser en 2 provinces (province de Lyon et province de France), et avoir fondé 27 maisons. On entendit tour à tour dans cette discussion célèbre Dupin, Berryer et le Garde des Sceaux, Martin du Nord. Celui-ci déclara que l'État était armé, qu'il userait au besoin de son droit, mais que, dans une question qui intéressait la religion du pays, il fallait laisser au Gouvernement une certaine liberté quant au choix du temps et à celui des moyens. Le 3 mai, la Chambre « se reposant sur le Gouvernement du soin de faire exécuter les lois de l'État » passa à l'ordre du jour. Dès avant toute interpellation, et pour en atténuer la portée, le

Gouvernement, par l'intermédiaire de son ambassadeur au Vatican, M. Rossi, était entré en négociations avec le Pape pour obtenir de lui qu'il invitât les Jésuites à se dissoudre. Après l'interpellation, il obtint gain de cause, au moins en apparence, s'il faut s'en tenir à la note qui fut publiée le 6 juillet suivant par le *Moniteur*.

… « La négociation dont (*le Gouvernement*) avait chargé M. Rossi a atteint son but. La congrégation des Jésuites cesse d'exister en France et va se disperser d'elle-même. Ses maisons seront fermées et ses noviciats seront dissous. » En réalité, la note annonçait des concessions plus amples que celles obtenues, et finalement les Jésuites subirent à peine quelques sacrifices en retour desquels ils surent d'ailleurs se ménager des concessions. L'exécution des mesures annoncées ne toucha que les maisons de Paris, Lyon, Avignon et les noviciats de Saint-Acheul et Laval. « Il y eut, dit M. Thureau-Dangin, des déplacements, des disséminations, des morcellements gênants pour la communauté, mais pas un jésuite ne quitta la France, pas une maison ne fut fermée. Il s'en ouvrit au contraire de nouvelles. M. Guizot laissa faire et n'exigea pas davantage. »

CHAPITRE V

LA SECONDE RÉPUBLIQUE

---

§ 1. — Associations et réunions politiques.

La Révolution de 1848, faite au nom de la liberté de
réunion, devait être naturellement l'âge d'or pour
l'exercice de ce droit. On vit les clubs surgir littérale-
ment de terre. Un rapport soumis à l'Assemblée nationale et signé du chef de la division de la Sûreté
générale dit que, vers la fin de mars, ils atteignaient
le nombre de 140, et en signale 12 comme foyers de
propagande anarchique. Citons parmi les plus fameux
la *Société centrale républicaine*, qui prit bientôt le nom
de celui qui en était l'âme, et s'appela *Club Blanqui*,
puis le *Club de la Révolution* ou *Club Barbès*, moins
violent que le précédent, et qui pendant longtemps
écarta les propositions hostiles au Gouvernement provisoire, puis le club des *Amis du Peuple* (Raspail) qui
rassemblait chaque soir 6,000 personnes, et dont le
chef, assez modéré à l'origine, ne devint violent que
pour répondre à la méfiance que lui témoignaient les

membres du Gouvernement. Ces deux clubs furent fermés après l'attentat du 15 mai.

Le *Club des Clubs* mérite aussi une mention particulière. Il avait été fondé par un ancien conspirateur sous la monarchie, du nom de Longepied, qui avait conçu l'idée de centraliser les clubs en appelant dans une réunion commune 3 délégués de chacun d'eux à l'effet de faire d'eux des instruments électoraux. Le *Club des Clubs* s'était installé de sa propre autorité dans les bâtiments de l'ancienne liste civile où Sobrier avait fondé sa succursale de la police et son journal *le Courrier de Paris*. Ce qu'était cette Société, quelle était son organisation, à quels agissements elle se livrait, c'est ce qu'explique en termes caractéristiques le rapport Quentin-Bauchart, du 3 août 1848, au nom de la *Commission chargée de l'enquête sur l'insurrection qui a éclaté dans la journée du 23 juin et sur les événements du 15 mai* : « Le Club des Clubs, sous la direction de Sobrier, et le club des Droits de l'Homme, sous celle de Villain, fixent d'abord notre attention. Tous les deux sont armés. Des membres du Gouvernement sont en correspondance journalière avec eux. Les armes dont ils menacent Paris sortent des arsenaux de l'État. Essayons d'expliquer leur organisation et la puissance occulte, anormale, dangereuse qu'ils ont exercée sur tout le territoire de la République. La maison nº 16 de la rue de Rivoli, qui était le *Club des Clubs*, était devenue une forteresse. On s'y garde militairement. Des menaces atroces contre la garde nationale et la bourgeoisie y retentissent incessamment. On y voit arriver 400 fusils et 30,000 cartouches délivrés par ordre du ministère de la Guerre à la Préfecture de police. C'est en vain que le commandant supérieur de la garde nationale se plaint d'un pareil état de choses..... Par une faiblesse inexpliquée, le *Club des Clubs* reste debout et triomphant..... » Dans une note annexée au rapport, on lit encore les détails suivants : « Des délégués furent envoyés dans les 86 départements, environ 4 par département..... Presque tous ouvrirent une correspondance avec le président Longepied..... Indépendamment de cette partie de leur mission que l'on pourrait considérer comme ordinaire, ils étaient chargés d'organiser autant que possible des clubs d'ouvriers, et des clubs militaires dans lesquels le mérite des candidats serait discuté... Inutile de répéter ici que les agents étaient soldés par Longepied, partie prenante au budget des fonds secrets. »

Nous venons de citer plus haut une phrase du rapport où il est question de la *Société des droits de l'homme*. Elle est assimilée, et pour cause, au Club des clubs. D'un côté comme de l'autre, il y avait là pour l'ordre public un péril égal : « Quant à la Société des Droits de l'homme, son existence, vous le savez, est fort ancienne, disait M. Quentin-Bauchart au nom de la Commission d'enquête. Les rapports de police portent à vingt mille le nombre des affiliés de cette société, et à quatorze mille celui de ses succursales dans le département de la Seine. Elles se réunissaient au Palais-National, et des témoins du voisinage nous ont appris qu'on y fondait des balles, et qu'on y faisait des cartouches, et qu'on se préparait sans trop de mystère à la guerre civile. » Dans une annexe du rapport, à l'occasion du compte-rendu d'une réunion extraordinaire des sections du Ve arrondissement *stratégique* (de la Société des Droits de l'homme), rue Albouy 150, on lit encore ce passage sur l'organisation de la Société : « Elle est un vaste corps armé pour la défensive ou l'offensive suivant la marche du Gouvernemen républicain. Elle se divise à Paris en six ou sept arrondissements stratégiques que se partagent inégalement douze mairies ou circonscriptions administratives afin de ne pas être confondues avec les légions de la garde nationale. Les bureaux d'arrondissement sont à peu près constitués. Leurs présidents portent le nom de commissaires d'arrondissement. Il y a dans chaque arrondissement quatre quartiers ayant chacun un chef, dit chef de quartier. Viennent ensuite les sections qui sont composées de cinquante hommes. La section est présidée par son chef. Il y a en outre un sous-chef de section et quatre décurions. »

Au début de la Révolution, le Gouvernement fut le premier à accélérer et à encourager la formation des clubs. Il en installait plusieurs dans les édifices publics, se bornant par une restriction qui, aux yeux des plus ardents, ne pouvait guère paraître excessive, à leur interdire les églises (1). Dans une proclamation

---

(1) « Le membre du Gouvernement provisoire, maire de Paris, informé que quelques citoyens ont demandé à l'un des maires d'arrondissement d'occuper une église pour la tenue d'une assemblée populaire : Considérant que la révolution de février 1848 a eu principalement pour but d'assurer la liberté de tous; considérant que le devoir du Gouvernement provisoire, comme le vœu du peuple, est de faire respecter la liberté des cultes; Arrête : Sous aucun prétexte les églises ne pourront être détournées de leur destination. »

du 19 avril qui, il est vrai, renfermait encore aussi une restriction aux droits des clubs, mais pas plus tyrannique que la précédente, soit une exhortation à ne pas délibérer en armes, il disait : « *Les clubs sont pour la République un besoin, pour les citoyens un droit.* Aussi le Gouvernement s'est-il félicité de voir sur les divers points de la capitale les citoyens s'assembler pour conférer entr'eux sur les questions les plus élevées de la politique... » Il ne devait pas s'en féliciter longtemps ; et l'attentat du 15 mai, fruit des excitations des clubs, calma bien vite à leur égard l'enthousiasme des hommes du régime nouveau. Déjà, la veille de l'attentat, la Commission du pouvoir exécutif avait dans la séance permanente qu'elle tint ce jour-là, pris une délibération portant « qu'elle ne laissera à aucun club les locaux appartenant à des établissements publics. » Cependant les dispositions que trahissait cette mesure n'étaient pas encore bien accentuées. Car trois jours après, le 18 mai, au plein même de la panique, M. Isambert ayant déposé sur le bureau de la Chambre un projet prohibant les clubs ou réunions publiques permanentes, personne n'osa appuyer sa proposition, et un des membres indignés fit entendre cette exclamation : « Après la révolution de février, c'est délicieux! » Une autre proposition analogue, introduite le 8 juin par M. Sevalstre, ne vit non plus jamais le jour. Mais le Gouvernement comprit tout de même à la fin qu'il ne pouvait sous prétexte de

(17 mars 1848). Une circulaire dans le même sens fut adressée aux commissaires des départements par le ministre de l'Instruction publique.

rester fidèle aux principes, laisser libre carrière à une licence effrénée qui allait l'emporter, et la société avec lui.

C'est alors que le ministre de l'Intérieur, M. Sénard, introduisit, le 11 juillet, le projet qui fut voté le 28 par la Constituante. L'exposé des motifs débutait en enguirlandant l'institution qu'il proposait de sacrifier : « La République, y était-il dit, qui s'appuie sur la raison, la justice et le droit, ne peut que puiser de nouvelles forces dans la discussion de ses principes ; et c'est d'ailleurs l'admirable bon sens qui dans notre pays domine toutes les intelligences, que le langage de la raison et du bon droit, dès qu'il se manifeste, séduit tous les esprits, et s'il ne contraint pas les passions au silence, il les contraint du moins à la modération. » Après ce préambule, l'exposé des motifs ajoutait aussitôt qu'il n'y avait pas de principe absolu, et indiquait quelles barrières il entendait élever autour du droit de réunion.

La nouvelle loi, après avoir proclamé le droit de réunion (art. 1), oblige simplement les citoyens qui veulent en faire usage, à informer l'autorité de leur dessein. — L'article 3 pourvoit à la publicité des séances, publicité qui ne s'étendra pas aux mineurs et aux femmes. Toute assemblée est interdite pendant la nuit. — L'article 4 réserve à l'autorité la faculté de se faire représenter dans les séances par un fonctionnaire de l'ordre administratif ou judiciaire. — Sont interdits (art. 7 et 8), les communications entre clubs, les pétitions et conférences, les affiliations, les signes de ralliement, les proclamations et affiches, le port d'armes. Est interdite aussi toute résolution imitant les lois, actes et arrêtés de l'autorité. — Par l'article 11, le tribunal a le droit en prononçant des peines pour contraventions à la loi, d'ordonner la fermeture des clubs. — Il peut même l'ordonner provisoirement au cours de l'instruction commencée sur les poursuites. — L'article 13 prohibe les sociétés secrètes. — Pour les réunions *non* publiques dans un but *non* politique, la loi ne les soumettait qu'à une déclaration préalable (art. 14), qu'elle n'imposait pas d'ailleurs aux associations industrielles et de bienfaisance. Pour les réunions *non* publiques dans un but *politique*, l'autorisation municipale était nécessaire (art. 15). Le ministre déclara d'ailleurs que cette obligation n'affectait, en aucune façon le droit absolu et sans condition qu'avaient les représentants de se réunir, droit qui, disait-il, ne pouvait même pas être mis en question. M. Tranchant avait voulu ajouter à l'article 15 un amendement pour permettre, sur une simple déclaration, de tenir une réunion isolée, et non successive. Mais le ministre fit observer qu'il s'agissait là d'une disposition qui allait de plein droit.

Le projet de la Commission, différant en cela du texte qui fut voté par l'Assemblée, soumettait à la nécessité de l'autorisation toutes réunions *non* publiques, qu'elles eussent ou non un caractère politique. Un membre, M. Durieu, s'inquiéta de cette restriction, en se demandant si elle n'allait pas être entendue comme affectant les comités électoraux, si elle allait s'appliquer, disait-il, « à un comité électoral central qui est pour ainsi dire une réunion permanente, une institution qui était quelque chose comme le Comité central de la Seine sous le dernier régime. » Le ministre de l'Intérieur répondit que l'autorisation ne devait pas être nécessaire pour ce cas, et il ajouta : « Le Gouvernement veut donner à l'exercice du droit électoral, la plus grande latitude, non seulement au moment où l'urne du scrutin est ouverte, mais dans toutes les discussions qui peuvent éclairer le choix des électeurs. » — Quant aux réunions électorales préparatoires, l'article 19 disait expressément que les dispositions de la présente loi ne leur étaient pas applicables. Il en était de même, d'après ledit article, pour les réunions ayant pour objet exclusif l'exercice d'un culte quelconque.

La Constitution du 4 novembre 1848, qui suivit à quatre mois de distance la loi sur les clubs, proclama (art. 8, chapitre II) que « les citoyens ont le droit de s'associer, de s'assembler paisiblement et sans armes... », et que « l'exercice de ces droits n'a pour limite que les droits ou la liberté d'autrui et la sécurité publiques. » Dans quelle mesure cette restriction constitutionnelle permettait-elle d'agir à l'encontre des clubs aux excès desquels la loi de Juillet n'avait opposé qu'une digue inefficace? Le ministre de l'Intérieur, M. Léon Faucher, pensa qu'au nom de la sécurité publique, il pouvait déposer un projet de loi supprimant les clubs. C'est ce qu'il fit le 26 janvier 1849. « Il ne faut pas, disait-il dans l'exposé des motifs, confondre le droit de réunion que la Révolution est venue consacrer avec la faculté d'ouvrir ces écoles d'anarchie que l'on désigne sous le nom de clubs, et qui gênent au lieu de la servir la liberté politique. Les citoyens, en se réunissant dans les pays libres, ont toujours un but spécial et déterminé. Mais le but que l'on se proposait étant une fois atteint, les réunions se dissolvent d'elles-mêmes. C'est restituer aux citoyens la liberté de se réunir que de les dégager de la pression qu'exerce sur les esprits la permanence des clubs. » Le projet définissait un club toute réunion publique qui se tiendrait périodiquement, ou à intervalles irréguliers, pour la discussion des matières politiques.

Dès l'instant même où le projet fut déposé, M. Gent s'opposa à ce qu'il fût mis aux voix, attendu qu'il portait atteinte à l'article 8 de la Constitution. Le parti montagnard alla plus loin encore. Il demanda la mise en accusation du ministre; et en effet, le 27 janvier, M. Ledru-Rollin déposait à cet effet une proposition sur laquelle intervint le 3 février un rapport de M. Baze concluant au rejet. En ce qui touche le projet de loi, l'Assemblée ne s'associa pas au mouvement d'indignation qui le repoussait par la question préalable, mais il subit presque aussitôt un premier échec. Conformément aux conclusions de la Commission devant laquelle il avait été renvoyé, l'Assemblée repoussa l'urgence le 27 janvier, à la majorité de 418 contre 342 voix. Le projet vint en deuxième délibération le 10 mars (1).

M. Jules Favre le combattit comme contraire à l'ar-

____

(1) Deux semaines avant, l'extrême gauche avait fait au projet une sorte de réponse anticipée : M. Pierre Leroux avait déposé le 2 mars une proposition tendant à l'abrogation de l'article 291 du Code pénal.

ticle 8 de la Constitution, et rappela à cette occasion ce que la Commission de constitution disait du droit de réunion : « Ce sont là des droits inhérents à la nature même. Toutes conventions sociales les supposent. Antérieures et supérieures à ces conventions, elles servent à les juger. Car sans l'exercice libre de ses facultés, l'individu n'est plus un être moral et responsable. Il ne figure plus dans la société que comme un nombre, une force inerte, privée tout à la fois de spontanéité et de stimulant. » M. Léon Faucher, en défendant son œuvre, réédita de son côté la phrase de Chapelier en 1789 : « Les clubs sont bons pour les époques de révolution. Mais quand la Révolution est faite, ils ne peuvent plus être qu'un élément de désordre. »

Les débats donnèrent lieu à un incident assez comique. La minorité de la commission avait substitué au projet ministériel un projet interdisant les clubs, mais permettant des réunions publiques et politiques, réunions *passagères* en vue de délibérer sur un objet déterminé. L'assemblée commença d'abord par voter l'interdiction des clubs. Ce vote irrita la majorité de la commission qui donna sa démission; puis trois cent cinquante membres appartenant au parti le plus avancé déclarèrent qu'ils s'abstiendraient de voter. C'est ce qu'on appela alors la parodie du Serment du Jeu de Paume.

Quoi qu'il en soit l'Assemblée, après avoir décidé le 24 mars qu'elle passerait à une troisième délibération, déclara, le 31, que le projet ne serait pas mis à l'ordre du jour; et quelques semaines plus tard, il fut enseveli avec la Constituante.

Il ressuscita avec la Législative, au lendemain de l'échauffourée du 13 juin, dite des Arts-et-Métiers, à titre de mesure temporaire : cette fois devant l'Assemblée qui en était saisie, et étant données les circonstances, il n'avait rien à craindre. Déposé par M. Dufaure, ministre de l'Intérieur, le 14 juin, il fut voté le 19 par 373 voix contre 151, en une seule séance, tous les membres ayant successivement renoncé à la parole. « Le Gouvernement est autorisé, — disait l'art. 1, — pendant l'année qui suivra la promulgation de la loi à interdire les clubs et autres réunions publiques qui seraient de nature à compromettre la sécurité publique. » Le rapporteur du projet s'était attaché à justifier l'étendue d'une prohibition qui atteignait toutes les réunions publiques. « Il fallait, expliquait-il, que cette loi de circonstance s'appliquât à tous les modes de réunion. Car vous savez sous quelles formes variées, sous quels masques trompeurs se cachent les factions. L'association qui a organisé le complot du 13 juin s'intitulait *Comité électoral!* » Toutefois une réserve fut faite par le Gouvernement au sujet des réunions électorales préparatoires. M. Victor Lefranc ayant demandé au ministère comment il entendait appliquer la loi à leur égard, M. Dufaure répondit que « dans toutes les réunions préparatoires véritablement électorales, où les élections seules seront discutées, aucune gêne, aucune entrave de quelque nature que ce soit ne sera apportée au droit des électeurs. »

La loi fut suivie à quelques jours de distance, le 24 juin, d'une circulaire de M. Dufaure aux préfets.

On y lisait ces passages : « Nous sommes dans une de ces graves circonstances où les plus fidèles amis de la liberté ne doivent pas hésiter à lui demander des sacrifices extraordinaires pour la sauver de ses propres excès. Les réunions publiques sous le nom de clubs, ou sous forme de banquets ont joui depuis quinze mois d'une liberté à peu près sans limite. Avez-vous vu ce qu'elles ont produit ?... (Les clubs) ont été presque partout fréquentés par des esprits passionnés... qui voulaient à tout prix inventer quelque chose au delà des institutions si libérales que la France a adoptées depuis la Révolution de Février ; et quand ils ont senti que les institutions politiques pouvaient résister à leurs attaques, ils se sont adressés aux fondements même de la société... Mais la société veut se défendre... » Le ministre invite les préfets à « interdire d'une manière absolue les clubs ou réunions publiques dans lesquels on se livre à la discussion des affaires publiques. » Quant aux banquets et aux réunions publiques, il laisse à ses agents le soin de se prononcer suivant les circonstances : « Votre prudence pourra facilement à l'avance discerner le caractère pacifique ou turbulent qu'ils devront avoir. » Dans un dernier paragraphe, il rappelle que « la loi ne porte aucune atteinte aux réunions qui ont pour objet les questions religieuses, scientifiques ou littéraires, ou qui, formées pour un but déterminé, étranger à la politique, se dissolvent d'elles-mêmes lorsque leur œuvre est accomplie. Encore moins touche-t-elle aux réunions électorales... Vous veillerez seulement à ce que ces assemblées ne perdent pas le caractère qu'elles affec-

tent, et ne cachent pas sous un nom respectable des
réunions dangereuses. »

La loi de 1849 n'était votée que pour un an. Mais le
mal qu'elle voulait réprimer ne faisait que s'aggraver.
Aussi M. Baroche, ministre de l'Intérieur, profitant
de l'émotion que venait de produire à Paris l'élection
du socialiste Vidal et celle de de Flotte, transporté de
Juin, déposa-t-il, le 21 mars 1850, un projet pour prolonger la loi d'une année, et en étendre la portée par
une disposition additionnelle qu'indique et que justifie
l'exposé des motifs : « En présentant la loi de 1849, le
Gouvernement avait manifesté l'espoir que les progrès
des esprits et des mœurs et les habitudes de la vie
constitutionnelle rendraient inutile après l'expiration
d'une année la faculté qu'il sollicitait... Cet espoir n'a-
t-il pas été déçu?... Il est donc indispensable, selon
nous, non seulement de maintenir encore la faculté
accordée par la loi du 19 juin 1849, mais même d'en
déterminer la portée d'une manière précise et ferme
sur une matière grave, c'est-à-dire en ce qui touche
les réunions dites électorales. Nous vous proposons de
dire que les dispositions de la loi seront applicables
aux réunions électorales qui seraient de nature à compromettre la sécurité publique... Vous n'hésiterez pas,
nous l'espérons, à adopter le projet de loi, en présence
des désordres qui, dans de prétendues réunions électorales, viennent d'affliger si profondément la conscience publique. Il ne faut pas qu'un pareil scandale
se renouvelle à l'occasion des élections diverses qui
pourraient avoir lieu. »

Le nouveau projet fut fort mal accueilli, comme on

eut le penser, par l'extrême gauche ; et dans la discussion sur l'urgence, un membre faisant allusion aux
lois de 1835, s'écria : « Nous n'avons plus rien à désirer désormais. Elles sont dépassées. » Quoi qu'il en
soit, la Commission fit, par l'organe de M. Boinvilliers,
un rapport favorable dans lequel on rappelait que
« les clubs ont toujours été les réunions préparatoires
de l'émeute. « La loi fut votée le 6 juin ; la loi
de 1849 était prorogée pour un an. En outre elle était
déclarée applicable « aux réunions électorales qui
seraient de nature à compromettre la sécurité publique. »

Le Gouvernement vint encore l'année suivante demander pour la loi une prorogation d'un an. Les conclusions en ce sens de M. de Lasteyrie, rapporteur du
projet, furent vivement combattues par l'extrême
gauche. M. Madier de Montjau, qui se montra un des
plus hostiles, tira argument pour ses attaques, et de
la situation personnelle du rapporteur, et du danger de
remettre le sort des réunions publiques aux mains
d'un gouvernement favorisant les associations bonapartistes. « N'est-ce pas, disait-il, (21 juin 1851) l'honorable rapporteur de cette commission, qui montant
à cette tribune vint, il y a quelque temps, accuser deux
ou trois des ministres actuels, membres alors de l'ancien ministère, d'avoir, pendant plus d'une année,
malgré la loi, l'intérêt du pays, la justice, souffert que
cinq à six mille coquins, dans un but anticonstitution-
nel, s'agitassent dans Paris ? Et c'est le rapporteur,
c'est la commission, c'est la majorité qui a donné raison à ce discours si énergique par le vote du 18 jan-

vier (1) qui viendraient aujourd'hui, démentant ces précédents, déclarer qu'entre les mains des mêmes ministres qui avaient si patiemment souffert la Société du 10 décembre, qui, à l'heure qu'il est, la souffrent encore sous d'autres noms, qui en tolèrent d'autres sous le nom de *Ligue du Bien public*, à Limoges sous celui de *Ligue antisocialiste*, dans le Pas-de-Calais, à la seule condition qu'elles agissent dans le sens de leurs espérances, de leurs opinions anticonstitutionnelles, c'est la majorité qui confierait à ces mêmes ministres le soin d'arbitrer quand les réunions électorales seront ou ne seront pas périlleuses pour l'ordre public! »

Un autre représentant, M. Bac, s'exprima dans le même sens; et il se plaignit de rigueurs qui ne frappaient pas là où elles auraient dû frapper : « Pendant que les associations de certains partis sont absolument défendues et poursuivies devant les tribunaux, il existe un parti en France qui a toujours le privilège de ressusciter des associations condamnées par l'opinion publique, flétries par l'Assemblée, mais toujours renaissantes. En ce moment, il s'organise dans les départements *la ligue du bien public*... Voici une association qui n'est pas l'association du 10 décembre, mais qui est l'association du 12 juin 1851. Elle est autorisée par

(1) L'orateur fait ici allusion à la discussion passionnée qui s'engagea à la Chambre, lorsque Louis-Napoléon eut destitué le général Changarnier comme commandant en chef de l'armée de Paris. Après un long débat au cours duquel M. Thiers prononça le mot fameux « L'empire est fait », le ministère fut renversé par un vote de l'Assemblée.

le ministre de l'Intérieur en vertu d'une décision du 12 de ce mois-ci... Des expressions bien connues et qui se sont trouvées dans un autre document dénoncé récemment à cette tribune vous feront sentir immédiatement le lien qui existe entre cette Société et celle dont la dissolution a été, dit-on, prononcée : « A l'œuvre « donc ! chacun de vous porte en soi les moyens de ré- « paration. Qui donc oserait hésiter ? avec l'union de « toutes les fractions du parti de l'ordre, le fantôme « de 1852 s'évanouit, et la France est sauvée. Mais « pour vivifier cette pensée d'union..., il importe de « créer sans délai une organisation permanente, « sorte de réseau départemental dont la mission... « soit d'éclairer et de guider l'opinion publique... « soit qu'il faille faire face aux éventualités d'une élec- « tion, soit qu'il faille tenir tête à l'orage d'une nou- « velle surprise... Nous avons, monsieur, compté sur « votre concours dans cette grande ligue du bien « public. Nous n'oserions jamais supposer que votre « patriotisme et votre intérêt réunis ne sont pas à la « hauteur de l'obole quotidienne qui vous est deman- « mandée. »

Le rapport de M. de Lasteyrie sur la prorogation des lois de 1849 et de 1850 était suivi d'une statistique intéressante relativement à l'application desdites lois. Il donnait l'état des clubs ou réunions dangereuses interdits par les préfets du 19 juin 1850 au 5 mai 1851. Il constatait d'abord qu'en vertu de la circulaire de M. Dufaure, tous les préfets avaient pris un arrêté général pour interdire les clubs, et que l'on n'avait point appris depuis lors qu'une réunion de ce genre eût été formée. Pour les autres réunions, voici quels étaient les chiffres fournis : Clubs déguisés ou réunions publiques dangereuses : 108. — Réunions électorales préparatoires : 2. — Banquets politiques : 74. — Total des réunions interdites : 184. L'état ci-dessus contenait en outre une observation de détail assez curieuse au sujet du département du Var. On faisait remarquer que dans le nombre des réunions politiques interdites, ce département figurait pour le chiffre de 34, et on ajoutait : « Ces trois réunions étaient pour la plupart des chambrées, espèces de cabarets ou sociétés où l'on consomme de la boisson en commun. Il en existe 900 dans le seul département du Var. Beaucoup sont tournées vers la politique et transformées en petits clubs. »

La loi fut votée le 21 juin, après que l'Assemblée eut rejeté par 395 voix contre 245 un amendement de Sainte-Beuve mettant à l'abri de la mesure nouvelle « les réunions électorales tenues pendant les quarante jours qui précèderont, soit l'élection des membres de l'Assemblée nationale, soit l'élection du Président de la République. »

Une circulaire du Garde des Sceaux, à la date du 1er novembre 1851, est intéressante à relater, en ce qu'elle précise le dernier état de la législation sous la deuxième République, à la veille du jour où cette législation allait être balayée avec le régime qui l'avait créée. Cette circulaire explique que les lois existantes paraissent « renfermer toutes les dispositions nécessaires pour la répression des écarts qui peuvent se produire dans l'exercice des droits d'association et de

réunion, ainsi que pour la dissolution par voie administrative des sociétés ou réunions qui auraient méconnu les conditions de leur existence. En effet, s'agit-
il de réunions publiques et s'occupant de politique,
elles sont réglementées par les lois provisoires du
19 juin 1849, etc., qui donnent aux préfets le droit de
les dissoudre par des arrêtés. La sanction de ces lois
se trouve dans les art. 12 et 16 du décret du 28 juillet
1848. Si la réunion publique est accidentelle, comme
un banquet, la sanction est dans l'article 471, n° 15 du
Code pénal. S'agit-il de réunions non politiques connues sous le nom de chambrées, de cercles, si les sociétaires s'occupent de politique sans la déclaration à
l'autorité municipale, un arrêté administratif peut
fermer leur réunion. Souvent il arrive que des sociétés
réellement politiques prennent le titre de sociétés de
bienfaisance, de secours mutuels. Dans cette hypothèse, trois cas peuvent se présenter : 1° ou l'association en réalité *politique* a frauduleusement emprunté
dès l'origine le titre de société de bienfaisance ; 2° ou
l'association *primitivement philanthropique* s'est transformée en une société purement politique. Dans ces
deux cas, l'association est régie par l'article 15 du
décret du 28 juillet 1848 ; 3° Si au contraire une réunion
réellement philanthropique s'occupe en même temps
de politique, si elle réunit le double caractère d'une
société de bienfaisance et d'une société politique non
publique, elle est soumise aux dispositions de l'art. 12
de la loi du 15 juillet 1850. Dans ces trois hypothèses,
l'administration pourra user de son droit de dissolution
après avoir, dans le dernier cas, demandé l'avis du

Conseil d'État (Décret du 28 juillet 1848, art. 15, et loi du 15 juillet 1850). »

La circulaire ne précède que d'un mois le coup d'État. A dater du 2 Décembre, le commentaire de la législation se trouva simplifié, puisque le nouveau régime supprimait purement et simplement le droit de réunion.

A la suite des lois réglementant les associations politiques, on peut mentionner la loi de 1850 sur les Sociétés de secours mutuels. Car si le but de sociétés de ce genre qui restent fidèles à leurs statuts n'est rien moins que politique, d'autres peuvent cependant, comme on l'a vu parfois, se servir de leur titre comme d'un paravent pour abriter des menées auxquelles la bienfaisance est tout à fait étrangère. Les facilités ou les entraves apportées à leur constitution intéressent donc d'une manière au moins indirecte le droit d'association en matière politique. Sous Louis-Philippe, l'Administration, appuyée par la jurisprudence, entendait les placer sous le régime de l'article 291 du Code pénal. Cependant elle avait fini par user de tolérance à leur égard, et en avait laissé se former un grand nombre sans autorisation préalable. Sous la Constitution de 1848, on considéra qu'elles en étaient positivement dispensées. La loi de 1850 vint consacrer cette manière de voir, en établissant plusieurs catégories de sociétés de secours mutuels, en conférant aux sociétés autorisées ou reconnues d'utilité publique des avantages particuliers, mais en proclamant en même temps l'existence de sociétés libres. « Les autres sociétés de secours mutuels actuellement constituées ou qui se formeraient à l'avenir, — dit le § 3 de l'art. 12, — s'administreront librement tant qu'elles ne demanderont pas à être reconnues comme établissements d'utilité publique. » La loi présumait bien le courant dont nous signalons l'existence, et qui peut entraîner les sociétés dont s'agit vers la politique. Car précisément dans le dernier paragraphe du même article 12, elle pourvoit à ce danger : « Néanmoins elles pourront être dissoutes par le Gouvernement, le Conseil d'État entendu,... si elles sortaient de leur condition de sociétés mutuelles de bienfaisance. » La circulaire ministérielle qui accompagne la loi insiste aussi sur la procédure qui doit être suivie « lorsque les faits qui motivent la dissolution ont un caractère exclusivement politique ».

§ 2. — Poursuites judiciaires et mesures de coercition administrative. — Incidents parlementaires.

Après avoir exposé la législation sous la deuxième République, il convient de rappeler comment la loi a été entendue par le pouvoir dans son application, et de signaler les quelques incidents auxquels cette application a pu donner lieu, notamment en ce qui concerne l'immunité dont les réunions électorales et les comités électoraux bénéficiaient de par la législation, et de par les déclarations réitérées du Gouvernement. Les incidents surgissaient de ce fait que trop souvent on donnait une étiquette servant de passeport à des réunions ou des associations qui n'avaient rien à faire avec une élection. Le 18 décembre 1848, M. Gent interpellait le

Ministre de l'Intérieur pour se plaindre d'une violation de la loi du 28 juillet précédent. Il exposait que, lors des dernières élections, un congrès central électoral s'était établi à Paris; qu'il se composait de délégués de quatorze arrondissements et de délégués de province; que, jusqu'à la veille de l'élection, il avait tenu des séances et des séances non publiques; qu'après l'élection, un commissaire de police était venu empêcher une nouvelle réunion, en vertu de l'article 16 déférant aux tribunaux les infractions relatives aux clubs, alors cependant que c'était l'article 19 qui aurait été applicable (liberté pour les réunions électorales préparatoires). M. Dufaure monta à la tribune pour justifier en ces termes les mesures prises par le Gouvernement : « Peut-on dire que par cela seul qu'on prendra le titre de réunion électorale, et que l'on aura en perspective, un an à l'avance, une élection à faire, on est réellement une réunion électorale? Nous avons permis le prétexte pour donner à l'élection (*présidentielle*) toute sa liberté. Mais quand l'élection est accomplie, quand le Président est nommé, parce qu'il y aura un jour quelconque où l'Assemblée elle-même devra être renouvelée, sous prétexte de réunion préparatoire électorale, il y aurait des réunions politiques non publiques sans autorisation, ou des réunions publiques dans lesquelles se renouvellera tout ce qui s'est passé depuis un mois! Voilà ce que le Gouvernement n'a pas cru possible. » L'Assemblée donna raison au Ministre en reprenant purement et simplement son ordre du jour.

Le 11 avril 1849, Ledru-Rollin se plaignait à la

Chambré que, lors des réunions électorales, les préfets eussent donné ordre que la police intervînt. Le ministre lui répondit par la loi de 1790, qui donne aux municipalités le droit de surveiller les réunions publiques : Il faut qu'on s'assure si on est en présence d'une *réunion électorale* ou d'un club qui a arboré mensongèrement cette enseigne pour se soustraire aux formalités. Ici encore l'Assemblée passa à l'ordre du jour.

Il faut signaler enfin ce qui eut lieu au sujet de la *Solidarité Républicaine, association pour le développement des droits et des intérêts de la Démocratie.* Le Ministre de l'Intérieur, Léon Faucher, dut l'interdire par sa circulaire du 27 janvier 1849, qui rappelle celle adressée jadis par Casimir Périer au sujet des Associations nationales. La circulaire explique bien et l'organisation de la société, et pourquoi celle-ci ne saurait être tolérée : « Le comité central a ses bureaux provisoires à Paris. Le but des fondateurs est de constituer une association entre des citoyens de tous nos départements et de nos possessions d'outre-mer. Elle aurait des comités ou succursales dans les départements, les arrondissements et les cantons, en rapport avec un comité central siégeant à Paris. Une telle association, si elle parvenait à se réaliser, constituerait comme un État dans l'État, et il serait à craindre que, soumise à une influence hostile, elle ne devînt un jour une force puissante dont l'existence serait pour l'administration régulière une menace et un danger. La loi n'a point autorisé de semblables sociétés à se former. Sinon les partis ennemis de la République ne manqueraient pas de s'organiser sur un semblable plan, et le pays serait exposé à une agitation perpétuelle. Dans une société dont l'organisation publique repose du sommet à la base sur l'élection par le suffrage universel, les droits de tous sont suffisamment mis à couvert, et une association telle que la *Solidarité républicaine*, créée dans un but avoué de défiance, serait une atteinte à la loi et un péril pour l'ordre. Le décret du 28 juillet 1848 interdit aux clubs le droit de correspondre entr'eux ou de s'affilier. L'association tomberait donc directement sous le coup de la loi. Le même décret interdit aux réunions politiques non publiques de se former sans la permission de l'autorité; l'autorité ne tolérera jamais l'existence d'une société formée sur de pareilles bases. La *Solidarité républicaine*, illégale comme centre d'affiliation entre clubs, prohibée comme réunion politique non publique, ne pourrait être qu'une société secrète, et alors ses membres seraient passibles des peines... etc..... Durant la période qui a précédé l'élection du Président de la République, l'autorité n'a point cru nécessaire d'user des pouvoirs que la loi lui attribue pour interdire cette autorisation; mais, dès le 12 décembre, le Ministre de l'Intérieur a fait fermer le local où la Société se proposait de tenir ses réunions. Cette décision a été ratifiée par l'Assemblée. J'ai lieu de penser que la Société ne se tient pas pour dissoute, et cherche à créer des centres d'affiliations dans les départements. Veillez, etc. »

Ce n'est pas seulement le parti avancé qui revêtait de l'épithète électorale des associations qui n'avaient en aucune espèce de façon le caractère de leur appellation. A droite, on tombait dans les mêmes écarts; et ce même ministre, Léon Faucher, qui était cependant un des soutiens du parti de l'ordre, qui en cette qualité, fut en butte à l'animadversion violente des radicaux, dut, pour se justifier d'avoir à sévir contre les associations de gauche, sévir aussi contre certaines sociétés de droite qui, malgré leurs apparences, n'existaient pas légalement. Il s'agit de l'*Association fraternelle des Amis de l'ordre*, qui était la contre-partie de la *Solidarité républicaine*. Le Gouvernement ne pouvait décemment, comme le disait d'ailleurs le Ministre lui-même, permettre à ses amis ce qu'il interdisait à ses adversaires. Aussi adressa-t-il, le 5 mars 1849 (*Gaz. Trib.*, 9 mars), une circulaire aux préfets pour prohiber ladite Société : « Cette organisation politique, leur disait-il, remonte au mois de mars 1848. A une époque où la société ébranlée chancelait sur sa base, le Gouvernement ne paraissait ni assez fort, ni assez résolu pour maintenir les principes essentiels de l'ordre... En face de cette désorganisation sociale, des citoyens honnêtes purent légitimement croire que, pour sauver l'ordre....., il fallait réunir dans une vaste association tous les éléments de conservation.... qui existaient encore en France. Depuis cette époque, les lois ont repris leur empire..... Or, les statuts de l'*Association fraternelle* me paraissent incompatibles avec le principe même de la Constitution, comme avec les dispositions plus spéciales du décret rendu le 28 juillet 1848. Cette association, aux termes de ses statuts, est destinée à embrasser l'étendue de la France entière. Partout elle est soumise aux mêmes règles. Elle compte dans chaque chef-lieu de département où elle a recruté des adeptes, un comité central, des sous-comités dans chaque arrondissement et dans chaque canton. Enfin ces diverses réunions sont affiliées et correspondent entre elles. L'association..... se divise en légions, en centuries et en décuries. Chacune de ces fractions a un chef hiérarchiquement subordonné au chef supérieur en grade, et recevant de lui un mot d'ordre ainsi qu'une direction. Chaque légion est commandée par un général, et reçoit ainsi une organisation militaire. Au premier signal donné par les chefs et transmis d'échelon en échelon jusqu'aux membres des décuries, la Société entière peut se trouver rassemblée et prête à agir. Le secret est de rigueur pour les mots d'ordre et de ralliement comme pour les signes de reconnaissance. Les noms des sociétaires ne sont jamais écrits, et l'emploi des fonds ne devient public dans aucun cas. Il n'est pas une seule de ces règles qui ne paraisse enfreindre les dispositions du décret du 28 juillet, soit en ce qui touche la hiérarchie et les rapports des comités avec les sous-comités, des légions avec les centuries, et des centuries avec les décuries, soit quand on envisage ce que l'association a de clandestin dans sa marche et dans ses travaux. L'*Association fraternelle* est donc une véritable société secrète qui ne pourrait prolonger son existence qu'au mépris des prohibitions formelles de la loi. L'autorité avertie ne saurait désormais rester inactive. Il n'y a plus en France qu'une association des *Amis de l'ordre* qui soit régulière et possible, c'est celle qui se compose du pays tout entier, moins les artisans d'émeute et les anarchistes. »

Quand les comités électoraux justifiaient vraiment leur enseigne, ils purent fonctionner sans entrave. Ainsi en fut-il pour le fameux comité de la rue de Poitiers, formé de la réunion des anciens partis pour la protection de l'ordre social : une souscription ouverte le 28 mars par ce comité, atteignait en quelques heures le chiffre de 50,000 francs. En un mois, il avait publié 577,000 exemplaires d'écrits antisocialistes : c'est dire quelle était sa force et quels étaient ses moyens d'action qu'on lui laissa le loisir de développer. On n'inquiéta pas davantage l'*Union électorale*, formée de comités de section, de comités d'arrondissement et d'un comité central sur la base des circonscriptions de la garde nationale, et qui se donnait pour but la désignation des candidats futurs aux élections législatives. La réunion du *Palais national*, composée de républicains de la veille, et l'association des *Amis de la Constitution* jouirent de la même liberté.

Pour en revenir aux associations contre lesquelles le Gouvernement crut au contraire devoir sévir, il faut signaler la vénérable institution des Francs-Maçons qui se vit atteinte dans une de ses branches. La Grande Loge nationale de France fut supprimée, au grand scandale des initiés. Un premier coup, avant-coureur de l'orage, avait été porté par une circulaire de M. Baroche, ministre de l'intérieur, aux préfets, en date du 9 octobre 1850 (1). « Il arrive quelquefois, écrivait-il, que MM. vos collègues me demandent des explications

(1) Voir cette circulaire, *Bulletin du Grand-Orient de France* (années).

sur la marche qu'il convient de suivre à l'égard des
sociétés maçonniques qui existent dans leurs départements et qui viendraient à être signalées comme dangereuses. Je crois convenable de généraliser mes instructions. La Franc-Maçonnerie, qui existe en France
depuis 1725, compte dans son sein et à sa tête des personnages fort recommandables ; et d'après ses statuts,
elle s'occupe spécialement d'œuvres de bienfaisance.
Cette association s'est jusqu'ici maintenue et développée, sinon avec l'autorisation, du moins par la tolérance des gouvernements qui se sont succédé, et les
loges maçonniques n'ont jamais été inquiétées dans
leur existence, à moins qu'elles n'aient été signalées
comme s'occupant dans leurs réunions de discussions
politiques. Lorsqu'une loge s'est trouvée dans ce cas,
sur lequel la vigilance de l'autorité doit être incessamment éveillée, le Gouvernement, par l'intermédiaire du Grand-Orient, a fait retirer l'institution maçonnique à la loge signalée, et l'a fait fermer. Il conviendra de continuer à en agir ainsi. Lors donc que
vous serez informé qu'une loge s'occupe de menées ou
de discussions politiques, ou qu'elle constitue une
réunion dangereuse pour l'ordre, vous m'adresserez
un rapport circonstancié d'après lequel..... je mettrai
le Grand-Orient en demeure, soit d'en prononcer la
suspension provisoire, soit de lui retirer définitivement
l'institution maçonnique..... J'ajouterai que l'administration ne reconnaît une existence régulière qu'aux
loges qui sont placées sous l'obédience du rite français
et écossais du suprême conseil. Toutes sociétés maçonniques qui ne se rattachent pas directement à l'une

ou à l'autre de ces deux branches de la franc-maçonnerie doivent être assimilées aux sociétés secrètes ordinaires, et les instructions qui précèdent ne leur
seraient point applicables. »

Une campagne de presse contre la franc-maçonnerie
suivit la circulaire de M. Baroche. Le *Constitutionnel*
reproduisit, le 5 décembre, une accusation contre la
loge *la Fraternité*, de Montmartre, qui avait paru dans
le *Journal du Havre*. C'est alors que le préfet de police
s'avisa de supprimer la Grande Loge, en se fondant
sur la circulaire. « L'administration, disait-il, ne pouvait envisager la Grande Loge comme étant étrangère
à la politique, vu que cette loge se contente, par l'article 6 de sa constitution, d'interdire pendant ses
séances toute discussion politique ou religieuse de
nature à irriter les esprits. » Le 2 janvier 1851, lui
était signifié un arrêté préfectoral lui enjoignant d'a-
voir à cesser ses fonctions à partir du 15 du mois. Elle
mit donc fin alors à son existence. Ses membres se
séparèrent dans une dernière séance dont le caractère
théâtral fut mis en relief par les feuilles maçonniques.

Pendant toute la période de la seconde République,
les associations, réunions ou clubs fournirent, par
leurs simples infractions ou par leurs attentats, ample
matière à la justice criminelle ou correctionnelle. Deux
espèces, dans lesquelles on n'avait toutefois à relever
que des contraventions, suffiront à montrer quel danger
social couvait de ce côté. Voici, par exemple, l'affaire
du club de la rue Martel. Des poursuites étaient dirigées contre les organisateurs qui l'avaient ouvert sans
autorisation, et exigeaient une rétribution des assis-

tants. La *Gazette des Tribunaux* (31 janvier 1849), en rendant compte de cette affaire qui était venue la veille devant la 6e chambre, analyse le procès-verbal qui avait servi de base aux poursuites. Le commissaire de police qui s'était rendu pour assister au banquet dit des *Associations ouvrières réunies*, constata qu'il y avait environ 3,000 personnes. « Un fait digne de remarque, dit-il, c'est la discipline parmi les membres de la réunion. Aussitôt qu'un désordre partiel se produit, un des clubistes, pour le faire cesser, n'a qu'à dire : — C'est un mouchard, c'est un *aristo* qui s'est glissé parmi nous. — Le citoyen Bonnard annonce que des dames socialistes vont faire une quête pour un frère, un ami qui vient d'être condamné à dix ans de travaux forcés et laisse des orphelins condamnés à la misère, ainsi qu'une jeune femme que le besoin peut pousser à la prostitution. « Citoyens, dit-il, vous serez généreux. « Ce frère est-il coupable? est-il déshonoré? » Deux ou trois voix répondent : « Il est honoré au contraire, et « reviendra avant peu. » Une dame chante *la Fille du Transporté*. Le citoyen Ganet propose un toast aux citoyens Thiers et Guizot qui ont fait arriver la République par leur ignorance et leur lâcheté, et qui, par leurs nouveaux écrits pour combattre le socialisme, rendront le même service à la République démocratique et sociale ». Le tribunal prononça une condamnation par défaut à 5,000 francs d'amende.

Voici maintenant l'affaire de la société secrète *Les amis de l'Égalité*, société qui s'étendait dans Paris et la banlieue. Les diverses sections de cette société, divisées par quartiers, étaient présidées par des chefs qui, réunis, devaient composer un conseil supérieur. Le siége de la Société, connu seulement peu de jours avant la réunion, changeait chaque fois. Lors de la réception, les nouveaux membres prêtaient serment sur un crucifix, un poignard et un niveau républicain, entre les mains des chefs qui avaient un masque noir. Vingt-trois accusés furent déférés à la cour d'assises le 27 novembre (*Gaz. Trib.*, 28 nov. 1849). Au domicile de l'un d'eux on avait trouvé le document suivant : « Programme de la Révolution démocratique et sociale faite en février 1848. Les conséquences à mettre en pratique à la prochaine révolution, conséquences de grande urgence pour sauver les travailleurs des assassinats que leur préparent les modérés, tirées des infâmes discours de la presse réactionnaire, et d'une démonstration pratique du bourreau Cavaignac en juin 48. » La cour d'assises prononça dans cette affaire une condamnation à 2 ans, deux condamnations à 1 an, et trois condamnations à 6 mois.

L'affaire dite de la rue Rumfort ou de la Légion de Saint-Hubert, fit aussi quelque bruit. La légion avait précédemment tenu plusieurs réunions dans divers quartiers, mais jamais deux fois de suite dans le même local. En novembre 1849, la police procéda à l'arrestation de 46 individus. Ils déclarèrent d'abord qu'ils étaient réunis pour s'occuper de l'élection prochaine de trois membres à la Législative, puis finirent par avouer que leur but c'était le retour d'Henri de Bourbon par les voies pacifiques. Quinze prévenus furent renvoyés devant la cour d'assises, compétente en vertu de l'article 83 de la Constitution, parce qu'il s'agissait d'un délit politique. Parmi eux figurait un nommé Campaigno, ancien garde du corps. L'arrêt de renvoi contient sur l'association des détails intéressants : « La légion devait se subdiviser en plusieurs bataillons, et chaque bataillon en 10 compagnies de 100 hommes chacune, non compris les officiers et sous-officiers. Le 1er bataillon, placé sous le commandement de Campaigno, paraît seul avoir été organisé. Parmi les papiers saisis se trouve un écrit qui, sous le titre de *Comité de l'Appel au peuple*, a pour objet de faire connaître aux membres de l'association qu'ils sont convoqués au nom de la nécessité où se trouve la France de se prononcer définitivement sur ses destinées, et de conjurer le retour des usurpations de 1830 et de 1848. Cette pièce contient les statuts des volontaires du bataillon de Saint-Hubert avec cette formule de serment : « Nous jurons devant Dieu de mettre notre vie à la disposition de Henri de Bourbon, notre roi légitime, et de la sacrifier plutôt que de trahir notre serment. » En conséquence, les prévenus étaient renvoyés en cour d'assises pour : 1° avoir fait partie d'une société secrète ; 2° fait partie de réunions non publiques, dont le but était politique, et qui n'avaient pas été autorisées. Ils furent déclarés coupables avec circonstances atténuantes, et la cour d'assises de la Seine prononça, le 27 mars 1850, des condamnations qui varièrent entre un mois et six jours de prison.

Une association particulièrement tapageuse, qui fut un instant l'objet de poursuites judiciaires, c'est la *Société du Dix-Décembre*, constituée par actes des 29 août et 24 septembre 1849, et ayant à sa tête le général Piat, l'ami particulier du Prince-Président. Elle avait prétendu se placer sous le couvert des dispositions de l'article 14 du décret de 1848, et avait fait à l'autorité municipale la déclaration préalable exigée des citoyens qui veulent fonder « dans un but *non politique* » des cercles ou réunions non publiques. On feignait, en effet, dans la région officielle, de la considérer comme une société de bienfaisance et de secours mutuels. Au fond, d'après ses statuts mêmes, elle avait pour objet « la concentration du grand parti napoléonien » et comptait dans le département de la Seine 8 à 10,000 adhérents. Pour se rendre compte de ses agissements, on ne peut mieux faire que de se référer à un rapport adressé le 27 décembre 1849, par le Préfet de police au ministère de l'Intérieur : « Sans rechercher pour le moment les intentions des auteurs de cette association, il ne nous paraît pas possible de laisser grandir à côté d'un gouvernement régulier..... une force aussi considérable..... Et d'abord, elle s'intitule Société de secours, et au lieu de donner des secours, elle reçoit l'obole même des plus pauvres adhérents. En outre, cette société, comme toutes les autres, est obligée, ainsi qu'il a déjà été constaté, de faire ses affaires dans les cabarets. C'est là seulement qu'on trouve les masses qu'elle recherche. Or, il est impossible, même avec les meilleures intentions du monde, qu'une société de ce genre ne soit pas compromise, et ne fasse pas remonter sa responsabilité jusqu'au nom qu'elle invoque à tout propos, et par lequel elle se dit couverte. Et d'ailleurs est-il bien prouvé que le but avoué de la société soit le but réel que les fondateurs veulent atteindre? Non! au contraire, cette société veut faire un *Empire*. C'est le mot d'ordre répandu partout..... Or, que ferait-on pour une association légitimiste si on tentait d'en créer une d'un même genre...? Que ferait-on pour les sociétés communistes, socialistes, phalanstériennes, si leur existence venait à se révéler de nouveau? On y mettrait un terme..... Dans cet état de choses, à l'effet de donner satisfaction à l'opinion publique et aux lois, j'ai l'honneur de vous proposer de m'autoriser à dissoudre administrativement ladite société, sauf les ménagements que peut mériter un zèle mal entendu pour la personne de M. le Président.» Ce n'est cependant qu'un an plus tard que le Prince-Président, dont elle favorisait les menées, se décida à la frapper. Les sociétaires avaient déjà suscité contre eux un vif mouvement d'opinion par les violences auxquelles leur bande s'était livrée dans les rues, sous prétexte de faire une ovation au Prince revenant de voyage. L'émotion de la Chambre, déjà bien surexcitée, fut portée au comble, au commencement de novembre 1850, par la découverte d'un chétif complot dans lequel des membres de la société auraient trempé. Cette fois, le Président, désireux de se concilier l'Assemblée dont la session allait rouvrir, rendit, le 7 novembre, un décret prononçant la dissolution de la Société du Dix-Décembre (1).

(1) Ce décret est ainsi conçu : « ..... Vu le rapport du Ministre de l'Intérieur du 6 novembre 1850; vu l'article 12 de la loi du 15 juillet 1850 relative aux Sociétés de secours mutuels : Considérant que la Société de secours mutuels dite du Dix-Décembre s'est écartée du but de son institution en s'immisçant dans les questions politiques ;

§ 3. — Associations religieuses.

La seconde République n'a guère eu affaire avec les associations religieuses. Il y a seulement à signaler, dès le début du Gouvernement provisoire, des mesures prises à Lyon le 12 mars, et à Avignon le 22 mars (1) contre des congrégations. Dans le département du Vaucluse, la fermeture de la maison des Jésuites fut accompagnée de violences officielles qui jetèrent une grande agitation dans cette contrée. Quelque temps après, d'ailleurs, les religieux purent rentrer dans leurs établissements sans être inquiétés. A Lyon, l'arrêté de dissolution pris par le commissaire du département, M. Emmanuel Arago, produisit une véritable sensation : «Vu, — disait cet arrêté, — les lois...... desquelles il résulte que le droit public de France a toujours exigé pour l'établissement des ordres religieux l'autorisation du pouvoir politique; vu les réclamations justement élevées sous le gouvernement déchu, et justement renouvelées aujourd'hui sur la violation des lois susindiquées; vu la nécessité de faire cesser promptement un tel état de choses dans le département du Rhône : les congrégations et corporations religieuses

le Conseil d'Etat entendu : Art. 1. La Société de secours mutuels établie à Paris sous la dénomination de Société du Dix-Décembre, est dissoute. »

(1) Le commissaire du Gouvernement..... arrête : Art. 1. L'agrégation ou association existant à Avignon, connue sous les noms de Jésuites, Pères de la Foi ou Missionnaires de la rue Saint-Marc, est dissoute. — Art. 2.... Les membres composant ladite agrégation se retireront immédiatement dans leurs diocèses pour y vivre conformément aux lois et sous la juridiction de l'ordinaire.

non autorisées, et spécialement la corporation des Jésuites, sont et demeurent dissoutes. » A l'occasion de
cet arrêté, le cardinal-archevêque de Lyon, M. de Bo-
nald, crut devoir protester par une lettre des plus
vives adressée au Ministre des Cultes, M. Carnot. La
réponse du Ministre, en date du 23 mars, fut publiée
dans la *Presse.* Elle contenait les passages suivants :
« La liberté religieuse a été solennellement reconnue
par le Gouvernement provisoire dans un de ses premiers actes. Celle des associations n'est pas contestée.
La République n'hésite devant la consécration d'aucun
droit. Elle les garantit tous, et le Gouvernement provisoire n'entend pas faire obstacle à ce que les citoyens
se réunissent pour accomplir en commun des actes de
religion ou de bienfaisance, pas plus qu'il ne s'oppose
à ce qu'ils s'assemblent pour l'exercice de leurs droits
politiques..... Mais... par cela même que le Gouvernement n'hésite pas à reconnaître hautement la liberté
des associations religieuses, il a le droit d'exiger en
retour que ces associations religieuses ne se constituent pas en dehors et au-dessus des règles qui, de
tout temps, ont fait la base du droit public français.....
Si des associations peuvent en principe se former
librement, ce ne doit être non plus que sous la réserve
que ces associations purement privées n'affecteront
pas le caractère de corps constitués ayant une existence propre ; qu'elles n'essaieront pas de faire, par
personnes interposées, les actes de la vie civile dont
la reconnaissance légale aurait seule pu les rendre
capables ; qu'enfin elles n'auront pas pour fondement
des *vœux* qui seraient en désaccord avec l'esprit non

moins qu'avec le texte de la législation du pays.....
C'est dans cet ordre d'idées qu'a dû nécessairement se
placer M. le commissaire du département du Rhône...
Le Gouvernement provisoire ne peut donc que donner
son adhésion..., etc... »

On a vu plus haut que la liberté de réunion pour
l'exercice d'un culte quelconque avait été implicitement
consacrée par l'article 19 du décret du 28 juillet 1848.
Les partisans de cette liberté croyaient aussi en trouver le principe dans l'article 7 de la Constitution qui
ne disait plus simplement, comme l'ancien article 5
des Chartes de 1814 et de 1830 : « Chacun OBTIENT pour
l'exercice de son culte égale protection », mais bien :
« Chacun *reçoit*, etc. » La substitution du mot *recevoir*
au mot *obtenir*, semblait indiquer dispense de la nécessité d'une demande d'autorisation. Mais enfin, soit
d'après la Constitution, soit d'après la loi, le principe
était constant, et le Gouvernement a eu une ou deux fois
à le rappeler à ses agents. M. de Falloux, alors Ministre
des Cultes, s'est ainsi attiré la reconnaissance des dissidents qu'il a eu à protéger. Dans le *Semeur*, journal
protestant de l'époque, on lit, à la date du 7 mars 1849,
que les Baptistes de l'Aisne avaient été momentané-
ment inquiétés dans leurs réunions au commencement
de l'année; que des procès-verbaux avaient été dressés
dans plusieurs communes contre leur ministre Lepoids.
Le préfet avait, paraît-il, fait une interprétation à re-
bours de l'article 19 du décret du 28 juillet sur les clubs.
De ce que le décret, d'après cet article, ne s'appliquait
pas aux réunions ayant pour objet l'exercice d'un culte,
il en concluait que la législation, loin d'avoir voulu les

traiter avec plus de faveur que les réunions politiques, avait entendu leur laisser moins de liberté. « Mais, dit le journal en question, le Ministre des Cultes a fait venir M. Lepoids, et lui a dit qu'il pouvait continuer ses réunions, et a promis de mander aux maires des communes où il les tient d'avoir à le protéger dans l'exercice de son culte. »,

Presqu'à la même époque, le Ministre donnait une nouvelle preuve de ses dispositions libérales sur la matière en délivrant une sorte de consultation qui a été retenue comme un document historique, et qui a été souvent invoquée. Il avait à répondre aux doléances d'un pasteur, le sieur Pilatte, qui s'exprimait en ces termes (le *Semeur*, 7 mars 1849) : « Ayant l'intention de répandre mes convictions religieuses par la voie de la prédication, j'ai demandé en août dernier une audience à M. le préfet de police pour lui faire part de ce projet et obtenir ses directions sur les formalités à remplir. Ces exercices n'admettant aucune discussion, ne devaient point avoir de rapport avec un club... Acte m'a été donné de ma déclaration, et mes prédications annoncées par des affiches sous le titre de *Discours sur le vrai christianime*, ont eu lieu depuis cette époque sans interruption, rue Mouffetard, n° 69. Aucun désordre ne les a troublées. J'ai cependant... été condamné à 100 fr. d'amende et à la fermeture de mes réunions par jugement du 9 janvier, pour avoir admis dans la salle des femmes et des mineures. Si je n'ai pas donné dès l'origine à mes réunions la forme d'un culte, c'est que, parlant à des personnes que je désirais convertir à ma foi, je ne pouvais les associer à des actes qui la supposent. Je me suis donc borné à la prédication. Aujourd'hui ces premiers efforts n'ayant pas été vains, rien ne s'oppose à ce que j'ouvre un culte proprement dit, en m'appuyant sur l'article de la Constitution qui m'y autorise. Mais, afin de ne pas rencontrer de nouvelles entraves..., je viens vous prier de vouloir bien m'indiquer vous même ce que j'ai à faire pour me mettre en règle avec la loi. »

C'est à cette lettre que le Ministre a répondu dans les termes les plus nets, et qui ont fourni à différentes reprises un argument puissant aux défenseurs de la liberté des cultes : « En assurant à tous les cultes une égale liberté et une égale protection, l'article 7 de la Constitution de 1848 n'a fait, entre ceux qui sont reconnus par la loi et ceux qui ne le sont pas, d'autre distinction que celle relative au salaire de leurs ministres. Le droit que vous revendiquez est donc incontestable; et rien ne s'oppose à ce que vous professiez librement votre culte, sauf à l'autorité chargée de la police municipale à exercer sur le lieu dans lequel vous vous réunirez à cet effet, et dans la limite de ses attributions, la surveillance qui lui appartient en pareille matière. Il suffit donc que vous lui fassiez connaître les jour, lieu et heure de vos réunions. »

CHAPITRE VI

LE COUP D'ÉTAT ET LE SECOND EMPIRE

§ 1er. — Associations politiques.

Avec le coup d'État, le droit d'association et de réunion était livré à l'arbitraire du Gouvernement. Le décret du 25 mars 1852 « considérant que le droit d'association et de réunion doit être réglementé de manière à empêcher le retour des désordres qui se sont produits sous le régime d'une législation insuffisante pour les prévenir ; qu'il est du devoir du Gouvernement d'apprécier et de prendre les mesures nécessaires pour qu'il puisse exercer sur toutes les réunions publiques une surveillance qui est la sauvegarde de l'ordre et la sûreté de l'Etat, » abroge le décret de 1848 sur les clubs à l'exception de l'article 13 qui interdit les sociétés secrètes, et soumet à l'autorité préalable du Gouvernement les réunions publiques et de quelque nature qu'elles soient. Malgré les pouvoirs que l'Empire s'arrogeait ainsi à l'encontre d'un droit solidement implanté jusque-là, il se sentait si fort qu'il crut pouvoir au début ne pas se montrer sur la matière aussi rigoureux qu'on l'aurait imaginé, et qu'il admit avec une facilité relative les demandes tendant à l'exercice du droit en question. Sans doute c'était peu de chose, mais c'était plus toutefois qu'on eût attendu d'un Gouvernement despotique. Ainsi une circulaire de M. de Morny, ministre de l'Intérieur, en date du 20 janvier 1852, procède plutôt par voie de conseil que par voie de prohibition formelle, pour détourner les électeurs des comités ou réunions en matière d'élections :

« ... Jusqu'ici l'habitude en France a été de former des comités électoraux, des réunions de délégués. Ce système était très utile lorsque le vote avait lieu au scrutin de liste, le scrutin de liste créant une telle confusion, une telle nécessité de se concerter, de s'entendre, que l'action d'un comité était indispensable. Mais aujourd'hui, ces sortes de réunions n'auraient aucun avantage, que l'élection portera sur un seul nom. Elles n'auraient que l'inconvénient de créer des liens prématurés, des droits acquis qui ne feraient que gêner les populations et leur ôter toute liberté. Veuillez donc *dissuader* les partisans du Gouvernement d'organiser des comités d'élections. »

On observe la même attitude qui n'était pas tout à fait exempte de conciliation, lors des élections générales de 1857. Dans une première circulaire *très confidentielle*, en date du 1er juin, M. Billault, ministre de l'Intérieur, commençait bien sans doute par dire : « Vous ne tolérerez pas davantage les organisations de comités électoraux. Tous ces moyens artificiels de propagande électorale n'ont d'autre résultat que de

substituer l'influence de quelques meneurs au bon
sens impartial des masses. » Mais il ajoutait le lendemain 2 juin : « C'est surtout par la voie de l'influence
et de la persuasion que vous devez empêcher la formation de ces comités ; si vous rencontrez des difficultés à cet égard, ne prenez aucune mesure répressive avant de m'en avoir préalablement référé. »

En fait, lors des élections générales de 1857, le
Gouvernement toléra à Paris l'existence d'un comité
central. M. Baroche, président du Conseil d'État,
rappelait plus tard (8 mars 1862), en l'amplifiant, cette
tolérance devant la Chambre des Députés, et se servait de ce souvenir comme d'un argument pour prouver combien l'Empire était respectueux du suffrage
universel : « En 1857, disait-il, la liberté la plus
absolue a été donnée à toutes les opinions de choisir,
d'indiquer, de présenter, de patronner ses candidats.
Un comité central a été formé à Paris. Il était composé
d'hommes importants parmi les représentants de cette
opinion. Ce comité a noué des relations avec toute
la France, envoyé des candidats dans plusieurs départements. Il a aidé ces candidats, et si le Gouvernement
n'est pas resté désarmé en présence de cette propagande qui cherchait à tromper le suffrage universel,
il a usé de son droit. » Mais M. Jules Favre, en lui
répliquant, réduisait ce tableau ainsi agrandi à ses
véritables proportions : « M. le président du Conseil
d'État disait qu'en 1857 la plus grande liberté avait été
laissée à l'opposition ; qu'un comité électoral s'était
réuni à Paris. Oui à Paris, cela est possible ; dans les
autres parties de la France, cela ne s'est jamais vu.

Et non seulement ceux qui auraient eu cette hardiesse auraient été sûrs d'être arrêtés, mais encore les porteurs de bulletins sont inquiétés. »

Indépendamment du comité électoral de 1857, le Gouvernement laissa, au début du règne, diverses réunions électorales se tenir librement. Garnier-Pagès le reconnaissait lui-même, le 14 mars 1864, en se plaignant à la tribune que, contrairement à ces précédents, on eût dissous le 13 mars une réunion tenue chez lui ; et M. Rouland, président du Conseil d'État, en s'attachant à justifier l'administration, se vantait en son nom précisément de cette tolérance antérieure. « Mais, disait-il, à un certain moment, après que soixante ou soixante-dix de ces réunions s'étaient écoulées sans trop de danger, nous avons cru savoir que les passions populaires y étaient vivement excitées ; nous avons cru savoir que les constitutions du pays n'étaient pas respectées, et alors... etc. » (1)

Quoi qu'il en soit, étendue ou restreinte, cette tolérance administrative ne devait pas longtemps persister. Le procès des *Treize*, datant de 1863, est dans toutes les mémoires. On sait comment il prit naissance à la suite de la dissolution d'une réunion électorale tenue le 13 mars 1864 chez Garnier-Pagès ; comment, après des perquisitions pratiquées chez lui et chez son gendre

(1) En effet une circulaire confidentielle du ministre de l'Intérieur, en date du 16 mai 1863, contient ce passage : « Aucune réunion politique ne doit être autorisée ; cependant les réunions ayant un caractère privé au domicile d'un particulier peuvent être tolérées. Les réponses des préfets aux pétitionnaires doivent être faites verbalement. »

Dréo, une instruction fut ouverte contre treize citoyens pour avoir, en organisant un comité électoral
lors des élections générales de 1863, contrevenu à
l'article 291 du Code pénal. On sait les protestations
que soulevèrent dans le parti libéral les poursuites
caractérisées par ce mot plaisant : « Ils étaient treize
qu'on accusait d'être vingt-et-un. » C'est en effet à ce
résultat bizarre que l'on arrivait au moyen de la
théorie de l'affiliation, et on retenait comme associés
ceux avec lesquels les membres du comité avaient pu
correspondre. L'affaire dut son grand retentissement
non seulement à la personnalité des prévenus, presque
tous l'élite de la politique ou du barreau, mais aussi
à l'éloquence de Jules Favre, le défenseur de Garnier-
Pagès. On sait comment après sa plaidoirie, les autres
défenseurs désespérant de l'égaler renoncèrent à la
parole. Mais du reste c'est en vain qu'il essaya d'invoquer en faveur des comités électoraux une tolérance
qui les aurait toujours couverts depuis la loi de 1834 :
« N'est-ce donc rien, s'écriait-il, que la pratique d'une
loi qui existait depuis trente ans et plus ? Si nous
étions en matière civile, nous pourrions invoquer la
prescription. Et si je me tourne du côté de la plus
vulgaire des murailles, j'y aperçois un jour de souffrance à travers lequel passe un rayon de lumière dou-
teuse. Depuis trente ans il existe : depuis trente ans,
les objets sont ainsi disposés ; le propriétaire en peut
jouir..... Et moi, moi homme, moi citoyen, devant
cette loi qui existe depuis trente ans, qui s'applique
depuis trente ans, je n'ai aucun droit d'invoquer le
bénéfice de cette consécration, je ne puis rien, je ne

suis que poussière, je suis moins que ce larmier ! Ah !
j'avoue, messieurs, que ma dignité en est singulièrement humiliée. »

Cette éloquence ne sauva pas les Treize qui furent
condamnés en première instance, et en appel : « Considérant, dit l'arrêt du 7 décembre 1864, que… des débats il résulte la preuve qu'en mai 1863, il s'est formé
à Paris entre un certain nombre d'individus une réunion ou comité dont le siège était établi rue Saint-
Roch 45, et dont le but avoué était de s'occuper en
commun de la direction à donner aux élections générales alors prochaines ; que cette réunion, quelque
nom qu'on veuille lui donner, ne devait pas limiter son
action à une seule circonscription électorale, ni même
à toutes les circonscriptions du département de la
Seine, mais l'étendre à la France toute entière, et se
mettre en rapport avec toutes les autres réunions du
même genre ; qu'un lien commun unissait entre eux
tous ceux qui faisaient acte d'adhésion à l'œuvre con-
certée et poursuivie dans une communauté de sentiments et d'efforts ; que tous ces individus étaient rap-
prochés non pas seulement par ce qu'ils auraient
appartenu comme électeurs à une même circonscription et pour s'entendre sur le choix d'un candidat,
mais par la volonté de s'unir, de se concerter, et d'agir
dans un but déterminé et permanent, à savoir le mouvement à imprimer au parti démocratique à l'occasion
des élections ; considérant qu'une réunion ainsi constituée, et bien que dénommée comité électoral et de
consultation, présentait le caractère d'une véritable
association ; qu'elle avait son siège connu et publié,

ses agents et sa caisse destinée à pourvoir aux moyens
d'exécution.....; que les prévenus, il est vrai, prétendent : 1° que la dite réunion avait un caractère purement consultatif ; 2° qu'elle n'avait aucun caractère de
permanence, qu'elle s'est divisée en trois réunions
distinctes qui n'ont fonctionné que pendant la période
électorale ; 3° et qu'elle n'a jamais été composée que
de quatorze ou quinze membres ; mais considérant sur
le premier point que la correspondance toute entière...
atteste de la manière la plus manifeste que l'objet
principal et essentiel de l'association était non la consultation mais l'action, et que son but était d'exercer
la propagande la plus active et la plus large, non seulement à Paris, mais dans le pays tout entier ; considérant sur le deuxième point....... que les documents
démontrent qu'il n'a existé qu'un seul comité permanent et non trois comités distincts et isolés entr'eux...
considérant sur le troisième point qu'il résulte des
pièces saisies que l'association avait des adhérents,
des agents ou des délégués qui n'étaient pas de simples distributeurs de bulletins, et qui, obéissant à la
direction du comité, assuraient son action, coopéraient
sciemment au but commun, et se rattachaient ainsi
incontestablement à l'association dont s'agit ; qu'il est
établi en outre que le comité constitué à Paris et formant le noyau de l'association s'est mis en rapport
avec plusieurs comités formés dans les départements ;
que les prévenus..... ont, au nom de leurs comités respectifs, sollicité ou accepté le concours et l'appui du
comité de Paris, et fait ainsi acte d'adhésion à ce
comité.....; que même si, dans l'espèce, eu égard aux

circonstances qui s'y rencontrent, on peut admettre que le fait d'avoir pris part aux souscriptions provoquées par le comité ne constituerait pas à lui seul une affiliation et une participation active à l'œuvre d'association, il n'en est pas moins constant..... qu'en ajoutant aux treize prévenus les différents groupes et comités ci-dessus spécifiés, le nombre des membres de l'association incriminée dépasse de beaucoup le chiffre de vingt personnes ; que vainement les prévenus prétendent établir en principe qu'on ne peut considérer comme membres d'un comité électoral ni ceux qui sont employés comme auxiliaires, ni ceux qui correspondent avec le comité, ni ceux qui contribuent aux dépenses d'une élection ; qu'il doit au contraire en être tout différemment d'après les principes généraux du droit à l'égard de toute personne qui, avec une volonté libre et un concours intelligent, coopère au but et à l'action d'un comité quel qu'il soit; que c'est également méconnaître les principes et la jurisprudence que de prétendre de la part des prévenus qu'il faille préalablement à toute application de l'article 291 du Code pénal, constater non seulement la présence de plus de vingt personnes dans une association, mais encore désigner ces personnes, les dénommer, et les avoir préalablement déclarées coupables au nombre de vingt, du délit d'association..... ; En ce qui touche spécialement les moyens invoqués par les appelants consistant à soutenir que les comités électoraux ont été de tout temps exceptés des prohibitions de la loi de 1834, et que le caractère électoral de leur comité le soustrait à toute application de la loi pénale : considérant qu'en admettant..... que les comités électoraux, lorsqu'ils ne renferment pas les caractères constitutifs de l'association, ne soient prohibés par aucune disposition légale, il ne saurait y avoir rien de commun entre ces réunions accidentelles et temporaires, ayant pour objet l'exercice légitime d'un droit constitutionnel, et une association de la nature de celle dont les caractères ont été ci-dessus énumérés, associations que la loi de 1834 a voulu éteindre et réprimer comme constituant à côté des pouvoirs réguliers une sorte de pouvoir dont l'existence est une menace permanente pour la paix et la sécurité publiques..... »

Après la guerre d'Italie, et après les atteintes portées au pouvoir temporel, des associations se formèrent ou tentèrent de se former en vue de venir en aide à la papauté. Le Gouvernement dut opposer un veto à ces agitations qui trahissaient d'ailleurs l'hostilité du parti religieux contre lui. Il eut d'abord à interdire l'organisation de comités pour recueillir la souscription au denier de Saint-Pierre. Déjà dans une circulaire du 5 mai 1860, le ministre des Cultes, M. Rouland, en déclarant que le Gouvernement était disposé à accorder au pape toutes facilités pour la négociation en France de l'Emprunt romain, rappelait aux évêques qu'ils ne « doivent pas établir sans l'autorisation du Gouvernement des agences ou comités de souscription. » Dans une circulaire aux préfets, du 10 novembre 1860, M. Billault, ministre de l'Intérieur, dut s'expliquer plus nettement encore : « ...... Le Gouvernement n'a jamais admis que l'on put établir sans son autorité sur toute la surface de l'Empire, et à l'état d'institution permanente, des comités ou associations ayant pour but d'organiser, de stimuler, de concentrer la perception d'une sorte de tribut au profit de la cour de Rome..... Des documents devenus publics ont annoncé l'intention de former une association représentée par des comités reliés entr'eux, obéissant à une impulsion commune, et constituant une sorte d'institution occulte organisée au sein du pays. Le Gouvernement ne tolérera pas cet oubli des règles qu'il a posées, cette violation des lois qu'il est tenu de faire respecter. Je vous invite en conséquence à prévenir les organisateurs et les membres de ces comités, s'ils ont commencé à agir dans votre département, qu'ils doivent se dissoudre immédiatement; et vous leur ferez connaître que si, nonobstant cet avis, ils persistaient dans leur entreprise, ils s'exposeraient aux peines prononcées par les lois. Les offrandes individuelles au Saint-Père sont et resteront libres. Mais quant à des associations dans la secrète activité desquelles peuvent trop facilement sous le voile religieux se glisser des intrigues politiques, l'organisation n'en serait licite qu'après autorisation du Gouvernement, et cette autorisation ne leur a point été accordée. » Comme la presse cléricale se répandait en plaintes indignées contre les termes de cette circulaire, et cherchait à en travestir l'esprit, le ministre crut devoir le résumer et le simplifier dans un *communiqué* adressé aux journaux quelques jours après : « Ce que le Gouvernement n'autorise pas, ce que la loi permet de poursuivre et de punir s'il le faut, c'est l'organisation de comités, de décuries, de centuries, enfermant dans les liens de

13.

leur organisation une armée de contribuables, et agitant les esprits par les ardeurs de leur propagande. Liberté des offrandes spontanées, prohibition des comités d'action, et des associations permanentes pouvant couvrir de leur secret aussi bien les passions politiques que le zèle religieux : telle est la règle présentée par le Gouvernement et sanctionnée par le Code pénal. »

A une époque à peu près contemporaine, le Gouvernement avait aussi à combattre une autre association du même ordre, toujours constituée en vue de soutenir le pouvoir temporel. Nous voulons parler de l'archiconfrérie de Saint-Pierre-ès-liens. Voici comment s'exprimait à son sujet M. Rouland dans une circulaire aux évêques, du 17 juillet 1860 : « Une société vient de se former à Lyon pour soutenir le Saint-Siège dans tous ses droits spirituels et *temporels*. Sa règle de conduite est une entière soumission au chef de l'Église, sans jamais aller au-delà de ses volontés, mais sans apporter à les accomplir le moindre retard, la moindre hésitation. Ses moyens sont les prières, la publication et la propagande des meilleurs écrits composés en faveur du Saint-Siège, et les souscriptions connues sous le nom de Denier de Saint-Pierre. Elle peut encore employer *tous autres moyens transitoires ou secondaires* indiqués par les circonstances. La société est dirigée par un recteur et des vice-recteurs. Elle est administrée par un conseil central siégeant à Lyon et des conseils diocésains agrégés au conseil central. Elle correspond avec une commission de cardinaux et M. le général de Lamoricière. Il résultera pour tout le monde, de cette analyse fidèle des statuts de *l'archiconfrérie de Saint-Pierre-ès-liens* et des circulaires du comité central, que cette société essentiellement laïque dans sa composition est aussi politique que religieuse par son but, et qu'elle nie ouvertement les droits de l'État et les obligations du citoyen en imposant à ses membres une entière soumission au Souverain Pontife, sans distinguer l'ordre *temporel* de l'ordre *spirituel*. J'ajoute qu'en se réservant la facilité d'agir suivant les circonstances, et par tous les moyens propres à défendre la politique romaine dans les affaires extérieures où elle peut être engagée, la société usurpe un rôle souverain qui n'appartient qu'à la France; et qu'enfin elle prend complètement l'attitude d'une société secrète et prohibée en essayant d'étendre sur le pays sans aucune autorisation légale un système d'affiliation et de correspondance dirigé par un comité central et des comités diocésains. Votre Grandeur reconnaîtra qu'une semblable association qui veut organiser un pouvoir occulte au sein de l'État, et enrôler les citoyens dans des entreprises politiques dont les moyens d'exécution sont indéfinis peut inspirer de justes défiances au pays et des inquiétudes au Gouvernement...... Je crois opportun de prier Votre Grandeur de faire savoir aux membres de son clergé qui seraient disposés à s'y faire agréger que le Gouvernement n'hésitera pas à dissoudre une société dont l'existence seule est une infraction à nos lois pénales. »

Si les associations politiques ne trouvèrent pas place sous l'Empire, il en est une cependant qu'il laissa vivre, dont le nom était jadis un épouvantail, mais qui n'avait plus désormais que la peau du lion. Il s'agit de la Société des Francs-Maçons. Un fait montrera à quel point elle était devenue inoffensive : en 1852, au lendemain du coup d'État, pour détourner la foudre, elle avait choisi le prince Murat comme grand'maître de l'Ordre. Devant une telle manifestation, l'Empereur devait être désarmé. Il maintint donc l'association, mais en l'enrôlant bientôt d'une façon plus étroite sous sa domination. Lorsque les pouvoirs du prince Murat arrivèrent à expiration en 1862, les francs-maçons ne crurent pas pouvoir renouveler le mandat de leur président qui venait de voter au Sénat contre le pouvoir temporel. Ils élurent le prince Napoléon. Pour éviter un conflit, l'Empereur intervint en retirant à l'ordre le droit d'élection, et en nommant grand'maître, de sa propre autorité, le maréchal Magnan : « Vu les articles 291 et 294 du Code pénal, — dit le décret des 11-25 janvier 1862, rendu à cette occasion, — vu la loi du 10 avril 1834 et le décret du 25 mars 1852, Considérant les vœux manifestés par l'ordre maçonnique de France de conserver une représentation centrale : Art. 1er. Le grand maître de l'Ordre maçonnique de France, jusqu'ici élu pour trois ans en vertu des statuts de l'ordre, est nommé directement par nous pour cette même période.» Sous leur nouvelle administration, les francs-maçons achevèrent de se pacifier, au point qu'à la mort du maréchal Magnan, en 1861, le Gouvernement estima pouvoir leur rendre sans danger le droit de choisir eux-mêmes leur nouveau grand'maître.

Les associations purement économiques n'étaient

pas à l'abri des méfiances du pouvoir. M. Floquet citait à cet égard en 1881, le 17 mai, un fait curieux, lors de la discussion à la Chambre des Députés, de la loi sur les syndicats professionnels. Retraçant les difficultés que les ouvriers avaient rencontrées pour fonder des syndicats au début de l'Empire, il disait : « Je me rappelle que j'ai lu dans un livre relatif à ces matières qu'en 1857, lorsqu'on a voulu fonder dans ce pays la première société pour le crédit mutuel, des ouvriers furent obligés de se réfugier dans le bois de Vincennes, d'y simuler une fête de famille, de s'entourer des enfants et des femmes qui jouaient autour d'eux pendant qu'ils rédigeaient les statuts de leur association, puis d'enterrer dans le sable les bulletins qui avaient servi au vote pour la nomination de leurs délégués et de leurs collecteurs, imitant ainsi les premières sociétés, les premières unions de métiers, les *trades unions* qui s'étaient fondées en Angleterre, et qui s'étaient constituées dans les mêmes conditions de mystère. »

§ 2. — Réunions publiques.

Lorsqu'au régime de compression absolu qui fut celui des premières années de l'Empire, succéda celui dit de l'Empire libéral, lorsque les débats du Corps Législatif redevinrent publics, et qu'on lui eut rendu le droit de discuter l'Adresse, on vit chaque année l'Opposition formuler sous une forme quelconque ses vœux en faveur du droit de réunion. C'est ainsi que le 7 mars 1862, la Gauche introduit un amendement à l'Adresse pour réclamer « des élections faites par les

électeurs et non par les préfets, avec le droit de réunion et avec des chances égales de publicité et de protection pour la liberté de tous. »

Ainsi encore, le 18 mai 1864, dans une séance dont
nous avons déjà parlé, Garnier-Pagès porta plainte à
la tribune au sujet de la dissolution de la réunion qui
avait été tenue chez lui pour l'élection de deux députés
dans la 1re et dans la 5e circonscription de la Seine.
Nous avons dit plus haut que la descente de justice qui
eut lieu à cette occasion fut le premier acte des poursuites contre les Treize. Garnier-Pagès se plaignit
donc que, pendant la période électorale, lui étant candidat, le commissaire de police fût venu disperser une
première réunion électorale tenue chez un sieur Barthélemy. Même sort, disait-il, était advenu à une deuxième réunion d'une centaine d'électeurs tenue chez
un sieur Lorsier : « A peine avait-il pris la parole
qu'un officier de paix vient empêcher la réunion,
quoique le commissaire de police se tînt à la porte,
sous prétexte que les lettres de convocation ne portaient pas de signature. » Enfin, on n'avait pas épargné
davantage une troisième réunion de 200 personnes,
tenue chez lui et composée d'électeurs de l'arrondissement, amis et députés. La police les avait dispersés,
et avait fait une perquisition chez le maître du lieu.
Le président du Conseil d'État, M. Rouland, se défendit en opposant les termes formels du décret de 1852.
Mais Jules Favre lui répliqua que, jusque-là, dans
la pratique, on ne l'avait pas appliqué sur ce point :
« En présence d'un texte aussi impératif que celui de
la loi de 1852, disait-il, les réunions électorales ont été

permises. Elles ont été permises parce qu'elles sont nécessaires, indispensables à l'exercice des droits des électeurs. Si au contraire ces réunions sont interdites, il est évident que ces droits n'existent plus. » Ce fut alors le tour du ministre d'État, M. Rouher, d'intervenir au débat pour déclarer que « ce n'est que le jour où les réunions ont pris un caractère quelque peu séditieux et quelque peu regrettable que les facultés conférées au Gouvernement ont été exercées. S'il avait plus longtemps négligé d'user de ses pouvoirs, je ne crains pas de dire qu'il eût commis un acte de faiblesse que vous auriez eu le droit de blâmer. »

Le 1er avril 1865, soit un an après l'affaire des Treize, c'est encore par un amendement à l'Adresse, qui vise particulièrement les dites poursuites, que la Gauche manifeste ses sentiments : « Dans le pays du suffrage universel, on voit les comités électoraux poursuivis sous le nom d'*Associations illicites*, et pour la première fois, à ceux qui ont le droit d'élire on conteste le droit de délibérer. Loin de marcher vers la liberté, le Gouvernement s'en éloigne. » A la suite d'un débat auquel prirent part MM. Garnier-Pagès, Granier de Cassagnac et Jules Favre, le président du Conseil d'État, M. de Vuitry, vint dans un exposé qui fut souvent invoqué depuis, résumer l'état de la législation sur le droit de réunion et d'association. Il dit que la loi de 1834 s'appliquait aux associations ayant un but électoral aussi bien qu'aux autres : « En ce qui touche les comités électoraux, si le comité est une réunion publique, il sera soumis à l'autorisation, et cette autorisation sera donnée quand les nécessités de l'ordre public ne l'interdiront pas. Si le comité est une réunion non publique, il est parfaitement libre. Mais s'il constitue une véritable association, alors il tombe sous la loi de 1834, et il faut une autorisation. »

M. Emile Ollivier chercha à obtenir du ministre une déclaration dans un sens libéral. Il dit ne vouloir faire d'observation que sur un seul point : « Je ne réclame pas l'existence dans l'État d'associations établies à Paris, et de là rayonnant dans tous les départements... Mais ce que je veux, c'est le libre fonctionnement du suffrage universel. Or le suffrage universel ne peut fonctionner sans le concert volontaire légal entre les électeurs... Mais comment se concerter, comment exercer une action électorale collective ?. Pour vous en faire une idée exacte, vous n'avez qu'à vous rappeler comment agit le Gouvernement lorsqu'il soutient un candidat. Le préfet le désigne, puis la désignation ayant été faite au chef-lieu, chaque maire dans sa commune s'entoure de ses auxiliaires, et seconde l'action partie du chef-lieu. Vous voyez dès lors ce qu'il faut pour qu'un citoyen puisse exercer une action individuelle et personnelle. Il faut en premier lieu qu'il puisse y avoir au chef-lieu de la circonscription un concert entre ceux qui trouvant sa candidature opportune veulent la soutenir. Voilà le point de départ sur lequel il n'y a pas de difficultés. Mais il faut en deuxième lieu que dans chacune des communes qui dépendent de la circonscription, il puisse se constituer un centre d'action locale, et que ce groupe ait en outre la possibilité de se relier au chef-lieu de la circonscription. Il est évident que si vous ne permettez pas aux hommes qui, du centre de la circonscription communiquent le mouvement aux extrémités, de correspondre, de se mettre en relations journalières avec ceux qui sur les différents points, secondent leur action, il est évident que vous leur refusez en réalité cette liberté électorale que vous déclarez avoir la meilleure volonté de leur laisser. Or... c'est sur ce point, je l'avoue, que j'ai été inquiété par l'affaire des Treize. Cet arrêt a décidé que le fait de correspondre constitue l'affiliation à une association. Il sera dès lors toujours loisible au Gouvernement, dans toutes les élections, de faire des procès comme celui qu'il a fait aux Treize. Supposez dans l'arrondissement une centaine de communes seulement ; pour chacune des communes supposez une seule personne s'occupant d'élections, et en correspondance avec le comité du chef-lieu. Voilà l'association de plus de 20 personnes, voilà de quoi commencer une poursuite... Je n'aurais aucune objection à faire au discours du président du Conseil d'État s'il voulait y ajouter cette simple déclaration que tout ce qu'il a dit sur les associations ne s'appliquera pas dans l'étendue même de la circonscription électorale. » Le président du Conseil d'État répondit que, *dans le plus grand nombre des cas*, ces correspondances entre divers comités électoraux d'un arrondissement n'établiraient pas le fait d'affiliation. Mais il ajouta ne pouvoir répondre en termes absolus.

En 1866, le 15 mars, nouvelle protestation de la Gauche, traduite par un amendement de Jules Favre, ainsi conçu : « La France a le sentiment profond de ses droits, et la volonté de les exercer. La Constitution les reconnaît, et les lois organiques les suppriment.... La France a droit à des élections libres ; cependant le système des candidatures officielles persiste avec ses inévitables abus. Le droit de réunion est dénié. » M. Rouher répondit, le 19 mars, disant que le droit de réunion électorale était « une issue témérairement ménagée aux passions révolutionnaires, » Il continua d'ailleurs par une de ces déclarations qui pouvaient bien contenter une majorité décidée à le soutenir toujours et quand même, mais qui pour tous autres n'était qu'un leurre. « Est-ce à dire, s'écriait-il, que si un comité électoral demande dans tel ou tel arrondissement à se former, si une réunion électorale est sollicitée auprès du Gouvernement dans des circonstances précises... qui paraissent utiles pour la sincérité du vote, le Gouvernement déclare qu'il refusera? Pas le moins du monde... Il refusera ou il accordera. Mais en aucun cas, il ne sera un juge définitif..... Si le pouvoir abuse, s'il refuse des réunions nécessaires, vous avez le droit de validation et d'annulation des élections. »

On peut avoir un aperçu de l'esprit arbitraire et tyrannique qui animait l'administration appelée à se prononcer sur les demandes d'autorisation à fin de réunions publiques électorales, lorsqu'on se reporte aux observations produites à la tribune non par un irréconciliable de l'Empire, mais par un des membres de ce qu'on appelait alors le tiers parti. Voici ce que disait M. Buffet prenant la parole, le 17 mars 1868, dans la discussion sur la loi des réunions publiques, à l'occasion d'un amendement de M. de Tillancourt, demandant la liberté de réunion électorale pour les élections aux conseils généraux et d'arrondissement : « Lors des dernières élections pour les conseils généraux, dans un département du Nord-Ouest de la France, le préfet combattant deux candidats a jugé convenable de faire la tournée des communes des deux cantons où ils se présentaient, de haranguer en plein air et du haut du perron des mairies la population convoquée aux sons des cloches et du tambour, d'attaquer devant elle d'une façon incroyable les deux candidats que l'administration repoussait. L'un de ces deux candidats... a demandé au préfet l'autorisation de lui répondre. L'autorisation lui a été immédiatement accordée. Mais naturellement ce candidat n'a pas eu la pensée de suivre le préfet dans les autres communes. Il a simplement réclamé la faculté de convoquer à son tour et dans les mêmes conditions des réunions semblables, afin d'avoir pour sa défense le bénéfice des moyens dont on se servait pour l'attaquer. Le préfet a refusé cette autorisation. Mais il a dit aux deux candidats, — et sa réponse à l'un d'eux a été affichée dans toutes les communes du canton, — qu'il leur avait été loisible de le suivre de commune en commune et que partout la réplique leur aurait été permise. Je demande, — disait M. Buffet, en rappelant cette histoire, — si le Gouvernement entend de cette façon la pratique des réunions électorales en dehors des conditions déterminées par la loi. Je demande s'il pourra y avoir par faveur spéciale des réunions en plein air, ressemblant parfaitement alors aux meetings d'Angleterre, et si le préfet présidant les

réunions donnera ou devra donner la parole aux candidats qui la réclameront. »

Même en dehors du terrain des élections, pour peu
qu'une réunion parût devoir toucher, fût-ce de bien
loin, à la politique, les organisateurs de cette réunion
se heurtaient au mauvais vouloir de l'administration.
En août 1867, pendant l'Exposition universelle, une
tentative fut faite par les propagateurs du mouvement
coopératif pour réunir à Paris les personnes les plus
compétentes en cette partie de la science économique.
Parmi les adhérents figuraient Stuart Mill et Schulze
Delitzch. Le congrès devait se réunir à Paris ; mais on
avait compté sans le refus du préfet de police et du
ministre de l'Intérieur. Le 15 mars 1868, le ministre
d'État, amené par M. Jules Simon à s'expliquer sur ce
point, esquissait une faible défense : « On avait voulu
établir à Paris non pas une réunion particulière, non
pas une conférence accidentelle, mais un véritable
congrès sur les sociétés coopératives, sur leur organisation, sur le travail, sur toutes les questions économiques qui peuvent s'agiter. Nous n'avons pas cru
devoir l'autoriser. Nous n'avons pas jugé convenable,
au moment où le Gouvernement et la Chambre viennent, par la loi sur les Sociétés, de donner une véritable preuve de sollicitude et de sympathie à toutes ces
organisations, de laisser discuter ces questions à nouveau, pour en enlever le bénéfice aux pouvoirs publics
qui avaient tout droit à la reconnaissance des intéressés. » Le ministre croyait racheter ce refus en opposant des facilités accordées par le pouvoir, — à bon
compte, on en conviendra, — dans une autre circons-

tance : « Est-ce à dire que nous avons refusé la faculté d'une discussion sérieuse ? Une grande association existait en Belgique. Cette association qui avait procédé en Suisse, en Italie, dans divers autres états, a demandé au Gouvernement l'autorisation d'ouvrir des conférences pendant toute la durée de l'Exposition. Le Gouvernement a accordé l'autorisation. Mais cette association n'a pas jugé convenable d'user du pouvoir qui lui avait été donné. »

L'administration avait paru faire preuve, à l'égard du droit de réunion en matière littéraire, de dispositions bienveillantes qui n'ont pas duré. Elle avait, en 1860, autorisé les Conférences de la rue de la Paix où des orateurs d'élite attiraient un brillant auditoire, et qui furent pendant deux ans une récréation intellectuelle des plus goûtées. Mais bientôt elle s'alarma d'allusions qu'elle trouvait trop libérales, d'un enseignement trop frondeur à son gré. Elle commença par fermer la bouche d'un des conférenciers les plus étincelants, non moins étincelant écrivain, d'un de ceux qui par sa plume devait plus que tout autre troubler le repos du pouvoir. Prévost Paradol qui faisait un cours sur un sujet d'ordre cependant bien pacifique, sur Léon X, se vit interdire la modeste tribune de la rue de la Paix ; et quand la saison fut finie, l'administration déclara qu'elle ne renouvellerait pas l'année suivante l'autorisation pour les conférences. Dans le *Courrier du Dimanche* du 27 juillet 1862, J.-J. Weiss gémissait sur de pareils procédés : « Contentons-nous pour aujourd'hui de rappeler, disait-il, que vers 1783, du temps de la Bastille et des lettres de cachet que le *Constitutionnel* aime tant à reprocher à M. de Montalembert, Pilatre de Roziers demanda la permission d'ouvrir un établissement semblable à celui que l'on veut aujourd'hui fermer. Il l'obtint quoique les principes de 1789 ne fussent pas encore connus. Voilà au moins un cas où nous n'avons pas sujet, nous autres gens de 1862, de faire les superbes avec l'ancien régime. » (1)

En 1864, les conférences reprirent, organisées par un comité franco-polonais au profit de la Pologne. Elles eurent le même succès que les précédentes. On se pressa à la salle Barthélemy pour venir écouter les Legouvé, les Odilon-Barrot, les Barthélemy Saint-Hilaire. Mais le Gouvernement semblait n'avoir concédé une faveur que pour la retirer aussitôt. Déjà il avait fait preuve, dans les conditions mêmes apportées,

(1) Le rapprochement — si même un rapprochement est possible, — avec ce qui se serait passé en 1783 est légèrement forcé. Le fait dont parle Weiss est raconté dans les Mémoires de Bachaumont. L'auteur annonce que le 2 décembre 1781, un musée vient d'être ouvert sous la protection de *Monsieur* et de *Madame*, musée autorisé par le Gouvernement, et consacré à favoriser les progrès de plusieurs sciences relatives aux arts et au commerce. Le 3 janvier 1782, il nous apprend que Pilatre de Roziers, fondateur de ce musée, outre les cours annoncés, en entreprend d'autres encore; que cela stimule la jalousie de M. de la Blancherie qui avait un établissement semblable, et qui « pour donner quelque véhicule à cet établissement, vient d'obtenir la liberté *d'y rassembler des femmes aux mêmes heures que les hommes*. Ce qui lui avait été interdit jusque-là. » Mais, ajoute-t-il, comme son rival a la même faculté, le premier ne peut se flatter de ramener la foule.

On voit que la question qui était en jeu dans cet incident, ce n'était pas l'ouverture de cours dans un musée scientifique autorisé par le Gouvernement, c'était la réunion des deux sexes dans un même local; c'était la question de décence ou de bienséance qui se posait, et non pas, comme en 1860, la question politique.

à l'autorisation, d'une tracasserie mesquine. Comme on avait, suivant l'usage, soumis au ministre de l'Instruction publique les noms des orateurs, il raya le nom de ce même Prévost Paradol qui avait déjà essuyé deux ans auparavant les foudres du pouvoir, et qui dut renoncer à faire une conférence sur le sujet qu'il avait choisi, sujet tout aussi brûlant que celui de l'année précédente : il devait parler sur Montaigne !

Au Sénat, les partisans du régime de 1852 dans toute sa beauté dénoncèrent les conférences comme un danger social : « Nous pourrons vous dire, s'écriait M. de la Guéronnière, le 18 mars 1864, ce que nous pensons de ces lectures du soir dont on a beaucoup parlé, lectures dont pour mon compte j'honore le but et l'intention, et qui peuvent être excellentes à la condition de ne pas dégénérer en clubs. » M. de Heckeren l'interrompait pour dire : « C'est l'origine des clubs, c'est de là qu'ils sont parties ! » et l'orateur reprenait : « Lorsque dans ces réunions on rappelle les inspirations et les œuvres de nos grands écrivains, j'y applaudis volontiers. Mais ce que je n'aime pas, c'est qu'on y prononce des noms comme ceux de Robespierre, de Marat, même pour les réprouver. »

Après ces incidents, le Ministère par des considérations d'ordre politique ou international, fit dès le mois d'avril baisser encore le rideau sur la scène de la salle Barthélemy et de toutes les salles de province où des conférences analogues avaient été organisées. M. Duruy formulait pour l'avenir la ligne de conduite du Ministère dans une lettre du 1er avril 1864 au recteur de Montpellier, lettre à laquelle il invitait ulté-

rieurement, par circulaire, tous les recteurs de France
à se référer dans les cas analogues : « Vous m'avez
adressé une demande en autorisation de *lectures publiques* qui vous a été présentée par le comité franco-
polonais de Montpellier... Le ministre de l'Instruction
publique a le droit, d'après la législation existante,
d'autoriser les cours gratuits ou non qui sont faits
dans un intérêt littéraire ou scientifique... Mais il ne
saurait, sans dépasser les limites du pouvoir qui lui
est propre, permettre des réunions où l'on n'aurait pas
exclusivement en vue la propagation de l'enseignement ; à plus forte raison il n'en pourrait permettre
qui prendraient un caractère politique, soit par le but
qu'on se proposerait d'atteindre en dehors de la littérature, soit par la composition du personnel ensei-
gnant qui constituerait une sorte de réclame permanente pour un parti ou pour des candidatures politiques, soit enfin par des habitudes d'allusions détournées et de sous-entendus qui feraient du cours une
provocation à peine déguisée. J'ajoute que son devoir
serait de retirer immédiatement une autorisation dont
le public abuserait même sans la volonté du profes-
seur. Ces principes dictent une réponse à la demande
que vous m'avez soumise. Le comité franco-polonais
de Montpellier plaçant une question de politique et de
bienfaisance sur une question de littérature, je ne
saurais autoriser la réunion projetée. Je n'ai compétence qu'à l'égard de personnes qui se proposent de
traiter un sujet d'enseignement... Le champ de la
science, de l'art et de la littérature est assez vaste
pour que maître et auditeurs y moissonnent largement

sans venir s'y heurter sans cesse à la politique. Celle-ci trouve d'ailleurs ses organes, et n'a pas besoin de disputer à l'éducation ses humbles tribunes. »

Au travers de tous les débats de presse ou de tribune pendant lesquels on réclamait un droit toujours dénié ou ajourné, l'esprit de liberté se faisait jour de plus en plus, et le pouvoir commençait à avoir la main forcée. Déjà l'Empereur, dans son discours d'ouverture de la session de 1866, avait déclaré que « pour favoriser le développement des sociétés coopératives, l'autorisation de se réunir serait accordée à tous ceux qui en dehors de la politique voudraient délibérer sur leurs intérêts industriels et commerciaux. Un peu après, la lettre fameuse du 19 janvier 1867 exprimait une idée plus générale en proclamant la nécessité de régler législativement le droit de réunion. Enfin un projet délibéré en Conseil d'État, sous la présidence de l'Empereur, était présenté le 13 mars au Corps législatif. Les membres de la Gauche profitaient aussitôt de cette résolution pour déposer le 21 mai, notamment par l'intermédiaire de M. Ernest Picard, une demande d'interpellation à l'effet de savoir « si le Gouvernement est disposé à appliquer dès à présent dans les élections partielles au Corps législatif et dans les élections prochaines aux conseils généraux le principe de la liberté des réunions électorales. » La demande fut rejetée par les bureaux.

Le nouveau projet qui devint la loi du 6 juin 1868 substituait pour les réunions publiques le régime répressif au régime préventif; mais il les entourait de tant de formalités que la procédure était de nature à décourager plus d'un organisateur de ce genre d'assemblées. Tel quel cependant, il fut vivement désapprouvé par les partisans de l'Empire autoritaire qui s'écriaient qu'on allait ouvrir des barrières aux passions anarchiques. Par contre, la Gauche le dénonçait comme un leurre, et comme une embûche dressée contre ceux qui voudraient se présenter aux prochaines élections. Elle reprochait non sans raison à la loi de laisser en dehors de ses dispositions les réunions politiques et religieuses, d'exiger pour la possibilité d'une réunion la déclaration de sept personnes consentant à être responsables de ce qui se passerait dans l'assemblée. Or, disait-on, quand la moindre manœuvre d'un agent provocateur suffira pour donner ouverture à la responsabilité de ceux-ci, comment trouver des citoyens assez hardis pour braver le danger? On se plaignait en outre et de ce que le commissaire administratif avait la faculté de dissoudre la réunion, et de ce qu'un préfet avait le pouvoir arbitraire de l'ajourner. On dénonçait enfin l'exagération des pénalités, le candidat pouvant, du chef d'une contravention commise à l'occasion de la réunion, se trouver privé des droits électoraux. Tous ces pièges introduits dans la loi par un Gouvernement qui n'accordait la liberté qu'à regret étaient spirituellement mis en lumière par quelques lignes de M. Jules Ferry publiées dans le *Temps* : « Comme elle est organisée et plastronnée cette liberté inoffensive ! Quel attirail ! Quelle procédure ! Devant elle marchent 7 répondants, 7 otages, de ceux qu'on appelait au Moyen-Age *conjurateurs*, chargés de déclarer à la sous-préfecture le lieu, l'heure, l'objet de la réunion. Cette déclaration est toute une procédure...... De tout quoi les 7 otages répondent sur leur personne et sur leurs biens..... Vient ensuite la responsabilité du bureau..... Est-ce tout? Non, ce n'est pas assez. Un fonctionnaire plane sur le tout....., assistant à la réunion, pour la surveiller sans doute? Pour la surveiller sans doute, mais pour la diriger surtout, car il a le droit de la dissoudre..... si la discussion paraît s'écarter de l'ordre du jour. » (1)

Les Marie, les Garnier-Pagès, les Pelletan firent entendre dans la discussion générale les paroles les plus amères. M. Marie demanda ce que c'était qu'une liberté de réunion, alors qu'aux termes de l'article 14, le Gouvernement pouvait interdire toutes les réunions, les électorales comme les autres. « Vos réunions publiques, s'écriait M. Pelletan le 14 mars, ne sont absolument que des provocations à la police correctionnelle pour faire des victimes de plus avec des délits nouveaux que vous inventez..... Il n'y a donc en face de la loi actuelle qu'une chose à faire, nous en tenir

(1) L'économie de la loi, en dehors de toute appréciation critique, est nettement résumée dans quelques lignes de M. Naquet, rapporteur de la loi de 1881 : « Substitution de la déclaration préalable faite par sept personnes domiciliées dans la commune, à l'autorisation administrative pour les réunions où ne doivent être traités aucuns sujets politiques ou religieux, et pour les réunions électorales politiques. — Responsabilité des déclarants, du propriétaire du local, des organisateurs et des membres du bureau, chacun en ce qui les concerne. — Obligation de tenir la réunion dans un local clos et couvert. — Faculté à un fonctionnaire de l'ordre administratif ou judiciaire d'assister à la séance avec ses insignes et de dissoudre la réunion, s'il juge qu'elle devient illégale. — Droit d'ajournement et d'interdiction accordé au Gouvernement. »

purement et simplement aux réunions privées, convoquer par lettres particulières, et ensuite former un bureau, fermer la porte et discuter en famille, légalement, librement, toutes les questions politiques, religieuses, littéraires, n'importe, qui nous paraîtront dignes d'un peuple qui devrait pouvoir discuter à ciel ouvert, et qui ne peut discuter qu'à huis clos. Quant à votre loi, vous pouvez la garder. »

A propos de la limitation apportée au droit de réunion en matières électorales, M. Picard disait à son tour le 17 mars 1868 : « Je me demande comment le Gouvernement actuel a pu subir les molles langueurs du pouvoir à tel point qu'au bout de 18 ans, il vienne, comme la chose la plus simple du monde, supposant que le peuple ne s'occupe pas de la question ou n'en sent pas la portée, nous proposer d'édicter une loi qui est une véritable négation du droit de suffrage. Et en effet qu'est-ce que le droit de suffrage, si le droit de se concerter n'existe pas ? Qu'est-ce que le droit de choisir si le droit d'examiner n'existe pas ? Qu'est-ce que le droit d'élire si le droit de se réunir n'existe pas ? En vérité il n'y a pas là de question à discuter. Il n'y a qu'une protestation à faire en face du pays comme en face de la Chambre. »

A l'article 1er du projet M. Jules Simon proposa, naturellement sans succès, un amendement déclarant que les citoyens ont le droit de se réunir en dehors de la voie publique sous la condition de prévenir l'autorité municipale 24 heures à l'avance.

A propos de l'article 8 ne permettant les réunions électorales que jusqu'au 5e jour avant celui fixé pour l'ouverture du scrutin, et seulement pour les élections législatives, il y eut un amendement de M. Tillancourt demandant que le droit fût étendu aux élections des conseils généraux et d'arrondissement. Le Gouvernement repoussa l'amendement en disant que dans ces sortes de réunions, on ferait forcément de la politique, alors que les conseils généraux et d'arrondissement n'avaient à s'occuper que d'administration.

Du reste au sujet de cet article 8, M. Picard, ministre de l'Intérieur, répondant à M. Buffet, rassura l'orateur sur deux points. En premier lieu, pendant les cinq jours de *retraite* comme les appelait M. Picard, imposés avant le scrutin législatif, l'interdiction de réunions publiques existerait pour tous les candidats indistinctement, et le Gouvernement n'aurait pas le droit de la lever au profit de ses partisans. En deuxième lieu, le candidat du Gouvernement ne pourrait pas plus qu'un candidat hostile tenir une réunion publique pour son élection au conseil général. Ici encore prohibition sans acception de personnes : le Gouvernement ne peut pas plus provoquer une réunion que le candidat lui-même.

La liberté a des enivrements dont se défendent mal ceux qui, après en avoir été longtemps sevrés, sont admis à y goûter. L'attitude des orateurs dans les réunions publiques servit de démonstration nouvelle à cette vérité bien connue. Il semble que le Gouvernement ait voulu, comme le lui reprocha plus tard Jules Favre, spéculer sur ce résultat qu'il attendait, laisser pendant les premiers mois aux réunions publiques une licence effrénée pour discréditer le droit par ses

excès même, et pouvoir ainsi ensuite y porter plus facilement atteinte. C'est ainsi du moins que les choses se
passèrent. Le Gouvernement fit d'abord bonne conte-
nance en présence des excès de paroles se renouvelant
chaque jour. « Les deux lois votées dans votre dernière session, — disait le Discours du Trône, — qui
avaient pour but de développer le principe de la libre
discussion ont produit deux effets opposés qu'il est
utile de constater. D'un côté la presse et les réunions
publiques ont créé dans un certain milieu une agitation factice, et fait reparaître des idées et des passions
qu'on croyait éteintes. Mais d'un autre côté, la nation
insensible aux excitations les plus violentes, comptant
sur ma fermeté pour maintenir l'ordre, n'a pas senti
s'ébranler sa foi dans l'avenir. »

Mais le Gouvernement dut bientôt changer sa ligne
de conduite à la suite de l'interpellation du baron de
Benoist, le 1er février 1869, sur l'application de la loi
nouvelle. Ce fougueux député de la majorité prononça
à cette occasion un réquisitoire des plus violents :
« C'est parce que nous voulons, dit-il, conserver le
droit de réunion que nous venons vous dénoncer la
résurrection des clubs. Jamais dans aucun pays libre,
sous prétexte de droit de réunion, on n'a toléré la
révolte contre les lois, la menace des attentats contre
le chef de l'État, la glorification du régicide, l'excita-
tion au renversement du Gouvernement et à la guerre
civile. Jamais les hommes d'État ni les gens de cœur
n'ont accordé ces odieux privilèges aux professeurs
d'émeute ni aux Tyrtées de barricades. » M. Baroche,
garde des Sceaux, émoussa l'effet que cette interpel-

lation pouvait produire sur la majorité, en expliquant que si le Gouvernement avait fait preuve de tolérance au début, c'est parce qu'il était convaincu que la raison publique ferait justice des utopies débitées dans les clubs. « Mais puisque, — ajoutait-il, — cette justice n'est pas suffisante, puisqu'on a l'air de se révolter contre les condamnations qui ont été prononcées, contre la réprobation unanime de tous les honnêtes gens et des organes de publicité, nous croyons le moment venu d'user des moyens légaux. »

M. Emile Ollivier essaya vainement de détourner l'orage qui allait fondre sur les réunions : « Je vous en conjure, M. le Garde des Sceaux, ne vous épouvantez pas plus des excès dans l'avenir que vous ne l'avez fait dans le passé. Confiez vous à la justice de l'opinion bien plutôt qu'à la justice des tribunaux correction-nels..... Dieu, la société, la famille, la propriété, la morale, le devoir, ce sont des puissances qui n'ont rien à redouter de quelques clubistes enivrés par des idées déraisonnables. » Le Garde des Sceaux demeura inflexible : « Nous tiendrons l'engagement que nous prenions tout à l'heure d'user de tous les moyens légaux pour réprimer les délits commis dans les réu-nions publiques. Nous userons aussi de l'article 6 *(droit pour le fonctionnaire qui assiste à la réunion d'en prononcer la dissolution)* s'il y a lieu. Enfin nous ferons ce que vous nous avez dit de faire, lorsque vous avez voté la loi sur les réunions, lorsque vous avez mis à côté d'un mal dont quelques-uns étaient fort impres-sionnés un remède qui nous paraissait suffisant. Ce remède nous n'avons ni le droit, ni la volonté de l'abandonner. » Les déclarations du ministre furent assez catégoriques pour satisfaire M. de Benoist qui retira son interpellation.

Le ministre tint parole, et le 16 février 1869 il adressait une lettre au préfet de police l'invitant à faire succéder à la tolérance l'application de la loi : « Malgré les dispositions si précises de la loi, les discussions qui ont eu lieu à Paris dans certaines réunions publiques sont trop souvent sorties des conditions et des règles qui avaient été posées dans un esprit éclairé de prévoyance par les grands pouvoirs de l'État..... Les principes sur lesquels repose la société, la constitution sanctionnée par le suffrage universel, les notions fondamentales de la religion ont été attaquées tour à tour ; et sous prétexte de discussions économiques, on a rappelé les souvenirs les plus douloureux et les plus sanglants de nos discordes civiles....., La violation audacieuse de la loi ne saurait se prolonger davantage. » Le ministre rappelle au préfet les articles 6 et 10 de la loi, et continue ainsi : « Jusqu'ici le Gouvernement n'a pas cru devoir user du droit de dissolution. Confiant dans le bon esprit des populations, il a pu laisser se produire, sans que l'ordre matériel ait été troublé, des doctrines qui s'attaquent à tous les principes sur lesquels reposent la société, la morale, la religion. Mais les gouvernements n'ont pas seulement pour mission de faire respecter la paix publique dans la rue. Il y a un certain degré de désordre et de violence dans les idées et dans le langage qu'il est de leur devoir de contenir ou de réprimer lorsqu'il se manifeste publiquement comme une provocation incessante à la loi du pays..... Le Gouvernement ne saurait tolérer plus longtemps que les réunions publiques continuent à s'écarter des règles établies par la loi. En transmettant ces instructions aux fonctionnaires chargés de les exécuter, vous ne perdrez pas de vue que le Gouvernement ne se propose en réprimant les licences des réunions publiques que de leur assurer un fonctionnement plus régulier. Son but est de dégager autant que possible une liberté nouvelle des excès qui l'ont compromise à d'autres époques et qui pourraient la compromettre encore. »

On assista dès lors à des rigueurs que M. Jules Simon dénonçait à la Chambre des Députés le 10 avril 1869 : « On m'affirme, — et un grand nombre de signatures corroborent cette affirmation, — qu'une réunion publique a été interrompue parceque l'orateur critiquait la politique de Napoléon Ier. Il paraît que dans une réunion le commissaire de police a ordonné la dissolution de l'assemblée en se fondant sur ce que l'orateur, s'inspirant des doctrines de M. Rouher, entreprenait de justifier le traité de commerce avec l'Angleterre. Le commissaire de police a pensé que cette question qui est une question d'économie politique au premier chef, ayant été discutée devant le Corps législatif, entre le ministre d'Etat et M. Pouyer-Quertier, devenait par cela même une question politique ; et sur cette curieuse imagination, il a dissous l'assemblée. »

Les rigueurs du pouvoir ne s'exerçaient pas seulement contre les réunions publiques vis-à-vis desquelles il pouvait du moins se prévaloir sinon du texte, au moins de l'esprit de la loi. Il entravait les réunions privées qui, celles-là, demeuraient libres de par la loi. M. Jules Simon faisait entendre aussi ses doléances à cet égard : « Sans doute, disait-il, c'est offenser le Gouvernement que de lui supposer la pensée de mettre obstacle à cette liberté primordiale, à la liberté qu'ont les citoyens de réunir chez eux les personnes qu'il leur plaît, et de les laisser dire ce qu'il leur convient de dire ; et cependant tout le Cabinet est occupé à chercher, sans parvenir à les trouver, de bonnes raisons pour établir que notre maison n'est pas à nous, et que nos amis ne sont pas nos amis..... Un de nos collègues nous a objecté que certaines personnes tenaient des réunions privées dans une écurie, tandis qu'on n'en doit tenir que dans un salon,.... D'autres veulent que la réunion se tienne dans la maison d'habitation, dans un local réellement habité ou dans un lieu clos et couvert. Il me semble qu'on a réclamé le troisième étage pour que les discours ne soient pas entendus dans la rue. »

La réplique de M. Forcade de la Roquette fut intéressante par la statistique qu'il fournit au sujet des réunions publiques. Du 6 juin au 31 décembre 1868, il y avait eu 157 réunions, et 479 en tout jusqu'à ce jour. La répression ne s'était exercée qu'à partir du 31 décembre. Depuis cette époque, on avait dissous 35 réunions, et on en avait interdit 5. Le ministre estimait que ces chiffres établissaient la modération de l'administration. Quant aux réunions privées, il alléguait que si on avait sévi contre elles c'est qu'elles n'avaient de privé que le nom : « Pendant 15 ou 16 années, c'est à dire depuis 1852, il y a bien eu quelques réunions privées, mais l'opinion publique ne s'en occupait pas..... ; mais depuis la loi nouvelle, les réunions privées se sont développées, et elles ont pris un caractère tel qu'elles se sont rapprochées des réunions publiques..... Il y a des réunions privées qui se tiennent dans des lieux publics, dans des théâtres.... Toutes les fois que les prétendues réunions privées se tiennent dans un lieu public, il y a une très grande présomption que ce sont des réunions publiques... D'autres réunions ont un caractère de publicité moins accusé. Mais elles sont également suspectes. Elles se tiennent dans ces vastes salles où l'on dépose des marchandises, et qui peuvent tenir 1,500 à 2,000 personnes..... Peut-on les considérer comme des réunions privées ? Enfin il y a des réunions privées, — celles dont je désirerais que mes adversaires se contentassent, — je veux parler des réunions qui ont lieu dans la demeure personnelle, dans l'endroit où généralement on réunit ses amis. Car d'ordinaire on ne réunit pas ses amis, dans une cave ou dans une écurie. On les réunit dans le lieu qu'on habite. » A cet endroit, M. Picard interrompait l'orateur pour lui dire : « Combien d'amis nous permettez-vous, M. le Ministre, de recevoir en moyenne ? »

Il convient de reproduire ici des arrêts de la Cour de cassation qui indiquent à quels signes, dans les termes de la loi de 1868, on devait alors distinguer une réunion privée d'une réunion publique. Ces décisions attestent en même temps à quels subterfuges les citoyens étaient souvent réduits pour trouver moyen d'exercer sur une plus vaste échelle un droit qui leur était trop parcimonieusement ménagé : « Attendu, dit l'arrêt de rejet de la Chambre criminelle du 9 janvier 1869, que c'est vainement que le prévenu qui, en qualité d'organisateur, devait prendre toutes les mesures pour ne pas contrevenir à la loi, a déclaré, lorsque la réunion était déjà formée et que le public s'y était librement introduit, *que les personnes présentes pouvaient se considérer comme invitées*; qu'une telle déclaration ne saurait couvrir la contravention à la loi qui était commise ; qu'elle ne peut être qu'un moyen imaginé pour éluder la loi sur les réunions publiques. »

« Attendu, — dit le deuxième arrêt de rejet, du 4 juin 1869, — qu'une réunion où le public peut pénétrer et où tout individu peut avec ou sans certaines précautions de forme se faire introduire est essentiellement publique et non privée ; attendu que l'arrêt attaqué constate qu'en novembre dernier Me Picard, avocat du barreau de Paris, étant venu à Auch plaider pour Lissagaray, rédacteur du journal l'*Avenir*, le parti politique que représente ce journal organisa une réunion en vue des élections prochaines chez Dubouch, brasseur, qui prêta son local, c'est-à-dire un vaste grenier servant habituellement au dépôt de ses marchandises ; que pour donner à cette réunion l'apparence d'une réunion privée, la gérance de l'*Avenir* fit imprimer 1,300 cartes d'invitation qui furent retirées et payées par un de ses employés ; que la plupart de ces cartes furent signées en blanc par Dubouch et remises au bureau du journal qui en expédia à tous ceux qui se présentèrent pour en demander ; enfin que

1,000 à 1,200 personnes ont assisté à la réunion; attendu que les précautions prises pour dissimuler le caractère réel d'une réunion ne sauraient faire obstacle à ce que le juge recherche et détermine ce caractère avec précision, et que l'arrêt attaqué en déduisant le caractère public de la réunion Dubouch des constatations qui précèdent, ne laisse aucune place à l'équivoque, et substitue la vérité des choses à des apparences trompeuses organisées avec fraude. »

Après les incidents que nous avons rapportés plus haut, on ne voit guère que le droit de réunion ou d'association ait fait l'objet de discussions nouvelles jusqu'à la fin de l'Empire. On rencontre seulement à la date du 27 décembre 1869 une proposition déposée par M. Jules Favre (1) pour l'abrogation de l'article 291 du Code Pénal. L'exposé des motifs dénonce cet arti-cle « inspiré par la défiance, et brisant sous le niveau de la servitude les plus utiles relations des hommes entr'eux. (*Cette disposition*) ne s'est maintenue que grâce à l'affaiblissement de nos mœurs publiques qui a permis tant d'usurpation et d'abus coupables... Nous n'avons pas d'autre hardiesse que d'être de notre temps en faisant disparaître de l'arsenal de nos lois une règle aussi contraire à notre dignité que choquante pour notre bon sens et blessante pour nos intérêts. Sans doute cette suppression ne suffit pas. Nous aurons un peu plus tard l'honneur d'appeler votre attention sur l'ensemble de la législation qui

(1) Corps Législatif (Session 1879, Impressions, tome Ier, nos 1 à 110).

15

étouffe le droit d'association sous prétexte de le règlementer ».

§ 3. — Les Associations politiques devant les tribunaux.

Le droit d'association n'a donné lieu sous l'Empire, indépendamment du procès des *Treize*, qu'à un grand procès qui se répéta d'ailleurs à différentes reprises pendant les trois dernières années du régime impérial, le procès de l'*Internationale*. Les premières poursuites remontent à 1868. La Cour de Paris, confirmant le jugement du 6 mars du tribunal correctionnel de la Seine, prononçait un arrêt qui ne devait avoir d'autres conséquences que d'amener l'Internationale à se transformer en prenant une extension formidable. Voici les termes de cette décision intéressante en ce qu'elle fixe la physionomie de la société dans sa première période : « Considérant qu'il résulte de l'instruction et des débats qu'une association prenant la qualification d'assemblée internationale des travailleurs s'est formée en 1866 ; que l'objet annoncé de cette association était de procurer un point central de communication et de coopération entre les ouvriers des différents pays aspirant au même but, le concours mutuel, le progrès et le complet affranchissement de la classe ouvrière ; que la réunion du Conseil central était fixée à Londres ; qu'un bureau était établi à Paris ; que ce bureau a un règlement imprimé dans lequel se trouvent les dispositions suivantes : « En se « faisant inscrire, chaque nouvel adhérent paie 50 cen- « times de droit d'admission, et reçoit un carnet de

« sociétaire. La cotisation est fixée à dix centimes par
« semaine ; la commission chargée de l'administration
« est composée de quinze membres nommés au scru-
« tin ; la commission choisit dans son sein trois cor-
« respondants, un caissier et un secrétaire. Chaque
« jour un des membres de la commission doit se tenir
« au bureau pendant deux heures pour recevoir ou
« fournir les renseignements » ; Considérant que
conformément à ces statuts, l'association a reçu son
organisation, et le bureau a eu son siège rue des Gra-
villiers 33 ; que le nombre des adhérents qui s'était
élevé à plus de 1,200 dépassait encore 700 au moment
des poursuites ; que la commission se réunissait les
lundis ou jeudis de chaque semaine, et que ce dernier
jour tous les affiliés étaient admis à la réunion ; considérant que le bureau de l'Association internationale
établi à Paris s'est mis en relations avec les diverses
parties de la France et avec l'étranger ; que des délégués ont été envoyés aux congrès de Genève et de Lau-
sanne, à Londres pour assister au congrès général ;
que le bureau de Paris est intervenu par ses conseils
et ses remises de fonds dans la grève des ouvriers
bronziers, des ouvriers tailleurs de Roubaix ; qu'il était
en correspondauce avec les bureaux établis dans les
principales villes de France et de l'étranger... ; que le
danger *(de cette association)* s'est manifesté par les menées des membres, par les principes subversifs qu'ils
ont hautement proclamés sur la religion, la propriété,
le capital, les relations entre les ouvriers et les patrons,
et que le danger était encore accru par la puissance
de l'organisation et l'étendue de son action... »

Voici maintenant une seconde décision, un jugement du tribunal correctionnel de la Seine du
8 juillet 1870, venant frapper l'Internationale qui
avait fait peau neuve, et dont le but ainsi que les
progrès alarmants sont authentiquement constatés
par la sentence : « ....Attendu que (l'*Internationale*)
organisée pour ne s'occuper que d'un objet de l'ordre
purement économique, l'amélioration du sort des
classes ouvrières, n'a pas tardé à dévier de son but,
et qu'il n'est pas permis de douter aujourd'hui que
cette société qui pouvait être utile pour le bien, si
elle s'était renfermée dans les termes de ses premiers statuts, est devenue un danger social et un
danger formidable, si on tient compte du nombre de
ses membres qui pour la France seulement, s'élèverait
au dire des prévenus à plusieurs centaines de mille,
et de l'ardeur avec laquelle elle s'est jetée dans les
questions les plus irritantes de la politique actuelle,
n'abandonnant pas, il est vrai, son premier programme,
mais déclarant qu'il ne peut être réalisé que par la
révolution et par l'avènement de la révolution démocratique et sociale.... ». Le Tribunal après avoir parlé
de cette seconde période dans laquelle la Société est
entrée, de cette « réorganisation par sections bientôt
réunies en une fédération qui centralise leurs efforts
plus énergiquement encore que ne pouvait le faire le
bureau existant avant 1868 », ajoute que « si on prend
l'association internationale en 1870, au moment où
par les efforts de Murat et des autres, cette association
est arrivée à se reconstituer au grand jour, on la voit
ardemment préoccupée de toutes les questions poli-

tiques, résolue à saisir toutes les occasions qui pourront se présenter d'arriver à son but non plus par une révolution pacifique, celle qui s'opère dans les idées, mais par la révolution violente, celle qui commence dans la rue. »

Presque contemporainement, le 23 juillet une condamnation contre les membres de l'Internationale intervenait à Brest. Enfin ils étaient encore condamnés à la veille même de la chute de l'Empire, le 1er Septembre, par un jugement de Rouen. Le tribunal constate que les prévenus « étaient membres de l'Association internationale des travailleurs et de l'association dite le Cercle d'Etudes économiques de Rouen ; qu'il résulte des pièces du procès que les affiliés de ces deux associations dont le nombre excède aujourd'hui dans le seul arrondissement de Rouen 1,200 personnes, se sont, depuis moins de 3 ans, réunis à différentes reprises ; qu'il résulte également des pièces du procès que les affiliés poursuivent et la ruine de nos institutions politiques et la destruction même de la société ; (Ici le jugement cite le passage d'une lettre du prévenu Aubry où on lit ces mots : Je crois que la violence seule pourra nous amener au but et je suis de ceux qui disent : Au feu les vieilles loques, les paperasses, les titres de propriété et Cie !) ; qu'il résulte des pièces... que le Cercle Economique de Rouen n'est qu'une section de l'Association... »

Si les associations procédant à ciel ouvert n'ont guère occupé les tribunaux correctionnels sous l'Empire, il n'en est pas de même des sociétés secrètes. L'Empire surtout pendant les premières années fut en butte à leurs machinations. Nous reproduisons ici quelques décisions judiciaires, quoiqu'elles intéressent moins l'histoire du droit d'association que celle des méfaits qu'il abrite souvent. Il y eut d'abord en 1854 l'affaire de la *Marianne* et de la Jeune Montagne qui fut jugée à Paris (1) et à Angers. Voici le jugement d'Angers du 13 mars *(Gaz. Trib.,* 15 mars) : « Attendu que sous l'influence d'un comité révolutionnaire européen constitué à Londres, il s'est formé au cours de 1853 deux sociétés secrètes politiques, l'une dite la Jeune Montagne dont le centre est à Paris, l'autre dite la Marianne dont le siège est à Nantes ; que le but commun de ces associations est le renversement du gouvernement impérial et la proclamation d'une République démocratique et sociale ; que ces deux sociétés ont leurs symboles, leurs serments, et des moyens occultes de se communiquer leurs projets, ainsi que de les mettre à exécution ; qu'elles ont organisé des comités fractionnés par départements, arrondissements et cantons, agissant sur des groupes multipliés composés de peu d'affiliés, mais se communiquant par des chefs et directeurs ; que des cartes de cotisations établissent l'affiliation et les moyens d'action de la Société ; Attendu que ces deux associations ont opéré leur fusion au mois de septembre à Paris par l'intermédiaire des délégués, et étendu leurs affiliations sur toute la ligne de Paris à Nantes.... » La *Marianne* parisienne était encore déférée aux tribunaux correctionnels de la Seine le 4 août 1855 *(Gaz.*

(1) 7 Mars. *Gazette des Tribunaux,* 8 mars.

Trib. 6 et 7 août). Le réquisitoire du substitut M. Dupré Lasalle expliquait son origine et son organisation : « A la fin de 1853 une procédure révéla l'existence de plusieurs sociétés qui marchant toutes au même but, l'établissement de la République sociale, changeaient seulement de noms suivant les lieux, s'appelant la Jeune Montagne à Paris et la Marianne en province. Des condamnations furent prononcées par les tribunaux de Tours, d'Angers et de Paris. La procédure de 1854 a mis sous la main de la justice de nouveaux coupables. Le 20 Mars dernier, 15 mécaniciens furent arrêtés à Paris... La plupart, avant de venir à Paris, travaillaient à Bordeaux. Là ils ont été affilées à la Marianne. On les conduisait dans les champs voisins de la ville, on leur bandait les yeux, on leur faisait prêter sur le poignard le serment de soutenir la République. Venus à Paris, ils y ont fondé une Marianne parisienne. La Marianne de Paris se tenait aussi en rapport avec celle de Bordeaux. Elle a fusionné avec les débris de la Jeune Montagne et d'une association de malfaiteurs matérialistes dont les membres commettaient des vols pour fonder nne caisse de l'insurrection ; ils furent condamnés en 1847 ».

L'année suivante, la Marianne reparaissait de nouveau à Angers. « Attendu, dit le jugement du tribunal d'Angers du 20 septembre 1855, que la société secrète la Marianne... a continué son existence et son prosélytisme dans les agglomérations ouvrières de Maine-et Loire rattachées à un centre commun à Paris ; que les doctrines et le but de cette société secrète se

résument dans la formule du serment exigé, le poignard sur la tête des initiés ; Attendu que si l'énormité
de ce serment a pu d'abord faire douter sur la possibilité de sa réalisation, il n'est plus possible de concevoir des doutes après l'irruption à Angers opérée dans
la nuit du 26 au 27 août dernier, par une bande armée
de 6 à 700 hommes réunie en moins de 24 heures
autour des carrières à ardoises des environs de cette
ville, portant le pillage et le feu préconisés par le
langage de l'un d'eux. »

Voici maintenant la Société des *Francs Juges* dont
les membres furent traduits le 28 mai 1857 devant le
tribunal correctionnel de la Seine : « Attendu, dit le
jugement, qu'il est constant que depuis moins de trois
ans il s'est formé et il existe une société secrète dite
Société des Francs-Juges ; qu'au cours des réunions
multipliées de ladite société, les affiliés agitaient des
questions politiques et avisaient au moyen d'agir en
commun contre le gouvernement ; Que les membres
nombreux de ladite Société se partageaient les titres
et le pouvoir de membres du *consistoire supérieur*, de
chefs de cohortes, chefs de tribus, chefs de cinquantaires,
de *décurions et quinturions ;* Que les réunions avaient
lieu la nuit, que les affiliés avaient la figure couverte,
que chacun des néophytes présenté par un parrain
subissait l'épreuve d'un examen, prêtait serment de
contribuer de sa liberté, de sa fortune et de sa vie à
l'établissement et au maintien de la République démocratique, sociale et universelle, de ne jamais révéler
à qui que ce soit l'existence de la Société, et de frapper s'il était désigné, le traître qui dénoncerait la

Société ; Que le récipiendaire recevait des mots d'ordre et de ralliement, le secret de certains signes de reconnaissance, et s'engageait à présenter deux autres néophytes... ».

Pour clore cette revue rétrospective, il faut encore indiquer en 1867 cette société dont M. Naquet faisait partie, et contre laquelle des poursuites furent dirigées à la suite d'une saisie faite au domicile d'un des membres, le sieur Chuteau. On avait trouvé chez ce dernier un exemplaire de statuts ainsi conçu : « Art. 1. Un comité révolutionnaire ouvrier est formé à partir d'aujourd'hui 11 septembre 1867. — Art 2. Ce comité sera composé de 11 membres. — Art. 8. Chaque adhérent doit faire le plus de prosélytes possibles. — Art. 10. Le siège du Comité est variable. — Art. 12. Les membres du comité se réuniront une fois par semaine. — Art. 13. Le comité prendra toutes les mesures d'intérêt général... Les citoyens auront la faculté d'en appeler à une assemblée extraordinaire composée des membres du comité et de 11 citoyens. Le comité aura la faculté de rappeler de la sentence de l'assemblée par une convocation générale des citoyens qui décideront en dernier ressort et à la majorité. — Art. 22. Le comité s'engage à faire toutes les démarches qui lui paraîtront utiles pour arriver à correspondre directement avec le siège principal du comité révolutionnaire français à Londres ».

Les membres de la Société furent condamnés le 21 décembre 1867 par un jugement où on lit ces passages : « Attendu que de l'instruction et des débats résulte que liés entr'eux par la communauté d'opinion politique, Naquet... etc, ont fait partie de la Société secrète intitulée la Commune révolutionnaire des ouvriers français ; Que les statuts révèlent à la fois l'association et le but de l'association, qui est de renverser le gouvernement impérial pour le remplacer par une République démocratique et sociale basée sur les principes de 89, affirmée par le matérialisme et l'athéisme ; qu'ils indiquent qu'il y aura concert entre les citoyens ouvriers et les citoyens étudiants ; qu'il est constant que les associés entendaient agir par l'action et qu'ils ne devaient reculer devant aucun moyen ; que dès lors l'association a une existence certaine ; que son but est politique ; attendu que les statuts saisis étaient cachés avec soin, que les affiliés avaient adopté les réunions par fractions soit au siège de la société, soit chez les affiliés, soit chez le marchand de vin ; que les communications entre les ouvriers et les étudiants devaient avoir lieu par un seul intermédiaire qui les recevait d'un comité révolutionnaire de la société ; que dès lors l'association est donc secrète... ». Les condamnations prononcées varièrent entre 15 mois et un an.

§ 4. — Mesures contre les sociétés de secours mutuels.

Le gouvernement impérial a aussi légiféré ou pris des mesures administratives à l'égard des sociétés de secours mutuels, toujours dans la crainte que la politique ne se glissât dans leur sein. Tout d'abord, au lendemain du coup d'État, on agit d'autorité contre elles. A Lyon, par exemple, le 4 décembre (1), la force

(1) Taxile Delord. (Histoire du second Empire.)

armée envahit le siège de la société des *Travailleurs unis* qui possédait 16 magasins dont une boulangerie, avec 3 fours, un entrepôt de vins et de charbons. Les membres furent dispersés ou arrêtés. A Lyon encore, le 10 décembre 1851, le général Castellane prenait un arrêté ainsi conçu : « Art. 1. Les associations fraternelles existant à Lyon sont dissoutes, et il sera procédé immédiatement à leur liquidation. — Art. 2. Cette liquidation devra avoir lieu en présence du commissaire de police de l'arrondissement où se trouvent les associations. Les intéressés devront prévenir les fonctionnaires chaque fois qu'ils se réuniront pour cet objet. — Art. 3. Tous les contrevenants au présent arrêté pourront être poursuivis comme faisant partie d'une société secrète, conformément au décret du 8 décembre courant». A Vienne, le 31 décembre, le même général dissolvait l'*Association fraternelle des travailleurs unis de la ville de Vienne*, quoique les intéressés s'efforçassent de représenter que leur entreprise était de nature commerciale.

M. Taxile Delord dit que sur 299 sociétés qui existaient dans toute la France, 15 seulement survécurent au coup d'État. M. Hubert Valleroux, dans son livre sur les Associations coopératives (page 107), fait toutefois remarquer que les rigueurs furent surtout exercées en province, mais que les associations parisiennes ne furent pas inquiétées alors. « Il est vrai, dit-il, que le plus grand nombre se croyant menacé, jugea à propos de se dissoudre, et si l'on se souvient de la condamnation prononcée pour le délit de société secrète, contre les membres de l'Union des associations ouvrières, société très publique, qui avait même, sans y être obligée cependant par aucune loi ni règlement, déposé au Parquet un exemplaire de ses statuts ; si l'on se souvient de la panique qui régnait alors, on sera moins surpris de cette terreur des associés. Mais ceux qui avaient le courage de rester unis purent le faire... Ainsi l'association des chaisiers ayant vu son gérant déporté par mesure de sûreté générale, conserva son nom sur sa raison sociale, et ne manqua point de mettre ses appointements de côté sans avoir été recherchée pour ce fait. » M. Hubert Valleroux se demandant pourquoi la foudre qui épargnait ainsi la capitale s'est abattue sur la province, croit pouvoir donner l'explication de cette inégalité bizarre : « C'est qu'à Paris les associations ayant cessé d'occuper l'Assemblée, nul ne songeait plus à elles ; elles étaient perdues dans la foule. En province, au contraire, elles étaient bien connues, elles étaient fort en vue, et passaient aux yeux effrayés pour inhérentes à la forme républicaine et pour l'avant-garde du socialisme ».

Le décret du 25 mars 1852 qui vint abroger celui de 1848 sur les clubs fut interprété par l'administration de l'époque comme ayant replacé les sociétés de secours mutuels sous le régime de l'autorisation préalable : « Le décret de 1852, — dit une circulaire du ministre de la police générale, en date du 28 octobre 1852, portant instruction relative à la dissolution des sociétés de secours mutuels, — a remis en vigueur les articles 291 et 292 du code pénal et la loi du 18 avril 1834, sans qu'il ait été apporté aucune exception au profit des sociétés de secours mutuels. » Signalons d'ailleurs que cette interprétation ministérielle n'a pas survécu à la chûte de l'empire, et que la Cour de Paris a au contraire décidé par un arrêt de Paris du 7 décembre 1882 (D. P. 83, 2, 55), qu'il n'y avait aucune incompatibilité entre le décret de 1848 et celui de 1852 (1).

(1) « Considérant, dit l'arrêt, que le décret du 28 juillet 1848 sur les clubs visait exclusivement les réunions ou sociétés politiques; qu'il était spécifié dans son article 14 que ses dispositions ne concernaient point les associations de bienfaisance; que par conséquent lorsque le décret annoncé s'est trouvé rapporté par celui du 25 mars 1852, son abrogation n'a pu exercer aucune influence sur le régime légal des sociétés de secours mutuels; considérant que lesdites sociétés ont fait l'objet d'une loi spéciale, celle du 15 juillet 1850, dont l'art. 12, dérogeant de la manière la plus formelle à l'art. 291 du Code pénal, attribue aux sociétés de secours mutuels la faculté de s'administrer librement, tant qu'elles ne demandent pas à être reconnues comme établissements d'utilité publique, et ne permet au gouvernement de les dissoudre que dans le cas de gestion frauduleuse ou lorsqu'elles s'écartent du but de leur institution : considérant que cette loi n'a point cessé d'être en vigueur; que le décret du 26 mars 1852 n'a pu faire autre chose que de provoquer les sociétés de secours mutuels, par l'offre de certains avantages, à se placer elles-mêmes sous la tutelle administrative ; que cette tutelle ne leur a pas été imposée comme obligatoire...; considérant qu'en faisant ressortir le privilège dont jouiraient à l'avenir les sociétés approuvées, les articles 8, 9, 11, 14, 15, 16, 17 dudit décret supposent et reconnaissent implicitement comme un fait licite et régulier l'existence de sociétés différentes de celles comprises dans cette catégorie ; que l'article 18 prévoit en termes exprès le fonctionnement actuel et la formation future de sociétés non autorisées ; que si l'on eût considéré cette hypothèse comme pouvant donner lieu à l'application de l'article 292 du Code pénal, ledit article 18 n'aurait pas manqué de proscrire d'une façon absolue les sociétés libres, au lieu de les convier seulement à profiter des bienfaits que ledit article les déclare susceptibles d'obtenir, à la charge de soumettre leurs statuts à l'approbation préfectorale... »

§ 5. — Associations religieuses.

Les associations religieuses ont un instant occupé l'attention du gouvernement et des Chambres. L'une d'elles du moins a eu les honneurs d'un débat spécial. Il s'agit de la Société de Saint Vincent de Paul dont l'organisation puissante alarmait le pouvoir. Il essaya d'abord de la faire rentrer sous sa domination en lui nommant un directeur de son choix ; et lorsqu'il vit son offre repoussée, il songea alors à prendre des mesures contre une véritable armée, disciplinée comme un corps de troupes, et qui, à une heure donnée, pouvait se lever contre lui. Déjà, après la guerre d'Italie, il lui avait donné un avertissement indirect, lors des menées auxquelles le parti clérical se livra en faveur du pouvoir temporel : « Si les associations, — disait une note officieuse parue dans le Constitutionnel, — cessaient de rester sur le terrain charitable, si elles venaient à s'immiscer dans les querelles des partis, on verrait alors surgir des questions de légalité qu'il est prudent de laisser dormir. Il faudrait s'attendre par suite à voir les journaux, qui les ont toujours vues avec défiance, signaler leur illégalité et mettre le gouvernement en demeure de faire respecter la loi. »

Deux ans plus tard, le 16 octobre 1861, M. de Persigny, ministre de l'intérieur, adressa aux préfets une circulaire qui émut vivement tout le parti des catholiques militants : « Depuis longtemps le gouvernement se préoccupe de la nécessité de faire rentrer dans les conditions de la loi les associations de bienfaisance dont l'existence et l'action n'ont point encore été régulièrement autorisées. Par diverses circulaires, notamment en date des 30 octobre 1850, 19 août 1852, 15 juin 1854, vous avez été invité à rappeler à ces sociétés les obligations que la loi leur impose. Malgré ces avertissements, la considération qui s'attache aux actes de bienfaisance a prolongé jusqu'ici la tolérance de l'autorité. Mais il est devenu indispensable et il est juste de régulariser une situation dont le temps n'a fait qu'aggraver les inconvénients ». Après avoir fait l'éloge de la Société de Saint Vincent de Paul, et de ses conférences fondées dans le but de distribuer des secours aux indigents et de moraliser les classes ouvrières, le ministre reprenait : « Mais si les conférences locales de Saint Vincent de Paul ont droit à toute la sympathie du gouvernement, j'ai le regret de dire qu'il n'en est pas de même de ces conseils ou comités provinciaux qui, sous l'apparence d'encourager les efforts particuliers des diverses conférences, viennent chaque jour davantage s'emparer de leur direction, les dépouillent du droit de choisir elles-mêmes leurs présidents et leurs dignitaires, et s'imposent ainsi à toutes les sociétés d'une province comme pour les faire servir d'instruments à une pensée étrangère à la bienfaisance. Quant au Conseil supérieur siégeant à Paris, le gouvernement ne saurait approuver l'existence de cette espèce de comité directeur qui, sans être nommé par les sociétés locales, se recrutant de lui-même et de sa seule autorité, s'arroge le droit de les gouverner pour en faire une sorte d'association occulte dont il étend les ramifications au-delà des frontières de la France, et qui prélève sur les conférences un budget dont l'emploi reste inconnu. Une telle organisation ne peut s'expliquer par l'intérêt seul de la charité... Est-il nécessaire en effet que les hommes honorables qui font de la bienfaisance à Lyon, Marseille, Bordeaux, soient conseillés, dirigés par un Comité de Paris? La charité chrétienne a-t-elle besoin pour s'exercer de se constituer sous la forme de sociétés secrètes? La loi qui interdit ces sortes d'associations et qui est violée, depuis trop longtemps, nous impose des obligations que mon devoir est de vous rappeler... S'il existe dans votre département des sociétés de bienfaisance non autorisées, sous quelque titre ou dénomination qu'elles soient établies (Conférences de Saint Vincent de Paul, Sociétés de Saint François Régis et de Saint François de Sales, et loges de franc-maçonnerie), je vous invite à les autoriser sans délai suivant les formes légales, et à les admettre, ainsi que toutes les sociétés déjà reconnues, au partage des faveurs du gouvernement comme à la protection de l'Etat... Si ces diverses sociétés, par l'organe de leurs présidents ou délégués, vous expriment le désir d'avoir à Paris, près du siège du gouvernement, une représentation centrale, vous me transmettrez l'expression de leurs vœux..., et j'aurai l'honneur de prendre les ordres de l'Empereur pour décider sur quelles bases... cette représentation centrale pourrait être organisée. Jusque là vous interdirez les réunions de tout conseil supérieur, central ou provincial, et vous en prononcerez la dissolution. »

La circulaire provoqua quelques mois après une discussion au Sénat et au Corps législatif. Ce fut M.

Billault, ministre sans portefeuille, qui défendit cette circulaire dans les deux enceintes. Au Sénat, le 25 février 1862, il dit : « Le Gouvernement a été frappé de la puissance d'organisation que révélait dans cette société l'existence actuelle en France de près de 1,600 conférences couvrant de leur réseau le sol du pays ; à l'étranger 17 ou 1,800 conférences de même nature et dont le nombre va s'accroissant chaque année. Au-dessus de tout cela, des comités intermédiaires se résumant à Paris en une concentration complète ; en un mot une hiérarchie sociale d'une énergie extraordinaire (1). Le ministre de l'Intérieur avait proposé une transaction que, par lettre du 5 janvier 1862, le président de l'œuvre a péremptoirement refusé. Le ministre voulait être garanti que l'esprit de cette société ne serait jamais dénaturé ; que jamais cette grande force ne serait détournée de son but charitable pour prendre part à d'autres entraînements : il voulait faire nommer par l'Empereur le président de l'œuvre. M. Baudon a refusé. Le ministre a alors interrogé les conférences. Leur refus arrive chaque jour... Le Gouvernement fera tout pour satisfaire les désirs, les tendances des esprits religieux. Mais si l'on touche à la plus petite partie de la couronne qui représente le pouvoir temporel, il la défendra énergi-

_____

(1) Elle enveloppe de son influence le pays tout entier, disait encore le Ministre. Elle dispose d'un journal mensuel, le tire à des milliers d'exemplaires ; elle distribue par centaines de mille de nombreux petits livres qu'elle édite dans une librairie officieuse dont l'existence non régulièrement autorisée n'est due qu'à la tolérance du Gouvernement ; elle dispose d'un budget de charité qui s'élève à près de quatre millions.

quement..... Nous attendons la réponse des conférences ; et la décision qui sera prise ensuite, — le Sénat
peut en être sûr, — tout en marquant pour les bonnes
intentions une grande bienveillance, ne sacrifiera aucune des lois du pays. »

A la Chambre des députés le 25 mars, le ministre
en insistant sur la puissance de la société de Saint-
Vincent-de-Paul, cherchait à montrer comme elle
pourrait devenir dangereuse, le jour où, déviée de son
but primitif, elle subirait d'autres influences que celles de la charité, et se laisserait aller à entrer en
lutte avec la loi. Sur ce point il montrait par un exemple à quelles excitations elle avait déjà cédé : « Le
Gouvernement, disait-il, avait dissous le comité central siégeant à Paris. S'est-il séparé ? Nullement.
Tous les pouvoirs du comité central ont été concen-
trés dans une présidence unique et personnelle. Les
choses ne se sont pas bornées là. Par ordre du ministre, on consultait les conférences pour savoir si elles
accepteraient un président nommé par l'Empereur, ou
si elles préféraient rester isolées. Toutes au fond préféraient l'*association*. Presque toutes ont répondu
qu'elles préféraient l'*isolement*, parce qu'elles savaient
que ce prétendu isolement n'était que fictif, et que le
président central remplaçait le conseil général. »

Elles avaient même tenté à ce sujet, ou tout au moins
conçu un subterfuge qu'une nouvelle circulaire de
M. Persigny prit soin de déjouer. Il écrivait aux préfets
à la date du 5 avril 1862 : « Par une lettre publiée dans
les journaux, l'ancien président du conseil général a
déclaré que ce conseil, avant de se dissoudre, lui

avait transmis ses pouvoirs ; qu'il avait l'intention de les exercer sur toutes les conférences, et qu'en cas de mort ou d'empêchement, il les déléguait à un comité de trois membres étrangers, un belge, un hollandais et un prussien. En dépit des lois et malgré le vœu des conférences elles-mêmes de fonctionner isolément, on prétendrait donc faire de toutes les conférences une vaste association gouvernée par un chef suprême ou même par des étrangers sans l'autorisation et en dehors des contrôles de l'État. Je n'ai pas besoin de vous dire qu'une pareille infraction aux lois du pays, de quelques motifs charitables ou religieux qu'elle se couvre, ne saurait être tolérée par le Gouvernement. Je vous invite donc à porter à la connaissance des conférences la prétention qui s'est produite, et à les prévenir que, si elles s'y soumettaient contrairement au système d'isolement choisi par elles-mêmes, elles se mettraient en opposition flagrante avec les lois qui régissent les associations. » En présence des termes de cette circulaire, le président de l'association, M. Baudon dut renoncer à déléguer éventuellement ses pouvoirs.

Le décret de 1852 qui soumettait les réunions publiques à l'autorisation préalable s'appliquait aux réunions ayant pour objet l'exercice d'un culte comme à toutes les autres. Il avait ainsi porté atteinte à une liberté qu'avait expressément consacrée l'article 19 du décret de 1848. Quelques années plus tard, le Gouvernement impérial, sans vouloir en rien abdiquer ses droits sur la matière, mais en vue d'alléger pour les administrés le joug de l'arbitraire, crut devoir faciliter pour ceux-ci l'autorisation préalable, et assurer en tous cas à leur demande une instruction plus approfondie et plus impartiale. En 1859, M. Delangle ministre de l'Intérieur, et M. Rouland ministre des Cultes. soumirent à l'Empereur un décret en ce sens. Après avoir revendiqué le maintien des règles qui assurent la liberté absolue de conscience, mais qui limitent en même temps la liberté de l'exercice publique des cultes, le rapport précédant le décret croyait devoir faire remarquer que « en matière religieuse surtout, les susceptibilités sont vives et les citoyens sont facilement entraînés à suspecter l'autorité. » Pour ménager ces susceptibilités, il proposait que les demandes présentées par les consistoires protestants fussent appréciées par décret impérial rendu en Conseil d'État, suivant la marche suivie par le décret du 22 décembre 1812 pour la création des chapelles et oratoires catholiques. Mêmes garanties seraient accordées aux cultes non reconnus. Le rapport expliquait encore que le décret avait dû prévoir le cas où la population protestante d'une localité, n'ayant point encore obtenu l'autorisation de l'exercice public et permanent du culte, désirerait la célébration temporaire de ce culte..... au moyen de ministres envoyés par le consistoire de la circonscription. Pour ce cas ce sont les préfets qui délivreraient l'autorisation temporaire. « Le décret actuel, disait encore le rapport, n'apporte aucun trouble dans les faits religieux qui se sont consommés sous les yeux et avec le consentement tacite de l'administration départementale. Ainsi partout où des réunions religieuses se sont formées, et ont vécu publiquement sans opposition de la part de l'autorité suffisamment informée, partout où des temples ou oratoires ont été ouverts et fréquentés dans les mêmes conditions, l'état de choses reste acquis, et il n'y a pas lieu de demander l'autorisation exigée par le présent décret. Il ne statue que pour l'avenir et respecte tout ce qui peut se prévaloir d'une possession tranquille et notoire. » Indépendamment des dispositions analysées ci-dessus, le décret qui porte la date des 19 mars-6 mai 1859 règle la question de révocation des autorisations (art. 4) : « Cette révocation sera prononcée en Conseil d'État. Toutefois en cas d'urgence, les ministres compétents pourront prononcer une suspension provisoire dont l'effet cessera de plein droit au bout de trois mois, si à l'expiration de ce délai, la révocation n'a pas été définitivement prononcée. »

§ 6. — Congrégations.

La question des congrégations fut discutée sous l'Empire comme elle l'avait été sous les régimes précédents. Le Gouvernement se montra en général favorable aux congrégations tout en abritant sa bienveillance sous un langage assez énergique, et tout en sévissant même dans deux occasions. Un premier débat surgit à l'occasion de la pétition au Sénat d'un sieur de Billy demandant des mesures législatives pour donner une garantie plus efficace aux familles quand il s'agissait de libéralités faites à des établissements religieux. Le 25 mars 1860, M. Dupin fit le rapport au Sénat sur la pétition. En en demandant le renvoi au ministre, il fournit une statistique des congrégations pour la France, moins 5 départements, d'après les renseignements du ministère de l'Intérieur. Pour les femmes, les associations religieuses autorisées atteignaient le chiffre de 4,932. Les associations non autorisées atteignaient le chiffre de 2,870. Il y avait 19 associations d'hommes autorisées, et 49 non autorisées. M. Dupin concluait en rappelant un passage du discours de Portalis à la Chambre de Pairs en 1827 lors de la discussion sur les Jésuites, passage que nous avons déjà cité. (1)

Le cardinal Mathieu répondit le 30 mai à M. Dupin pour demander, lui aussi, mais à un autre point de vue naturellement, le renvoi aux ministres, à celui de l'Intérieur d'abord, pour que celui-ci examinât si les accusations auxquelles les communautés ont été exposées sont vraies ; au ministre des Cultes ensuite, « afin qu'il fasse sortir nos communautés de femmes de la position pénible où elles sont engagées (Des demandes d'autorisation faites depuis 4 ou 5 ans n'ont pas abouti) » ; enfin au ministre de la Justice en ce qui concerne les communautés d'hommes qui sollicitent depuis 43 ans l'autorisation.

Après l'archevêque de Besançon, le comte Boulay de la Meurthe rectifiant les chiffres de M. Dupin, dit qu'il ne fallait compter en réalité que 922 congrégations de femmes reconnues. Les autres, suivant ses

______

(1) « Ce qui ne doit pas être possible, c'est qu'un établissement même utile existe de fait lorsqu'il ne peut avoir aucune existence de droit, et que loin d'être protégé par la puissance des lois, il le soit par leur impuissance. »

expressions, n'étaient que des essaims échappés de la ruche, et se répandant dans nos campagnes pour y porter le miel de la bienfaisance et de la charité. Il nia qu'il fût opportun de provoquer la dissolution des congrégations non reconnues.

Le débat fut clos par le Ministre de l'Instruction publique M. Rouland qui demanda lui-même renvoi aux ministres pour la sauvegarde de ce principe qu'aucune association ne peut exister sans expliquer ce qu'elle est, ce qu'elle veut, ses statuts : « Le Sénat ne voudra pas supprimer le droit de surveillance de l'Etat qui est supérieur à l'intérêt particulier des congrégations, et qui est la garantie de notre ordre public. » Le Sénat prononça le renvoi demandé après que l'ordre du jour eut été rejeté par 68 voix contre 28.

L'incident fut suivi d'une circulaire confidentielle du même M. Rouland, en date du 16 novembre 1860, invitant les préfets à l'aviser de tous les projets d'établissements que pourraient former les congrégations d'hommes non autorisées. « L'Empereur, disait-il, dans une haute pensée de tolérance, n'a point empêché les congrégations religieuses d'hommes de pénétrer en France ; et, à moins de griefs très graves, il n'entend pas rétracter l'hospitalité accordée. Mais il faut, en toutes choses, garder une juste mesure, et il ne convient point aux intérêts de l'Etat que les congrégations non autorisées prennent une extension abusive. Surveillez donc avec soin, et prévenez-moi de tout ce qui constituerait le projet ou la tentative d'établissements nouveaux de la part de ces congrégations. »

Il y eut, un an après, pour quelques congrégations une épreuve plus rude que celle des attaques théoriques relatées plus haut. A la suite de scandales auxquels avait donné lieu l'établissement non autorisé des capucins d'Hazebrouck et la maison également non autorisée des Rédemptoristes de Douai, le préfet crut devoir rendre contre les uns et les autres un arrêté de dissolution à la date du 3 avril 1861 : « Vu le décret du 3 messidor an XII, — Considérant que les religieux rédemptoristes ont sans autorisation fondé un établissement à Douai, ont été signalés par une procédure récente comme s'étant livrés à des actes d'un prosélytisme ardent; Attendu que la présence de ces religieux étrangers n'est nullement justifiée dans le département où le zèle du clergé national séculier suffit largement au besoin du culte, et n'a jamais laissé en souffrance les sentiments religieux des habitants... » En avisant l'archevêque de cet arrêté, le Préfet fit savoir en même temps que « les religieux qui n'étaient pas français devaient quitter le territoire, et que comme conséquence de cette mesure, les Rédemptoristes étrangers appartenant aux couvents de cette congrégation à Lille et Dunkerque étaient mis en demeure aussi de quitter la France. (1) ». Le nombre

(1) L'arrêté préfectoral entraînait au point de vue du droit de propriété individuelle des conséquences rigoureuses que met en relief la réponse du ministre des cultes à certaines questions que lui adressait l'archevêque : « Les maisons d'Hazebrouck et de Douai achetées par la congrégation dissoute appartiennent légalement aux individus qui ont fait l'acquisition en leur nom. Ils peuvent donc les habiter mais comme simples particuliers. Telle est la solution théorique. Toutefois la pratique paraît impossible. Si les

des religieux n'était d'ailleurs pas considérable. Les établissements ne comptaient que 5 capucins et 19 rédemptoristes.

Trois mois plus tard, le 13 juin 1861, la mesure était l'objet d'un débat au Sénat. C'était à la suite d'un rapport de la commission des pétitions proposant l'ordre du jour sur une pétition de 60 manufacturiers et chefs d'ateliers de Lille priant la haute assemblée « de vouloir bien appeler l'intérêt du gouvernement sur leurs ouvriers presque tous d'origine flamande, qui se trouvent privés de secours religieux par suite de l'expulsion des rédemptoristes belges. » Le cardinal Mathieu saisit cette occasion pour attaquer vivement l'arrêté préfectoral. Ce fut M. Billault qui vint défendre « le droit incontestable » du gouvernement : « Vous savez tous, dit-il, quel est le nombre des établissements religieux qui, par la seule tolérance de l'Etat, existent sur la surface de l'Empire. Croyez-vous volontiers que le gouvernement changeant subitement la ligne de conduite qu'il a tenue jusqu'à ce jour eût voulu commencer je ne sais quelle persécution misérable pour 5 capucins d'Hazebrouck et quelques rédemptoristes de Douai ? Si le gouvernement croyait qu'il est de l'intérêt de l'Etat que ces institutions qui n'existent que par la seule tolérance cessent d'exister, ou qu'imitant ce que fit en l'an XII le premier Empire,

acquéreurs sont membres de la Congrégation, et s'ils continuent à résider comme appartenant à un ordre religieux, il est clair alors qu'ils resteront à Douai ou à Hazebrouck comme noyau d'une communauté d'hommes que le gouvernement a repoussé et dont il a fermé l'établissement. C'est ce qui ne sera pas toléré. »

il jugeât à propos de régulariser les établissements
utiles, de supprimer les établissements inutiles ou
inopportuns, ce n'est pas par des mesures détour-
uées qu'il procéderait... Il sait qu'il y a engagés
dans cette situation des intérêts considérables... Pour
certains établissements dont les raisons sérieuses motivent qu'on les tolère, il n'est pas bon de les détruire ;
mais il peut aussi n'être pas bon de leur donner une
existence indépendante. Tolérés, ils sont déjà très
difficiles ; je ne sais s'ils ne deviendraient pas intolérables. » Le Sénat passa à l'ordre du jour.

L'année suivante, en 1862, une nouvelle mesure de
dissolution intervenait contre les Rédemptoristes de
Morlaix. M. Rouland écrivait au Préfet du Finistère
le 14 novembre 1862 : « Je vous rappelle qu'il a été
résolu, conformément à la règle générale adoptée par
le gouvernement depuis deux ans, de ne pas tolérer
l'établissement des rédemptoristes à Morlaix... Or
voici qu'un religieux rédemptoriste, d'après ce que
vous me mandez, revient à Morlaix habiter la maison
qu'il dit lui avoir été louée par l'évêque, et prétend
que les lois qui prohibent les congrégations religieuses
d'hommes non légalement reconnues ne peuvent
atteindre le simple religieux invoquant les droits du
citoyen français. Il est manifeste que cette conduite
est frauduleuse... Le religieux qui vient à Morlaix dix
jours après que le gouvernement a renvoyé à leur maison mère les membres de son ordre parce qu'ils étaient
rédemptoristes, est-il moins rédemptoriste qu'eux-
mêmes? Est-ce qu'il peut quitter son couvent, et venir
à Morlaix à un autre titre que celui de membre d'une

congrégation religieuse obéissant aux ordres de son supérieur et agissant comme congréganiste?... Au besoin je me concerterai avec mon collègue de l'Intérieur pour l'expulsion immédiate du rédemptoriste qui sera ramené administrativement au couvent où il résidait. »

La question des congrégations fut remise à l'ordre du jour en 1865, le 8 Avril, lors du débat de l'Adresse, à l'occasion d'un amendement de M. Guéroult sur le progrès des doctrines ultramontaines. Il lut, au milieu des cris d'impatience de la majorité, une interminable nomenclature de toutes ces confréries ou associations qui pullulaient sous le régime impérial. Ce fut M. de Vuitry, président du Conseil d'État qui lui répliqua le surlendemain. Il se prévalut de l'attitude ferme qu'avaient montré M. Rouland dans sa circulaire du 16 novembre 1860, M. Billault lors de la discussion de l'Adresse en 1862; mais il se refusa à aller plus avant: « Le gouvernement, dit-il, ne suivra pas les conseils de dissolution en masse, de proscription que lui donnait l'autre jour l'honorable M. Guéroult. Mais il entend rester armé des moyens légaux qui sont à sa disposition..., n'ayant qu'un seul désir... celui de concilier toujours les intérêts de la religion et les intérêts de l'Etat ».

CHAPITRE VIII

TROISIÈME RÉPUBLIQUE

---

§ 1er. — Associations politiques ou religieuses.

Sous la troisième République, la question des associations et des réunions publiques a été, depuis 1870, constamment à l'ordre du jour. Notons d'abord au passage le décret du 22 janvier 1871 qui supprime les clubs jusqu'à la fin du siège, « considérant que, à la suite d'excitations criminelles dont certains clubs ont été le foyer, la guerre civile a été engagée par quelques agitateurs désavoués par la population tout entière; qu'il importe d'en finir avec ces détestables manœuvres qui, dans les circonstances actuelles, sont un danger pour la patrie, et qui, si elles se renouvelaient, entacheraient l'honneur, irréprochable jusqu'ici, de la défense de Paris... » Ce n'était là qu'une mesure de circonstance. La question de réunion n'a été réglée d'une façon générale, mais définitive cette fois, que dix ans plus tard par la loi de 1881. En ce qui touche les associations, le débat demeure toujours ouvert, et à l'heure présente il occupe le Parlement.

Dans la revue des actes sur la matière, nous ne parlerons pas de la loi du 14 mars 1872 qui établit des peines contre les affiliés de l'*Association internatio-*

nale des travailleurs. L'examen en serait tout à fait hors de notre sujet : bien que les radicaux aient représenté la loi comme portant atteinte au droit d'association, ce n'est pas ce droit qu'elle affecte en aucune façon. Elle vise un fait qui, commis par des individus isolés, appellerait déjà une répression, et qui prend des proportions tout à fait graves quand il émane d'une association. Ce n'est pas l'association qu'on poursuit ; c'est le délit commis par elle : « Toute association internationale, dit l'article 1, qui sous quelque dénomination que ce soit et notamment sous celle d'association internationale des travailleurs a pour but de provoquer à la suspension du travail, à l'abolition du droit de propriété, de la famille, de la patrie, de la religion ou du libre exercice des cultes, constituera par le seul fait de son existence et de ses ramifications sur le territoire français un attentat contre la paix publique. »

En laissant de côté cette loi, différents projets réglant directement la matière se sont succédé depuis plusieurs années sans aboutir (1), parce que leurs auteurs persistaient à soumettre à un régime uniforme les associations civiles et les congrégations religieuses, et que la majorité n'a encore pu se résigner à admettre ces dernières au bénéfice du droit commun. Telle est la pierre d'achoppement qui a fait échouer tour à tour les mesures introduites au Parlement. Un projet déposé à l'Assemblée nationale, en 1871, par M. Tolain, abro-

____

(1) M. le duc de Broglie, dans un opuscule qu'il vient de publier sur le *Concordat* parle de cette « loi d'association qu'on présente toujours, qu'on retire ensuite, et qu'on ne discute jamais ».

geait purement et simplement l'article 291 du Code
pénal. Il a été modifié par la commission qui avait
choisi pour rapporteur M. Bertauld, et il a été voté en
première délibération le 17 mai 1872. Il établissait la
liberté d'association à charge d'une déclaration préalable pour les intéressés, et avec faculté pour le procureur général de faire, dans la quinzaine, opposition
devant la Cour d'appel à la formation d'une société
dont le programme serait considéré comme illicite. Le
champ des sociétés illicites était délimité par la loi.

Un autre projet, dû à M. Dufaure, et qui fut l'objet
d'un rapport de M. Jules Simon en date du 27 juin 1880,
n'assujettissait les associations qu'à une simple déclaration préalable, mais n'accordait la faculté d'acquérir
d'une façon illimitée qu'aux établissements reconnus
d'utilité publique. Enfin un dernier projet est, à l'heure
présente, pendant devant le Sénat (1).

(1) La commission sénatoriale, dont le rapporteur est M. de Ver-
ninac, vient d'adopter provisoirement (avril 1893) un projet qui, en
dispensant les associations de toute autorisation, les astreint seulement à une déclaration et au dépôt préalable de leurs statuts. L'association peut ester en justice, placer ses économies en valeurs nominatives, acquérir les immeubles strictement nécessaires pour le but
qu'elle se propose. En dehors de ces cas, elle ne peut acquérir de
valeurs mobilières, ni recevoir de libéralités.

Toute association de plus de cinq personnes se proposant de vivre
eu commun, devra tenir une liste complète de ses membres, liste
qui sera mise à la disposition des autorités administratives ou judiciaires. Les établissements de ce genre peuvent être visités par les
dites autorités qui auront qualité pour faire toutes constatations.

L'association composée exclusivement ou en majorité d'étrangers,
celle qui compterait des étrangers parmi ses administrateurs ou
directeurs, celle qui serait affiliée à des associations étrangères ou
qui aurait elle-même des succursales à l'étranger, pourra être dissoute par décret du Président de la République rendu en conseil des

Si le Parlement n'a pu aboutir à une loi réglant les associations en général, il a cependant fait un progrès dans la voie de la liberté à l'occasion de la loi du 12 juillet 1875 sur l'enseignement supérieur, loi dont l'article 10 est ainsi conçu : « L'article 291 du Code pénal n'est pas applicable aux associations formées pour créer et entretenir des cours ou établissements d'enseignement supérieur dans les conditions déterminées par la présente loi. »

Nous devons aussi accorder une mention en passant à des mesures législatives intéressant le droit d'association en tant qu'il serait exercé non plus par des particuliers auxquels il ne saurait être dénié sans une atteinte aux droits de l'homme, mais par des corporations que la loi organise et auxquelles elle doit être dès lors maitresse de mesurer les privilèges comme la capacité (1). L'article 89 de la loi du 10 août 1871 sur les conseils généraux dit que « deux ou plusieurs conseils généraux peuvent provoquer entr'eux..... une entente sur les objets d'utilité départementale compris dans leurs attributions et qui intéressent à la fois leurs départements respectifs ». L'article 90 dit que « les questions d'intérêt commun sont débattues dans des conférences où chaque conseil général sera représenté ». Mais l'article 91 ajoute aussi que « si des

ministres. Les tribunaux pourront dissoudre les associations qui ne se seront pas soumises à la déclaration préalable et au dépôt de leurs statuts.

(1) Dans cet ordre de dispositions, il convient de mentionner l'article 4 des Articles Organiques du Concordat : « Aucun concile national ou métropolitain, aucun synode diocésain, aucune assemblée délibérante n'aura lieu sans la permission expresse du Gouvernement ».

questions autres que celles que prévoit l'article 89
étaient mises en discussion, le préfet du département où
la conférence a lieu déclarerait la réunion dissoute. »

Signalons aussi la loi du 15 février 1872, dite *loi
Tréveneuc*, relative au rôle éventuel des conseils généraux dans des circonstances exceptionnelles, notamment en cas de dissolution illégale des Chambres législatives. Ils forment alors une assemblée composée
de deux députés élus par chaque Conseil général qui
se réunit dans le lieu où se sont rendus les membres
du Gouvernement légal, et qui est chargée de prendre,
pour toute la France, les mesures urgentes.

Nous avons mentionné antérieurement les lois qui,
depuis trois quarts de siècle, interdisent aux conseils
municipaux de se mettre en correspondance les uns
avec les autres. Pendant la Commune, le Gouvernement a dû défendre le maintien de cette loi contre les
atteintes d'un parti qui, sous prétexte de ménager le
rétablissement de la paix entre Paris et Versailles,
cherchait à favoriser les insurgés. A la fin d'avril 1871,
voici le programme qu'on lisait dans la *Tribune* de
Bordeaux, et que reproduisait le *Rappel :* « Art. 1. Un
congrès de délégués des villes de France est convoqué
à Bordeaux dans le but de délibérer sur les mesures
les plus propres à terminer la guerre civile, assurer les
franchises municipales et consolider la République. —
Art. 2. Chaque ville enverra un délégué par 20,000 habitants. — Art. 3. Les délégués devant être naturellement indiqués par le suffrage des citoyens, les invi-
tations nominatives seront adressées aux conseillers
municipaux nommés aux élections du 30 avril 1871, en

suivant l'ordre du tableau jusqu'à concurrence du nombre de représentants auxquels la ville aura droit. — Art. 4. Afin de prévenir toute objection à la légalité de ses assemblées, le congrès conservera son caractère de réunion privée. — Art. 5. Le congrès se réunira à Bordeaux dans les 10 jours qui suivront les élections du 30 avril.

Tout aussitôt, paraissait dans le *Journal officiel* du 7 mai une note qui interdisait le congrès et qui, après avoir analysé son programme, l'appréciait en ces termes : « Ce congrès est donc une réunion de divers conseillers municipaux délibérant entr'eux sur les affaires de l'État, et il tombe sous l'application de l'article 25 de la loi du 5 mai 1855. En outre, les déclarations publiées en même temps que leur programme par les membres du comité d'organisation établissant que le but de l'association est de décider entre l'insurrection d'une part, le Gouvernement et l'Assemblée de l'autre, en substituant ainsi l'autorité de la Ligue à celle de l'Assemblée nationale, le devoir du Gouvernement est d'user du pouvoir que lui confère la loi du 10 avril 1834. C'est un devoir auquel on peut être assuré qu'il ne faillira pas. Il trahirait l'Assemblée, la France et la civilisation s'il laissait se constituer à côté du pouvoir régulier issu du suffrage universel les assises du communisme et de la rébellion. »

Dans la séance du 9 mai à l'Assemblée nationale, M. Picard, ministre de l'Intérieur, répondant à une question de M. Baze, réitérait une condamnation sévère contre la résolution qui avait été imaginée à Bordeaux.

La commune de Saint-Ouen qui ne manque jamais

depuis quelques années l'occasion de s'illustrer d'une façon grotesque par quelque manifestation anarchiste, a, à son tour, mis le Gouvernement dans la nécessité de dresser en face de ses entreprises la législation contre les fédérations de communes. Elle s'était avisée de convoquer un congrès des municipalités de France pour délibérer sur la question sociale. Le ministre ayant mis son veto à ce beau projet, la pièce annoncée a dégénéré en parodie, comme l'a fait remarquer le Président du Conseil appelé dans la séance du 20 octobre à répondre sur ce point à une interpellation d'un sénateur de la droite, M. Fresneau. En disant que l'opinion publique s'était émue de cette affaire dès le début, il ajoutait : « Il était pourtant rassurant de constater que sur plus de 36 mille communes, non pas la totalité, mais la simple majorité de 34 conseils municipaux seulement, d'ailleurs hors session, avait décidé de participer au congrès..... On avait projeté de tenir la réunion non pas à la mairie, mais dans le préau d'une école. J'ai interdit d'occuper l'école pour une pareille assemblée, et le congrès s'est modestement tenu dans le local d'un marchand de vins loué tout exprès par les organisateurs. »

Pour revenir au droit d'association au profit des particuliers, il siérait peut-être de mentionner le projet de loi sur les sociétés de secours mutuels actuellement pendant devant le Sénat, et qui, par l'article 2, reconnaît des « sociétés libres » qui se forment sans l'autorisation de l'administration.

Il sied de mentionner aussi la loi sur les syndicats professionnels qui rentre bien dans notre sujet en ce sens qu'elle tend à soustraire les dits syndicats aux exigences de l'article 291 du Code pénal. Nous remarquerons toutefois qu'elle ne dispose qu'en faveur des syndicats formés dans un but économique, industriel, commercial ou agricole, et non de ceux organisés dans le but politique ou religieux qui nous occupe exclusivement. Si la loi peut à un certain point de vue intéresser les associations politiques et religieuses, ce n'est qu'autant que des groupes de cette catégorie pourraient y trouver des facilités pour se réunir sous l'étiquette trompeuse de syndicats professionnels et bénéficier ainsi de l'article 2, permettant à ceux-ci de « se constituer librement sans l'autorisation du Gouvernement. »

Telle était bien du reste la crainte qui hantait l'esprit du Parlement lorsque le projet est venu en discussion. C'est parce qu'il était frappé de ce danger que le Sénat avait repoussé tout d'abord l'article 5 disant que les syndicats « pourront librement se concerter pour la défense de leurs intérêts économiques, industriels, commerciaux et agricoles. » Même en faisant abstraction de cet article, bien des esprits modérés trouvaient dans les autres dispositions de la loi des motifs pour manifester leur inquiétude : « Est-ce que vous avez l'illusion de croire, disait M. Ribot à la Chambre des Députés le 17 mai 1881, que la politique que vous voulez tenir à la porte de ces associations n'y entrera pas et n'y fera pas invasion ? Est-ce que nous sommes encore au temps de ces subtilités, à cette époque où l'on donnait la liberté des réunions publiques à la condition qu'on pourrait s'occuper de questions sociales, mais qu'on ne toucherait pas à la politique?... Le projet donne la liberté uniquement aux associations fondées sur des intérêts de classes..... Vous êtes exposés à ce danger que la politique pourra ainsi être mise à la suite, et en quelque sorte dans la dépendance d'intérêts de classes. C'est un mal. »

M. Tolain qui a attaché son nom à la loi nouvelle en défendait au contraire les dispositions dans son rapport : « Quand on va au fond de l'argumentation des adversaires de la faculté d'association, on y trouve la crainte de voir la population industrielle s'organiser par une révolution violente qui causerait à l'industrie les plus graves dommages et ferait courir à la société les plus graves dangers. C'est là une hypothèse absolument chimérique. Oui, dans une société de conspirateurs qui se compose d'un petit nombre d'affiliés recrutés avec soin, fanatisés dans de secrets conciliabules, on peut établir la discipline, obtenir l'obéissance à des chefs occultes..... Mais quand il s'agit de nombreuses associations syndicales où l'on ne demande à l'adhérent ni profession de foi, ni déclaration de principes, où il suffit d'appartenir au métier pour être admis, où les décisions sont prises après débat contradictoire, dans des assemblées générales dont les résolutions doivent être rendues publiques, sous peine de rester ignorées d'un grand nombre d'associés, comment croire un instant qu'il en pourrait être dans les associations syndicales comme dans une société secrète? »

C'est surtout, comme nous l'avons dit plus haut,

dans la fédération des syndicats établie par l'article 5 que le Sénat a cru apercevoir le germe d'associations politiques les plus dangereuses ; et c'est surtout sur cet article que s'est engagée une lutte qui avait abouti au rejet en première lecture par la haute assemblée de la disposition dont s'agit. M. Bérenger admettant qu'il y avait en France un million d'ouvriers, disait à la tribune le 12 juillet 1882 : « Est-ce que vous admettez qu'un million d'hommes associés relevant d'une direction unique puisse ne pas être un danger pour l'État? La cotisation est la règle et le lien des associations professionnelles. Voyez ce que les cotisations d'un million d'hommes produiront au bout de quelques années..... Vous aurez le triple danger d'une association contenant un personnel considérable, pouvant disposer d'un véritable budget et relevant d'une direction omnipotente dont vous ne pourrez connaître ni les intentions, ni le but..... Etes-vous sûrs que des associations ainsi constituées ne verseront pas dans la politique ? Voyez d'ailleurs ce qui se passe. Il s'est formé une fédération ouvrière. Elle a des manifestations extérieures, un journal. Elle donne des congrès, elle se promène par toute la France, passe même, je crois, la frontière. Son titre de société ouvrière est menteur. Le véritable but est de livrer l'assaut à la société..... par l'organisation générale de la grève. » M. Bérenger adjurait le Sénat de méditer de pareils exemples. M. Marcel Barthe qui avait pris l'initiative de l'amendement tendant à repousser l'article 5 s'élevait aussi contre une mesure qui devait permettre « de former des fédérations socialistes révolutionnaires

par régions, par départements, embrassant la France
entière, et dépassant même la frontière. » Une première fois ils avaient convaincu le Sénat qui finit ensuite par céder devant le vote persistant de la Chambre des Députés.

La loi de 1884 ne paraît avoir jusqu'à présent en-
gendré les sinistres résultats que prophétisaient ses
adversaires. Mais il est certain que plus d'une association a profité de la forme du syndicat pour satisfaire
des visées politiques ou religieuses. On peut citer à
cet égard un récent exemple, dont a retenti la Chambre
des Députés, et l'enceinte d'un tribunal. Il s'agit de
l' « Association professionnelle des patrons du Nord, »
et de la Congrégation de Notre-Dame de l'Usine qui
en émanait. Elle n'avait du syndicat professionnel que
le nom, et avait uniquement pour but les intérêts mo-
raux et religieux des ouvriers, ainsi qu'elle l'avait
déclaré dans son projet de statuts qu'elle avait dû
modifier pour se mettre d'accord en apparence avec la
loi (1). Le caractère de l'œuvre se manifestait encore
par la condition sociale de ses membres : on aurait
vainement cherché la qualité professionnelle chez des

_____

(1) L'histoire se répète à distance : une espèce analogue s'était
déjà présentée sous la Restauration. Le *Constitutionnel* du 13 septembre 1829 expose le fait suivant: «La contre révolution a fondé...
à Lyon en 1816 et réorganisé en 1827 la société des soi-disant *amis
de la religion et du roi* dans laquelle on n'admet que des hommes
âgés de 20 ans au moins et de 40 au plus, sans difformité, et payant
d'abord une rétribution de 6 francs et ensuite 1 fr. 50 par mois. Sous
les formes du compagnonnage et l'obligation pour en faire partie d'être
fabricant de soie, la société a enrôlé des vitriers, des pâtissiers, des
amidonniers, etc.; elle compte parmi ses membres des gentilshommes
et des magistrats.

prêtres, et des congréganistes. A la suite d'une interpellation faite le 12 juin à la Chambre, des poursuites
furent dirigées contre eux pour infraction à la loi de
1884, et ils ont été condamnés à l'amende (1).

Le tribunal de Villeneuve-sur-Lot prononçait le 29
juin 1872 une condamnation dans des circonstances
analogues : « Attendu que le syndicat agricole et industriel de Fumel a principalement eu pour objet la
création d'un cercle catholique... ; que ses réunions
ont eu pour objet de procurer à ses membres les
distractions d'un cercle et l'occasion d'assister à des
conférences sur des sujets religieux... »

Dernièrement on rappelait à la Chambre des Députés un fait dont le Parquet s'était d'ailleurs ému. Il
s'agissait de l'Union des Chambres syndicales ouvrières de Bordeaux et de la région, qui lors des dernières élections municipales de Bordeaux avait délégué
un candidat aux élections, sur l'invitation de l'Union
générale des Républicains.

Enfin un fait identique s'est passé à Nancy en 1889.
Un jugement du Tribunal du 3 août 1880, confirmé en
appel le 20 novembre, a condamné des membres du

---

(1) Ils étaient poursuivis : 1º Pour avoir admis dans le syndicat
des membres étrangers aux intérêts exclusivement professionnels de
l'industrie textile (*en vue de laquelle le syndicat était censé formé*);
2º Pour s'être au cours d'une réunion générale de l'Association qui
a eu lieu au mois de juillet, occupés de questions religieuses et
sociales étrangères à l'intérêt exclusivement professionnel de l'industrie textile.

L'arrêt de la Cour de Douai qui avait prononcé la condamnation
a été frappé d'un pourvoi en cassation. Mais le 18 février 1893 la
Cour suprême a rejeté le pourvoi.

syndicat des maîtres d'hôtel, restaurateurs et limonadiers parce que par une circulaire publiée dans les journaux et répandue dans le public, ils avaient engagé tous les membres de leur corporation à combattre une candidature lors des élections du conseil général alors prochaines.

Indépendamment du projet de loi dont nous avons parlé plus haut, le droit d'association a donné lieu depuis 1870 à différents incidents parlementaires ou judiciaires, dont quelques-uns n'ont pas manqué de gravité et de retentissement. Il s'est d'abord manifesté pendant l'Année terrible sous une forme que les générations ne sont pas prêtes d'oublier. Sans parler de tous les comités révolutionnaires et anarchistes qui pullulèrent alors, le *Comité central* a conquis par ses crimes une place qui ne lui sera pas enlevée dans l'histoire. Bornons-nous sans retracer ici le récit de ses hauts faits à retracer de la façon la plus sommaire son origine et son organisation.

C'est le 7 décembre 1870, qu'il prit naissance, succédant au Comité dit de *vigilance* qui existait depuis quelque temps. Après la bataille de Champigny, on tint de grandes réunions à laquelle chaque compagnie de garde nationale envoya un délégué. C'est alors que quelques individus firent adopter la formation d'un comité qui aurait pour mission de pousser le gouvernement à une défense énergique. A la fin de décembre, le Comité central commença à donner signe de vie en apposant une affiche rouge demandant la mise en accusation des membres du gouvernement de la Défense. Il prit le nom de *Comité Central de la Garde nationale* ou *Fédération républicaine de la Garde nationale.* Le 28 janvier son organisation est complète. Le 3 mars il arrêtait ses statuts. On y lit : « Art. 1. La Fédération républicaine de la Garde nationale est organisée ainsi qu'il suit : 1° L'Association générale des délégués ; 2° Le cercle de bataillon ; 3° Le conseil de guerre ; 4° Le Comité central. — Art. 5. Le Comité central est formé : 1° De deux délégués par arrondissement élus sans distinction de grade par le conseil de légion ; 2° D'un chef de bataillon par légion élu par ses collègues. — Art. 6. Les délégués aux cercles de bataillon, conseils de légion, et comité central sont les défenseurs naturels de la Garde nationale. Ils devront... prévenir toute tentative qui aurait pour but le renversement de la République. — Art. 7. Les réunions de l'Association générale auront lieu le premier dimanche de chaque mois. »

Les élections communales du 26 mars furent une déroute pour le Comité central qui avait espéré passer en masse, tandis qu'au contraire sur 35 de ses membres, 14 seulement furent élus. Il feignit alors d'abdiquer aux mains de la Commune, mais il n'en demeura pas moins l'inspirateur de celle-ci, et dans les derniers jours de la lutte contre Versailles, on le voit reparaître officiellement par ses proclamations.

Nous venons de parler d'une association qui peut être considérée comme le type de l'association illicite puisque c'est en elle que l'insurrection s'est incarnée. Rappelons-en encore une autre qui fut licite celle-là, que le gouvernement reconnut un instant, mais qui n'en fut pas moins un danger pour l'unité nationale. Il s'agit de la *Ligue du Midi* qui, pendant nos désastres, menaça de devenir un pouvoir provincial absolument distinct du pouvoir central.

On ne sait si l'idée première de la Ligue surgit à Lyon ou à Marseille. En tous cas, c'est à Marseille qu'elle fut ébauchée, le 7 septembre, dans une réunion de l'Internationale tenue à l'*Alhambra*, et qui comptait plus de 2,000 personnes. Elle se dessina nettement dans une réunion ultérieure d'envoyés des comités révolutionnaires des départements que présida M. Esquiros, administrateur supérieur des Bouches-du-Rhône, assisté du Conseil départemental. On décréta alors (18 septembre) que le Comité central prendrait le nom de Ligue du Midi pour la défense de la République. Quinze départements devaient entrer dans la Ligue. Chaque département devait envoyer 3 délégués au Comité central. L'Internationale fut aussi admise à en envoyer trois. Le Comité publia bientôt un manifeste aux *municipalités et aux populations du Midi de la France* pour tracer l'organisation et indiquer le but de la ligue. Ce but était : « 1° de venir en aide au gouvernement de Tours pour tout ce qui concerne l'armement... des troupes levées dans le Midi de la France et qui seront placées à mesure de leur organisation sous le commandement du ministre de la Guerre ; 2° de signaler au Gouvernement de Tours toutes les mesures nécessaires à l'organisation républicaine de la France et de lui en faciliter l'exécution. Pour assurer la prompte exécution de toutes les décisions de la ligue, les populations et les municipalités sont invitées à envoyer des délégués à Marseille...

L'ensemble des dépenses et des impôts (*à prélever dans l'intérêt de la défense nationale*) sera réparti entre toutes les villes des départements du Midi qui auront adhéré à la ligue proportionnellement à leurs revenus... Pour toutes correspondances... écrire au Comité central... siégeant à Marseille, hôtel de la Préfecture, sous la présidence d'Esquiros, administrateur supérieur des Bouches-du-Rhône. »

La ligue, — dit M. de Sugny, dans son rapport au nom de la Commission d'enquête sur les actes du gouvernement de la Défense nationale (Sous-commission du Sud-Est. Marseille), — fut le terrain où jacobins et socialistes réunirent leurs forces sous le patronage de M. Esquiros. On comprend que le Gouvernement devait voir d'un œil assez peu favorable cette association qui, tout en feignant de lui venir en aide, cherchait en réalité, par les vastes proportions qu'elle assumait, à se substituer à lui, comme elle le disait d'ailleurs expressément dans ce passage de son manifeste en date du 26 septembre : « *Que les autorités civiles, militaires et administratives aient le patriotisme d'abdiquer toutes leurs prérogatives*! qu'elles sachent bien que nous ne voulons pas nous soustraire à l'action du pouvoir central, mais au contraire l'aider, etc. »

Le Gouvernement essaya cependant au début de faire bonne mine à mauvais jeu, et la Ligue tira grand parti d'une lettre de M. Laurier, en date à Tours du 28 septembre, adressée à « M. Rouvier et à MM. les députés de la Ligue du Midi » pour les remercier de leur entreprise : « Le Gouvernement, disait cette lettre, concourra pour un tiers dans les

sommes votées par les départements et les municipalités... Notre intention, quand vous serez tout à fait
organisés, est de vous nommer un commissaire pour la
défense... C'est vous qui nous indiquerez votre choix,
et le gouvernement le ratifiera. » L'assemblée générale
nomma M. Gent commissaire général des 15 départements du Midi.

Cependant la Ligue, encouragée par la reconnaissance officielle, prenait une attitude de plus en plus
inquiétante. Le 25 octobre elle lançait un nouveau
manifeste. « Le Comité central arrête : Art. 1. Dans
tous les départements qui ont adhéré à la Ligue du
Midi, tous les citoyens devront se tenir prêts à quitter
leurs foyers au premier appel..... Le lieu de rendez-
vous des forces nationales sera la ville de Valence.....
Les délégués de la Ligue se rendront dans les départements pour y prêcher la guerre sainte, réunir les
comités républicains des localités, et agir avec eux de
concert pour déterminer par tous les moyens un sou-
lèvement général. » Quelques jours après, on voit la
Ligue participer de la façon la plus active à l'insurrection du 31 octobre à Marseille. Le rôle qu'elle assuma
alors entraîna presque immédiatement sa ruine. Son
président, M. Esquiros, fut remplacé comme préfet
par M. Gent et dut quitter Marseille. De ce moment,
la Ligue, privée de son chef, devenait un corps sans
âme, et disparut tout naturellement. D'ailleurs, depuis ses derniers agissements, le gouvernement lui
avait nettement retiré son appui. Une dépêche de
Gambetta aux directeurs des télégraphes des villes du
Midi leur avait précédemment enjoint de « refuser

d'une façon absolue toute dépêche qui serait présentée par le bureau de Marseille..... Si quelque délégué de la Ligue du Midi venait requérir de vous une transmission quelconque, vous refuseriez absolument le service. »

Le gouvernement eut aussi alors à lutter contre une autre association non moins dangereuse. quoique moins solidement organisée, et qui affecta tout de suite de telles allures qu'il ne put, même pour un instant, feindre de lui accorder le patronage dont l'autre association, sa congénère, avait temporairement bénéficié. La *Ligue du Sud-Ouest* fit son apparition au commencement d'octobre 1870, en un temps où les élections pour une Constituante semblaient imminentes, puisqu'elles avaient été fixées au 16 du mois. Une affiche portant en tête *Ligue du Sud-Ouest, Comité de Salut public, Commission exécutive*, apparaît alors sur les murs de Toulouse, annonçant qu'en vue des élections le parti républicain de la Haute-Garonne a élu 175 délégués qui ont créé un comité central, et que ce comité vient de déclarer qu'il se constitue en permanence. La manifestation n'ayant pu aboutir par suite de l'ajournement des élections, M. Marcou, rédacteur en chef de la *Fraternité de l'Aude*, revint à la charge le 9 novembre, et traça le programme d'une constitution des États généraux de la République dans le Midi. Dans deux réunions ultérieures, tenues à Toulouse les 20 et 21 novembre, la Ligue du Sud-Ouest après avoir décrété un système de gouvernement radical, arrêta son organisation et son mode de fonctionnement :

« Art. 1. La Ligue invitera les ligues du Midi et de l'Est,

dont les principes ne diffèrent pas des siens, à fusionner avec elle, et provoquera la formation des ligues de l'Ouest et du Nord qui formeront les ligues solidarisées de France. — Art. 2. La Ligue du Sud-Ouest sera représentée par une commission centrale permanente qui correspondra avec les comités départementaux formés par des délégués des comités d'arrondissement. —Art. 6. Le siège de la commission centrale est fixé à Toulouse. — Art. 7. Les départements nommeront séance tenante un délégué. — Art. 8. Une délégation de la Ligue sera envoyée auprès du Gouvernement de Tours chaque fois que les circonstances politiques l'exigeront. — Art. 9. Il sera immédiatement envoyé auprès du Gouvernement de Tours 3 délégués qui auront pour mission de présenter au citoyen Gambetta les vœux de la Ligue du Sud-Ouest ».

Les délégués reçurent du Gouvernement de la Défense, et particulièrement de Gambetta l'accueil le plus hostile. Mais la Ligue ne s'occupa pas moins de recruter des adhérents, et de favoriser le mouvement révolutionnaire. Le 21 janvier, elle publiait un manifeste qui portait la signature des journalistes radicaux de plusieurs villes du Midi ; et dans une réunion tenue le 31 janvier, sous la présidence de M. Marcou, un comité de salut public était créé qui devenait pour le département de l'Aude le pouvoir exécutif de la Ligue. On trouve la main de celle-ci dans tous les faits démagogiques qui se sont produits dans le Midi depuis le 4 septembre, notamment à Narbonne, quand en mars 1871, la Commune révolutionnaire y fut proclamée.

Revenons à des associations plus modestes et à des

temps moins lugubres. L'ordre chronologique nous conduit à la veille du 16 Mai, c'est à dire au moment où l'agitation cléricale et ultramontaine était dans toute sa force. De différents côtés se formèrent des cercles catholiques, en règle d'ailleurs vis à vis de la loi, puisqu'ils s'étaient pourvus de l'autorisation administrative dans les conditions de l'article 291. Mais le Gouvernement, s'il les autorisait, entendait tout au moins exercer en retour sur eux, sur leurs agissements qui l'inquiétaient, son droit de surveillance ; et c'est en ce sens qu'au mois de mars 1877, M. Waddington, ministre de l'Instruction publique, crut devoir adresser une circulaire aux recteurs : « Il s'est formé dans un certain nombre de villes des réunions de jeunes gens appartenant aux écoles publiques et libres sous la dénomination de *Cercles catholiques d'étudiants*. A la suite d'autorisations accordées par MM. les Préfets à ces réunions, d'autres demandes se sont produites ayant pour objet la création de *Cercles libéraux d'étudiants*. Sans insister sur les inconvénients de ces appellations par lesquelles on prétend affirmer une séparation des doctrines, je dois nécessairement me préoccuper de l'institution de ces cercles, puisqu'il s'agit d'étudiants. A ce titre, et tout en laissant à MM. les Préfets le soin des enquêtes d'ordre administratif dont la direction leur appartient, j'ai en ce qui me concerne un devoir d'information spéciale, l'action de nos règlements de tutelle et de discipline n'étant pas renfermée dans les limites de nos écoles..... »

Grande fut la colère du parti religieux qui travestit en espionnage une surveillance légitime. Cette

colère s'accrut encore lorsqu'un mois plus tard, le
5 avril 1877, intervint un arrêté du préfet de police
lequel, visant les articles 291 et 292 du Code pénal, et
la loi du 10 avril 1834 déclarait que le Comité catholique organisé rue de l'Université 47, et qui avait été
autorisé trois ans auparavant (4 avril 1874) était dissous et cesserait immédiatement de fonctionner. Ce
comité central avait des relations avec tous les cercles
catholiques qui chaque année se réunissaient à lui par
l'intermédiaire de délégués, et constituait une association bien caractérisée se ramifiant de tous côtés.
On comprend, disait l'*Indépendance belge*, que le ministre de l'Intérieur qui empêche l'affiliation entre les
chambres syndicales d'ouvriers n'ait pas voulu permettre aux catholiques ce qu'il interdisait aux autres
ouvriers. Il ne pouvait tolérer des associations illicites
qui n'avaient pas pour but de s'occuper exclusivement
de religion, mais qui faisaient de la propagande politique et traitaient les questions sociales.

La mesure n'en souleva pas moins une véritable
exaspération chez les catholiques militants. Parmi les
plus violents, au premier rang apparut le cardinal
Guibert : « Je rougis pour mon pays, s'écriait-il à la
première séance de l'Assemblée de Paris. Car tout
cela c'est vraiment une flétrissure imprimée au nom
de la France. Je ne comprends pas comment ceux qui
ont la charge de réprouver ces outrages s'y montrent
insensibles..... Ne savez-vous pas qu'aucune autre
nation ne tolérerait ces choses, et que publiquement à
leurs yeux, par cette tolérance, vous nous déshono-
rez ? »

L'incident fut déféré au Sénat par M. Leblond le 3 mai, sous forme d'une interpellation sur les mesures prises par le Gouvernement pour réprimer les mesures ultramontaines. M. Jules Simon qui prit la parole comme président du conseil, crut devoir, pour expliquer et légitimer la dissolution du comité catholique, établir une distinction tranchée entre les cercles qui sont absolument irréprochables quand ils se maintiennent dans les limites de leurs statuts approuvés, et les comités qui « avaient été inventés dans un but d'affiliation générale et redoutable. » Le ministre à l'appui de cette assertion donna lecture de leur programme : Dans chaque ville, soit chef-lieu de département, soit chef-lieu d'arrondissement, il y aura : 1º un groupe de catholiques militants se chargeant de former une iste de catholiques auxiliaires des campagnes et qui eur adresseront régulierement tous les 15 jours une circulaire les invitant à prendre une petite quantité de brochures qu'ils devront répartir dans les campagnes ; 2º un dépositaire ou acquéreur d'une certaine quantité de brochures jouissant de fortes remises. Le journal conservateur de la localité donnera gratuitement sa publicité quotidienne ou hebdomadaire. Tous les trimestres, le groupe règlera le compte des dépôts, et prendra pour son compte la quantité de brochures restée en solde chez le dépositaire. — Dans chaque ville il sera créé un comité de propagande afin de créer une solidarité sérieuse et efficace. — « C'est conformément à ce plan, disait M. Jules Simon, qu'il a été fondé dans presque toute la France un certain nombre de comités catholiques reliant entre eux les cercles catholiques, les gouvernant et instituant pour tous les membres de ces cercles un livret diplôme, moyen de reconnaissance et de circulation. Les membres de ces comités catholiques se réunissaient eux-mêmes en des assemblées générales et constituaient ainsi, à côté de l'Église, une église laïque qui n'était régie que par les règlements qu'elle se donne, et qui mêle les questions politiques aux questions religieuses. Cette organisation possédait des comités de législation, des comités de librairie, des comités de défense, des comités de propagande, un comité spécial de la presse. C'était une organisation destinée à embrasser toute la France. »

A la suite de ce discours, la Chambre vota l'ordre du jour suivant : « La Chambre, considérant que les manifestations ultramontaines dont la recrudescence pourrait compromettre la sécurité intérieure et extérieure du pays constituent une violation flagrante des lois de l'État, invite le Gouvernement pour réprimer cette agitation antipatriotique à user des moyens légaux dont il dispose, et passe à l'ordre du jour. »

Une autre association dont la découverte fit grand fracas à l'époque, fut celle du comité de l'Appel au Peuple. Elle fut mise en lumière à la Chambre le 8 mai 1874 par M. Cyprien Girerd, député de la Nièvre, qui produisit à la tribune un document trouvé dans un wagon de chemin de fer, et dont l'authenticité fut alors si passionnément débattue. M. Girerd termina ainsi le discours qu'il prononça à cette occasion : « A M. le ministre de l'Intérieur je dirai : Il existe à Paris une association politique qui fonctionne sous le titre de

Comité central de l'Appel au Peuple. L'avez-vous autorisée ? A M. le ministre de la Justice, je dirai : L'association connue sous le nom de Comité central de l'Appel au Peuple se livre à des agitations qui sont à coup sûr constitutifs sinon de crimes tout au moins délits. ..... Vous croirez sans doute devoir dire à l'Assemblée qui est maintenant saisie, que des poursuites sont commencées, qu'une instruction est ouverte. »

Le Garde des Sceaux répliqua qu'il avait « invité les procureurs généraux à ouvrir une information à l'effet de s'éclairer sur le point de savoir si les manœuvres coupables qui nous ont été dénoncées ont été réellement pratiquées, et s'il existe en effet à Paris un comité permanent dont l'action rayonnerait sur tous les départements. » M. Rouher se leva alors pour demander à son tour au ministère de se livrer à une enquête, de vérifier si oui ou non il existe à Paris un comité central de l'Appel au Peuple, si oui ou non ce comité occulte politique, supposé qu'il existe, a des ramifications dans les départements. « Quant à moi, ajoutait-il, je déclare sur l'honneur qu'à ma connaissance ce comité n'existe pas. »

Une instruction fut ouverte. Mais le Procureur général, dès le 11 août 1874, adressait au Garde des Sceaux un rapport pour lui déclarer que la justice ne pouvait parvenir à dégager les éléments d'un délit : « (*Les documents saisis*) prouvent sans doute que des comités ont été fondés à Paris pour répandre des pétitions en faveur de l'appel au peuple ou pour recueillir des signatures au bas d'adresses destinées au Prince Impérial. Ils montrent qu'un comité central s'est

constitué au-dessus de ces associations, et s'est proposé un but tout autre, celui d'exercer avec ensemble
une action politique en vue des élections générales.
Mais cela ne suffit pas pour établir la prévention, et
deux éléments sont encore nécessaires. Les pièces saisies ne révèlent que des comités de moins de 20 personnes, et aucune d'entr'elles ne prouvent que ces
comités eussent un lien commun entr'eux. » Le procureur général continue en expliquant que l'instruction a dû s'attacher à l'examen de deux comités, le
comité à la tête duquel était un sieur Moureau se qualifiant de Président du Comité central, et le comité
Mansard qui, présidé par M. Rouher, se composait de
16 membres parmi lesquels des députés, d'anciens
ministres ou fonctionnaires de l'Empire qui sont
Grand-Croix ou Grands-Officiers de la Légion-d'Honneur. Or chacune de ces associations par elle-même
n'avait rien de délictueux puisque l'une comptait 14
membres et l'autre 16. Mais avaient-elles entr'elles
des ramifications? étaient-elles en rapport avec
d'autres groupes? formaient-elles en un mot l'état-
major d'une armée? On n'a pu le démontrer. « J'ai la
persuasion, concluait M. de Leffemberg, malgré l'in-
suffisance des preuves que nous avons pu recueillir
jusqu'à ce jour, que nous nous trouvons en face d'une
organisation considérable et délictueuse qui dans un
moment donné peut devenir périlleuse. Je trouve en
effet à la tête du parti bonapartiste un véritable orga-
nisme de gouvernement... Mais toutes ces personnes
réunies n'excèdent pas le chiffre de 17, et par conséquent le Comité qu'elles composent ne saurait être

atteint par la loi pénale que s'il se rattache à plusieurs autres... Il n'est pas douteux pour moi que M. Rouher n'ait inspiré et dirigé le comité Moureau. Mais c'est là une simple induction... Je suis encore persuadé que des relations analogues doivent exister entre M. Rouher et beaucoup d'autres comités établis en province qui reçoivent les instructions du chef du parti. Mais je n'en ai pas la preuve. » Le procureur général demandait toutefois, pour approfondir davantage la question, un délai avant de clore l'instruction qu'il se proposait de reprendre au retour des Chambres. Mais trois mois plus tard, il se retrouvait en présence des mêmes obstacles, et dans un nouveau rapport du 18 décembre 1874, il concluait ainsi ; « Le résumé de l'affaire consiste à rappeler : 1° que le Comité Moureau d'après l'information n'a compris que 19 adhérents ; 2° que le Comité présidé par M. Rouher n'a même pas atteint ce dernier chiffre ; 3° que le lien les rattachant l'un à l'autre, et susceptible de les faire considérer comme les sections d'une seule et même association n'a pu être établi. »

Aussi dès la veille, le juge d'instruction avait-il rendu une ordonnance de non-lieu à l'égard de ceux des inculpés vis à vis desquels il avait compétence, en même temps que le Procureur général déclarait qu'il n'avait pas d'éléments pour agir contre les autres qui, à raison de leur grade dans la Légion d'Honneur, ne pouvaient être poursuivis que par lui.

Si l'instruction n'avait pu aboutir au point de vue judiciaire, elle contenait au point de vue des agissements du parti bonapartiste des révélations capitales dont la Chambre des Députés dut naturellement s'emparer. Elle eut à l'examiner à l'occasion du rapport sur l'élection de la Nièvre, de ce fameux rapport Savary qui imprima au nom de son auteur une illustration passagère. L'élection de M. Bourgoin, le député en faveur duquel s'étaient produites les manœuvres qui avaient amené la découverte du Comité de l'Appel au Peuple, fut annulée le 13 juillet 1875. Tout aussitôt M. Rouher, voulant devancer une interpellation de la Gauche, demandait lui-même à interpeller le ministère « sur la conduite du parti bonapartiste en France. » M. Raoul Duval l'interpellait de son côté « sur la conduite qu'il entend tenir à l'égard de la réunion ou association dite de l'Appel au Peuple dont les actes sont révélés par les pièces annexées au rapport sur l'élection de la Nièvre. » Le débat qui fut signalé par une magnifique réplique de M. Savary à M. Rouher n'eut pas de résultat en rapport avec l'éloquence qui y avait été déployée. Le parti républicain ne trouva pas dans le gouvernement l'appui sur lequel il aurait eu droit de compter. M. Buffet fit bien contre les menées bonapartistes quelques déclarations comminatoires ; mais il se hâta d'en racheter l'effet en dénonçant tout aussitôt les excès des radicaux. M. Dufaure eut une attitude un peu meilleure, mais qui ne parut pas non plus bien énergique. La gauche fut cependant réduite à s'en contenter, et obligée de voter le 16 juillet un ordre du jour de confiance dans les déclarations du gouvernement.

Une autre association dont il faut parler, et qui, au point de vue politique ne présenta pas alors moins de danger que le Comité de l'Appel au Peuple, ce fut la Ligue des Patriotes dont on connaît le sort. Devenue le refuge du parti boulangiste, elle était depuis longtemps guettée par le ministère lorsqu'à la suite du bombardement de Sagallo, elle crut devoir faire publier le 28 février 1880 dans les journaux de son parti une note dénonçant dans les termes les plus scandaleux la « lâcheté » du gouvernement. La note débutait par cette mention : « Le Comité directeur de la Ligue des Patriotes parlant et agissant au nom des 240,000 Ligueurs de France proteste, etc. », et était signée ainsi : « Pour le comité directeur, pour les 20 comités de Paris et les 89 comités divisionnaires de la France et de l'Algérie : Le Président de la Ligue des Patriotes... Le délégué général... Le secrétaire général... » Aussitôt que cette note eût été publiée, le gouvernement fit dissoudre la Ligue. M. Laguerre saisit l'occasion d'interpeller le ministère. Mais il ne réussit qu'à provoquer un ordre du jour par lequel la Chambre affirmait sa confiance « dans l'énergie et la fermeté du gouvernement pour faire appliquer la loi, et pour réprimer les entreprises des factieux. » Il fut lui-même, avec M. Naquet sénateur, impliqué dans les poursuites dirigées contre la ligue après que la Chambre et le Sénat eurent donné les autorisations requises.

Le jugement du 6 avril qui n'aboutit qu'à une légère amende parce que le délit de société secrète fut écarté, n'en contient pas moins des considérants intéressants en ce qui touche l'importance de la Ligue : « Attendu que la Société dite Ligue des Patriotes fondée à Paris en 1882 en vue d'aider au relèvement des forces mora-

les et physiques du pays par le développement de l'é-
ducation militaire est sortie en 1888 de son rôle initial
et de ses statuts primitifs pour se transformer en association politique de propagande électorale ; attendu
que l'action de son comité s'est manifestée dans la plupart des scrutins législatifs qui se sont ouverts depuis
cette époque ; que notamment en janvier 1889, pour
accroître ses moyens, elle a substitué à son ancienne division en 20 circonscriptions une division nouvelle par
arrondissement, par quartier et par section avec une
hiérarchie s'étendant à tous les degrès de la ligue ;
qu'après avoir expérimenté ce mécanisme à l'occasion
(*du vote du 27 janvier*), le comité directeur l'a complété
en février par la création de clubs adjoints, et le sec-
tionnement uniforme des arrondissements ;... que les
procédés adoptés devaient avoir pour effet d'assurer la
permanence de l'association et sa reformation au cas
où elle serait dissoute par un acte de l'autorité... »

Dans la revue des associations qui figurent aux annales judiciaires, il ne faut pas oublier celles de l'Alliance de Saint-Étienne, de la Permanence de Lyon, et
du Comité central de Marseille en 1875. La première
affaire offre un cachet particulièrement piquant en ce
sens que non seulement les poursuites étaient dirigées
contre des fonctionnaires ou anciens fonctionnaires,
mais qu'encore la Société avait eu, à un moment
donné, l'appui de l'Administration, comme le releva le
jugement qui se basa sur cette raison déterminante
pour prononcer l'acquittement du prévenu. L'Alliance
Républicaine avait été fondée à Saint-Étienne le 22 janvier 1871 comme société anonyme et privée. En raison

de ses affiliations, elle s'éleva au chiffre de 700 adhérents, et s'étendit dans les cantons voisins en prenant le titre de Société de la Loire, comité central à Saint-Étienne. Son action se manifesta les 24 et 25 mai 1871. Ce dernier jour était celui où M. de l'Espée fut assassiné. Ultérieurement elle transforma ses statuts, et à partir du 12 août 1871 ne tint plus de registres de délibérations. Le 25 septembre, elle procéda à des élections pour nommer un comité central. C'est quelques jours après, le 3 octobre, qu'une saisie administrative fut faite au siège social, et que des poursuites furent entamées qui amenèrent en police correctionnelle 37 prévenus, parmi lesquels 5 conseillers généraux de la Loire, un ancien préfet, l'ancien sous-préfet de Roanne et 3 conseillers d'arrondissement. Dans son réquisitoire, le procureur de la République, rappelant les débuts de la Société, disait : « Il existait à cette époque une Société de rebelles et de malfaiteurs qui se réunissait dans la rue de la Vierge. Elle avait pour organe le journal *la Commune*. Le président de ce club, Durbize, se présente le 5 février à une réunion de l'Alliance et propose la fusion entre les deux comités. L'Alliance repoussa la proposition. Le 16 février, nouvelle proposition, nouveau refus. Mais vingt jours après, fusion de l'Alliance et du comité de la Vierge. Le 18 mars, l'Alliance se prononça pour Paris contre Versailles. Dans les réunions on ne veut accorder suffrage qu'aux villes : « Dans les campagnes, disait-on, ils sont stupides ; autant vaudrait attacher un bulletin de vote à son chien que de faire voter les paysans. »

Après de longs débats, le tribunal de Saint-Étienne prononça, le 14 octobre 1872, le jugement d'acquittement qui suit : « Attendu en fait qu'à partir de sa formation, le Comité de Saint-Étienne a compté dans son sein le préfet de la Loire, le maire, le conseil municipal et autres autorités ; attendu notamment que la présence assidue aux séances du préfet de la Loire qui pouvait autoriser l'Alliance républicaine, peut être considérée comme une autorisation suffisante ; que cette autorisation n'a imposé aucune condition particulière, et que les statuts ont pu être régulièrement modifiés sans qu'on puisse en conclure que ladite autorisation a été retirée... ; attendu que le préfet lui-même n'agissait qu'en exécution des instructions émanées du ministre de l'Intérieur de la Délégation du gouvernement de la Défense nationale ; que si, au mois de mars 1871, le préfet de la Loire, M. Bertholon, a résigné ses fonctions, il est constant qu'il a continué à assister fréquemment aux séances de l'Alliance républicaine ; que, jusqu'au moment où elle a été formellement révoquée, l'autorisation expresse ou tacite de janvier 1871 a dû continuer.... »

Voici maintenant l'affaire de la *Permanence* de Lyon. Le jugement du 2 août 1875 rappelle suffisamment les circonstances du procès pour dispenser de tout autre détail : « Attendu qu'il résulte de l'instruction des débats la preuve que..... dans le cours des années 1874 et 1875 à Lyon, il a existé une vaste association composée à la base de groupes plus ou moins nombreux dans chaque arrondissement municipal, de comités d'arrondissements, organe de transmission de la volonté des groupes, et d'un comité dit de Permanence composé de 3 délégués par arrondissement, soit un total de 18 personnes; attendu que le Comité de Permanence est bien le résultat d'une élection à 2 degrés; mais qu'en réalité l'association dont il doit exécuter les vœux et qu'il personnifie se compose d'un nombre très considérable d'individus que le ministère public a estimé être de 1,200 au minimum, et que la défense déclare beaucoup plus grand encore; — Attendu que si, dans le principe, cette organisation puissante et compliquée a été surtout conçue dans un but électoral, il résulte cependant..... qu'en dehors de toute période électorale, elle est restée debout avec son triple élément des groupes, des comités d'arrondissement et de la Permanence; attendu que les documents de la cause démontrent encore que l'association a poursuivi un but politique en dehors de toute préoccupation d'élection;..... qu'il est constant que..... les 11 et 18 janvier dernier, le Comité de Permanence réuni à un certain nombre de membres des conseils électifs, s'est préoccupé d'un ensemble de mesures propres à assurer l'exécution de la loi Tréveneuc et même à envoyer des délégués au dehors; attendu d'autre part qu'il est établi que l'association dans ses diverses manifestations exerçait un contrôle sur la conduite de certains membres des corps électifs; qu'on voit la Permanence entendre dans les réunions des 31 mars et 4 mai des députés du Rhône appelés à justifier leur vote à l'Assemblée nationale, tandis que certains membres du Conseil général étaient appelés devant les comités d'arrondissement;... attendu que l'association a manifesté ouvertement son existence pendant les périodes électorales ; que notamment aux élections municipales du mois de novembre 1874, elle a formulé un mandat municipal indiquant clairement des rapports postérieurs à entretenir entre elle et les élus ; que la Permanence se renouvelait à de certains intervalles par l'appel de nouveaux membres ; qu'elle appelait dans son sein et convoquait à ses délibérations des députés, des conseillers généraux et d'autres personnages politiques ; qu'on ne saurait se dissimuler le danger que pouvait présenter pour l'ordre public l'existence d'une association nombreuse ainsi centralisée, exerçant une influence permanente sur l'attitude de certains membres des corps électifs, délibérant sur des questions de politique générale, et ce en dehors de toute autorisation administrative... » Le jugement prononça des condamnations à 3 mois et à 1 mois de prison contre les membres qui avaient fait partie de cette association composée de plus de 20 personnes.

Nous reproduisons enfin le jugement de Marseille en date du 23 septembre 1875, dans l'affaire du Comité central : « Attendu que... vers le milieu de 1871, plusieurs personnes constituèrent dans les Bouches-du-Rhône un comité pour la direction des élections ; que ce comité qui avait pris le nom de Comité central républicain siégea à Marseille ; qu'il se composait d'une commission dite exécutive, et de délégués nommés par les sections électorales ; qu'en avril 1873 on arrêta les bases de cette association... ; que le Comité central, ainsi constitué, n'a cessé depuis cette époque de fonctionner à Marseille, dirigeant les électeurs et imposant ses candidats ; que le caractère de la permanence s'est trahi dans les agissements de la commission exécutive qui, selon l'expression d'un des membres du comité, servait de trait d'union entre les diverses sections et organisait les réunions..... ; qu'en ce qui concerne les sections, elles se réunissaient à certains intervalles et traitaient des questions politiques qui, parfois, étaient étrangères aux élections ; qu'ainsi dans la réunion tenue le 13 décembre 1872, on traita dans la 5e section la question de l'organisation de la démocratie marseillaise..... ; que le caractère délictueux résulte de ce fait qu'il s'agissait d'une association de plus de 20 personnes ; qu'en effet la commission exécutive qui n'était elle-même qu'un fractionnement du comité central, se composait de plus de 20 personnes ; que les comités cantonaux étaient en relation avec elles, et ont exercé une action commune en faisant converger leurs forces pour la lutte. » Le jugement prononça des condamnations qui varièrent entre 4 mois, 2 mois, 15 jours.

§ 2. — Congrégations.

Les congrégations religieuses eurent, on le sait, à pâtir depuis 1870. L'arrêté de M. Esquiros, administrateur des Bouches-du-Rhône, en date du 13 octobre 1870, contre les jésuites est demeuré célèbre. L'arrêté après avoir invoqué comme précédent les mesures prises sous les régimes antérieurs, rappelait notamment « que même sous le honteux régime du dernier Bonaparte qui trouvait de puissants auxiliaires dans l'institut et l'esprit jésuitiques, le droit de l'État a été rappelé et formellement reconnu dans deux circulaires aux préfets, du 23 février et 16 novembre 1860, au Sénat en 1862, par M. Billault au cours des débats pour la discussion de l'adresse, et à la tribune du Corps législatif, en 1865, par le président du Conseil d'État M. de Vuitry, dans la séance du 10 avril. » L'article 1 déclarait que « la congrégation n'ayant aucune existence légale et étant par suite incapable de posséder, est et demeure dissoute ». L'article 2 portait que « les frères jésuites mis en état d'arrestation seront, dans les 3 jours, conduits hors des frontières de France ». L'article 3 plaçait leurs meubles sous séquestre. Par une dépêche du 16 octobre suivant, Gambetta annula la partie du décret qui prononçait l'expulsion contre les Jésuites français, « considérant que si on peut dissoudre légalement la corporation, on ne peut porter atteinte à la liberté des Français qui en font partie et à leur droit de résidence en France ».

Dix ans après l'arrêté Esquiros, était édictée contre les congrégations une mesure non plus locale celle-là, mais générale. Les décrets du 29 mars 1880 sont trop connus pour qu'il soit besoin de les mentionner ici autrement que d'un mot. Il est inutile également de retracer comment ils furent ratifiés par les Chambres : à la Chambre des députés, au mois de mai 1880, sur une interpellation de M. Lamy, l'ordre du jour pur et simple fut voté par 347 voix contre 133. Au Sénat qui était saisi d'un rapport de pétitions contre les décrets, le renvoi de ces pétitions au gouvernement fut repoussé le 25 juin par 143 voix contre 127.

Le 12 juillet 1888, M. René Laffon a déposé à la Chambre des députés un projet ainsi conçu : « Art. 1. Sont rapportées toutes autorisations précédemment accordées par voie législative à des congrégations religieuses d'hommes. — Art. 2. Toutes les congrégations de cette nature, autorisées ou non..... devront se dissoudre dans un délai de 3 mois. — Art. 6. L'affiliation à une congrégation religieuse d'hommes sera punie d'une amende de 100 à 10 mille francs et pourra donner lieu à un emprisonnement de 15 jours à 1 an. En cas de récidive, les peines seront doubles et la peine de l'emprisonnement sera nécessairement prononcée. » L'urgence a été votée, et le projet a été renvoyé à la Commission spéciale des associations.

§ 3. — Réunions publiques.

La République qui vit encore avec les lois des régimes monarchiques sur les associations a dû s'accommoder aussi jusqu'en 1881, pour les réunions publiques, de la loi votée sous l'empire. Un effort fut vainement tenté au Parlement pour adoucir certaines des dispositions du texte législatif. M. Faye avait introduit en 1871 un projet établissant le droit de réunion publique en matière d'élection aux Conseils généraux. Le rapporteur du projet fut M. Chesnelong qui le combattit passionnément avec les arguments renouvelés de ceux produits 3 ans auparavant par les ministres de l'empire, quand, lors de la discussion de la loi de 1868, ils avaient repoussé un amendement tendant aux mêmes fins. « Les élections aux Conseils généraux, dit-il, sont

des élections cantonales. Electeurs et candidats se connaissent d'avance. Les réunions publiques ne pourraient favoriser que des candidatures « exotiques » ; et
ce sont celles-là qu'il faut repousser. Dans ces réunions,
on soulèverait des questions politiques à propos d'un
mandat qui ne l'est pas. » Ce qu'il y a au fond de la proposition, ajoutait-il, c'est le droit de tenir des réunions
publiques pour toute sorte et toute nature d'élections.
Bref, il laissa entrevoir le retour des clubs. Le ministère n'osa pas défendre le projet. M. Lefranc, ministre
de l'intérieur, en déclarant parler plutôt en son nom
personnel que comme membre du Gouvernement, fit
remarquer que la proposition était peut-être déplacée
« dans la situation actuelle, avec une partie de notre
territoire occupé ». Il redoutait des indépendances de
langage que l'Allemagne exploiterait. Le projet Faye
fut rejeté le 26 avril par 345 voix contre 247.

Non seulement la loi de 1868 demeura tout entière
dans le Code, mais le Gouvernement veilla à son exécution avec un soin jaloux qui parut plus d'une fois
tyrannique. Dès le 13 juin 1871, M. Dufaure croyait
devoir stimuler l'attention des procureurs généraux :
« J'apprends par les réclamations du ministre de l'Intérieur, leur écrivait-il dans une circulaire, que dans
certains départements la loi du 6 juin 1868 semble
être tombée en oubli. Des réunions publiques ayant
un caractère politique y sont organisées sans autorisation préalable. Des séances publiques non politiques
ont lieu sans que les déclarations préalables soient
faites..... Il importe de mettre un terme à ces actes
illégaux..... Le respect de la légalité est la condition

essentielle de la vie sociale. Son mépris est la plaie de notre civilisation. »

Parmi les applications qui furent faites de la loi, il en est qui ont marqué dans l'histoire contemporaine. Ainsi en 1872, une certaine émotion se manifesta dans le parti républicain à l'occasion de l'interdiction des banquets qui devaient être célébrés le 21 septembre pour fêter la date anniversaire de la fondation de la première république. On regretta particulièrement l'interdiction du banquet de Chambéry où Gambetta devait prendre la parole. Le préfet, M. de Tracy, prohiba cette réunion laquelle, disait-il dans son arrêté, « se prépare avec les caractères d'une grande manifestation politique publique. » M. Victor Lefranc crut devoir excuser la mesure prise par l'administration dans une lettre qu'il adressa à M. Gambetta et qui fut publiée alors (*Débats* du 28 septembre 1872) : « Sur aucun des points du territoire qui ne sont pas soumis à l'état de siège, le Gouvernement n'a donné aux Préfets d'autres instructions que celles-ci : Ne pas accorder l'autorisation à des réunions politiques publiques ou à des banquets politiques publics ; interdire les réunions ou banquets annoncés comme privés qui dégénéreraient manifestement en réunions publiques ou banquets publics. Cette règle commandée au Gouvernement par les intérêts du pays et de la République s'appliquait naturellement au banquet de Chambéry.... Vous m'assurez..... que les précautions les plus minutieuses ont été prises pour assurer la nature absolument privée du banquet. Il me paraît impossible de concilier cette assurance avec le mode d'invitation

18.

publié par *le Patriote savoisien* du 15..... On y lit notamment que la publication de cette circulaire..... tient
lieu d'invitation particulière pour tous les citoyens de
la ville de Chambéry... Il a été impossible de ne pas
reconnaître là le signe manifeste du caractère public
donné au banquet, et d'admettre qu'il pût désormais
dépendre des organisateurs qui avaient signé cet avis
et créé le mode d'invitation, de ramener le banquet
au caractère privé qui seul pouvait le placer en dehors
des instructions données à tous les préfets. Le Gouvernement ne peut donc se départir de la règle générale,
et il n'hésite pas à compter sur votre patriotisme et
sur celui de vos amis de Chambéry pour supprimer
toute cause d'agitation. »

La loi de 1868 fut encore appliquée par l'administration, et ce, à l'encontre de récriminations bien ardentes,
aux réunions convoquées en vue de discuter des sujets
religieux. La presse libérale, des feuilles même très
modérées comme le *Temps* ont vivement blâmé le Ministère qui en 1877 a refusé à l'ex-père Hyacinthe
l'autorisation que dans des lettres en date de Genève
des 10 novembre et 18 décembre 1876, il sollicitait
pour être autorisé à venir faire à Paris des conférences
« sur des sujets appartenant à la doctrine et à la morale chrétiennes. » M. de Marcère qui était ministre
de l'Intérieur lors de la demande originaire, répondit
que la disposition du décret du 17 mars 1808 qui confère à l'administration supérieure le droit d'autoriser
les conférences ou cours publics ne s'applique qu'à un
enseignement portant sur des matières scientifiques
ou littéraires, et non aux controverses religieuses.

M. Jules Simon qui avait succédé à M. de Marcère, et qui fut saisi dès lors de la deuxième demande, répondit à son tour par une fin de non recevoir le 19 janvier 1877, « les conférences dont il s'agit paraissant devoir constituer un véritable enseignement religieux qu'il ne saurait m'appartenir de permettre en dehors des conditions auxquelles un enseignement de cette nature est soumis par la loi lorsqu'il s'exerce publiquement. Cependant si, écartant les sujets de doctrine, vous entendez vous borner à traiter des sujets de morale, je ne ferai aucune difficultés pour vous y autoriser. »

On estima généralement que l'attitude de M. Jules Simon n'était pas digne de lui, et que par ce refus intempestif, il semblait renier son passé. Quant à l'argument que M. de Marcère avait cru devoir tirer du décret de 1808, on fit remarquer avec quel manque d'à-propos il était invoqué, aussi bien au point de vue juridique qu'au point de vue moral. On rappela que ce décret c'était le Code de l'ancienne Université impériale, qu'il visait exclusivement l'enseignement public, mais ne s'occupait pas et n'avait pas à s'occuper de conférences dénuées de tout caractère scolaire. Dans la séance du 6 mars M. Raoul Duval décocha quelques traits au Ministère à l'occasion de la mesure prise.

Le deuxième incident qui intéressait le droit de réunion pour traiter de matières religieuses se produisit au commencement de 1877 à l'occasion de réunions organisées par le clergé dans les églises, et qui avaient pour but de fournir à des orateurs laïques l'occasion de se produire. C'est ainsi notamment qu'un apôtre

militaire, un M. de Cissey, devait faire sur l'observation du dimanche une conférence à la chapelle du
Corpus Domini d'Angers, lorsque le ministre de la
justice envoya l'ordre d'interdire la dite conférence, à
la grande colère de l'évêque, M. Freppel, qui écrivit
une lettre indignée au ministre. L'interdiction particulière devint une interdiction générale par une circulaire du 3 avril 1877 (*Officiel* du 18) que M. Martel,
garde des Sceaux adressa aux archevêques et
évêques. Dans un langage plein de sagesse et de
modération, il mettait en relief, à l'appui de la décision prise, notamment l'argument tiré des troubles
auxquels donneraient lieu ces singulières conférences.
Il semble prophétiser 15 ans à l'avance les désordres
qui ont éclaté dernièrement dans les Eglises, à la
suite de tentatives analogues dont on a vu la répétition : « Des orateurs laïques, — dit la circulaire en
question, — ont récemment obtenu de l'autorité épis-
copale la permission de faire des conférences dans des
églises cathédrales ou paroissiales. On les a même
vus monter en chaire pour adresser aux fidèles des
discours sur des questions religieuses. Ce genre nouveau de prédication a produit quelque étonnement, et
une polémique assez vive s'est engagée dans la presse
quotidienne sur la légalité de ces conférences. Je lais-
serai de côté cette question qui est proprement du domaine de l'autorité judiciaire... Je me bornerai à
appeler l'attention de Votre Grandeur sur l'impression
fâcheuse que peuvent éprouver les populations en
voyant une personne étrangère à l'état ecclésiastique
prendre la parole dans un édifice religieux... Quelque

assistant ne tenterait-il pas de protester contre une opinion produite par un inconnu dont il se croirait en droit de contester l'autorité et la mission? Ne s'exposerait-on point ainsi à un assaut de discussions qui produirait inévitablement des désordres? L'épiscopat n'ignore pas d'ailleurs qu'on a parfois sollicité des pouvoirs publics l'autorisation de traiter des questions religieuses en dehors des églises, ou réciproquement de tenir dans les édifices religieux des réunions étrangères à leur destination. Le gouvernement a résisté à ces doubles demandes, en invoquant d'une part les prérogatives du ministre des cultes reconnus, et d'autre part le caractère spécial que la législation civile reconnaît aux édifices régulièrement ouverts à l'exercice public du culte. Si l'autorité ecclésiastique abandonnait ses droits à des orateurs laïques, ou si elle permettait elle-même de tenir dans les édifices religieux des réunions étrangères à leur destination normale, elle affaiblirait les objections que l'administration centrale peut opposer à de semblables entreprises, et ses réclamations n'auraient plus la même force devant l'opinion publique. Après avoir entendu un particulier discuter en chaire sur l'observation du dimanche, on serait moins surpris de voir demander la permission d'y traiter toute autre question morale, économique ou politique, et certains esprits hésiteraient à comprendre les motifs qui détermineraient le gouvernement à refuser à d'autres laïques l'autorisation de traiter des questions religieuses en dehors des édifices consacrés au culte..... Les églises sont exclusivement réservées à l'exercice du culte. Une allocution faite par un laïque ne peut à aucun titre être considérée comme rentrant dans cette affectation spéciale. »

Le président du conseil, M. Jules Simon, revenant sur la question à la Chambre des Députés dans la séance du 3 mai 1877, dont nous avons déjà parlé, disait : « Nous avons des lois qui régissent les réunions publiques. S'il était permis de s'en affranchir, en transportant les réunions dans les églises, les églises deviendraient un lieu d'asile pour tout ce qui serait condamné par les lois. »

C'est le 30 juin 1881 que fut votée sur la liberté de réunion la loi qui vint succéder à la loi de 1868, et qui était depuis trois ans à l'étude. Si elle pèche par un côté, ce n'est assurément pas par l'excès des restrictions qu'elle impose, et les plus susceptibles à l'endroit de l'intervention du pouvoir, ceux qui redoutent le plus de voir l'administration empiéter sur les droits des citoyens peuvent se déclarer satisfaits, bien qu'on ait repoussé cependant, dans la séance du 24 janvier 1880, l'amendement trop radical de M. Louis Blanc qui demandait l'abrogation de toutes les lois de nature à entraver l'exercice des droits de réunion et d'association. La comparaison entre la législation ancienne et la nouvelle établit suffisamment le progrès qui a été fait.

Tout d'abord, le principe qui est proclamé en tête de la loi c'est que les réunions publiques sont libres. L'exception pour les matières politiques et religieuses disparaît donc. La réunion doit être seulement précédée d'une déclaration dont les formalités sont simplifiées et dans un délai qui est abrégé. La restriction du local clos et couvert imposé par l'ancienne loi disparaît. La législation se borne à interdire les réunions sur la voie publique.

Plus de ces responsabilités redoutables pour les organisateurs de la réunion, responsabilités dont le caractère écrasant n'était égalé que par la facilité avec laquelle elles étaient encourues : les peines de simple police auxquelles le cas échéant sont exposés les membres du bureau ne sont pas si terribles qu'elles doivent les décourager d'accepter cette fonction. — Le droit pour l'administration d'ajourner une réunion, de l'interdire sous prétexte de nécessité d'ordre public disparaît. Un fonctionnaire peut toujours comme autrefois assister à la séance; mais le droit qu'il avait de prononcer la dissolution, de son autorité privée, il ne peut plus l'exercer que sur la réquisition du bureau en détresse qui demanderait son secours, ou si des collisions et voies de fait venaient à se produire. C'est le Sénat qui a insisté pour cette restriction aux pouvoirs du délégué de l'administration, et pour qu'il fût réduit à ces insignifiantes proportions. Un régime contraire, — a dit M. Labiche, rapporteur au Sénat, — avait sa raison d'être à une époque où l'administration prétendait conserver la haute main sur la plupart des réunions. Il ne peut plus en être de même avec un régime absolument différent sous lequel l'autorisation ne sera jamais exigée... Des attributions plus étendues conférées au fonctionnaire délégué « risqueraient de porter atteinte non seulement aux droits des citoyens, mais aussi au prestige de l'autorité, en rendant celle-ci solidaire des erreurs d'un agent parfois peu capable et presque toujours incompétent. » — Des immunités spéciales sont accordées aux réunions électorales qui peuvent se tenir deux heures après la déclaration requise, et même immédiatement, s'il s'agit d'élections comportant plusieurs tours de scrutin dans la même journée.

La loi crut devoir maintenir expressément l'interdiction des clubs, édictée par la loi de 1848, et ce, malgré l'opposition de l'Extrême gauche qui prétendait voir dans cette disposition un piège pour porter indirectement atteinte au droit nouvellement consacré. A cette occasion le rapporteur à la Chambre des Députés, M. Naquet vint à la tribune donner une définition des clubs que le Gouvernement sanctionna, et qui constitue une garantie contre des interprétations de nature à paralyser ou atténuer l'effet de la loi : « Les clubs sont, a-t il dit, à la séance du 31 mars 1881, des réunions périodiques ayant généralement un bureau permanent et étant tenues par des membres affiliés dont l'affiliation se traduit soit par des cotisations qu'ils payent, soit autrement. »

La loi de 1881 qui a bien entendu régir les réunions pour traiter des matières religieuses comme celles tenues pour traiter des matières politiques, ne s'est pas occupée d'une question qui a cependant, relativement au premier point, une importance capitale, mais qui touche plutôt, malgré la similitude d'expression, aux associations qu'aux réunions proprement dites. Il s'agit des réunions pour l'exercice d'un culte. Nous disons que c'est là plutôt une question d'association parceque qui dit réunion dit rassemblement fortuit, accidentel, tandis que ceux qui voudraient pratiquer un culte n'imagineront pas de se réunir une fois par hasard, mais tout naturellement à des époques périodiques et fréquentes, et dans des conditions qui généralement impliqueront de leur part non seulement une entente, mais une association pour subvenir aux frais du culte. Quand même il n'y aurait pas d'association, on ne pourrait pas dire que la loi de 1881 protège ces réunions, puisqu'elles se heurteraient toujours à l'article 292 du Code pénal qui interdit au propriétaire de louer sans l'autorisation administrative un local pour l'exercice d'un culte. Il y a donc là des intérêts, des aspirations respectables qui auraient besoin d'être protégées par une législation spéciale dont le Parlement s'est préoccupé à diverses reprises, dès avant la loi de 1881.

On s'est plaint qu'une certaine tolérance qui s'était fait jour depuis 1870 eût de nouveau fait place à la rigueur. On a cité à cette occasion dans les rapports et à la tribune quelques cas vraiment fâcheux à enregistrer de nos jours, des espèces dans lesquelles des pasteurs particulièrement honorables avaient été condamnés correctionnellement pour avoir, sur la demande de quelques fidèles, célébré l'office dans une maison privée. On a fait allusion au cas du pasteur Perrenoud que M. de Pressensé vint défendre en 1873 devant le tribunal d'Auxerre. Ce prévenu appartenait au culte protestant évangélique séparé de l'État, soit à une secte calviniste qui tend à la formation d'églises libres indépendantes, se suffisant elles-mêmes, sans le concours de la puissance publique. Ces dissidents avaient depuis plus de 30 ans élevé plusieurs temples dans le département de l'Yonne. M. Perrenoud avait été appelé à Maligny par 85 pères de famille qui, disait-il, pour sa défense, « m'ont témoigné le plus vif désir d'être instruit dans la religion dont je suis le ministre. » Il n'avait pas fait de déclaration préalable à l'administration qui depuis de longues années sous l'Empire avait toléré dans les communes environnantes des réunions identiques, et il se reposait sur une autorisation tacite. Il n'en fut pas moins condamné le 12 juin pour avoir tenu à Maligny une réunion pour l'exercice d'un culte ; et le tribunal à regret se vit dans la nécessité de lui infliger une amende d'ailleurs insignifiante.

Les rapports parlementaires ont encore rappelé d'autres poursuites dirigées en 1879, dans des circonstances semblables, contre un pasteur d'Aubusson. On a signalé enfin les persécutions administratives qui étaient le complément des poursuites judiciaires. La *Revue chrétienne* (janvier et août 1875) en fournissait plusieurs exemples. Un sieur Fisch, pasteur de l'Eglise libre de Paris, faisait une tournée d'évangélisation dans la Haute-Vienne. Il était appelé par un grand nombre de pères de famille à Compregnac pour y établir un culte évangélique. Le Ministère lui refusa l'autorisation parce qu'il n'y avait point dans le village de protestants de naissance. Dans une commune voisine, à Roussac, où existait une paroisse de 50 protestants qui avaient un temple, quand il est arrivé pour présider, dans le temple même, une assemblée religieuse, il a rencontré à la porte le maire qui a interdit le culte et fait disperser par la gendarmerie une réunion de moins de 20 personnes.

Autre fait : 12 réunions étaient interdites dans l'Yonne par le Ministre de l'Intérieur ; et l'interdiction était maintenue, malgré de vives réclamations, sous prétexte que dans ces réunions la religion catholique aurait été attaquée, c'est à dire discutée.

Voici enfin une dernière espèce regrettable dont les détails sont consignés dans un arrêt de Bourges du 27 mars 1876, ainsi conçu : « Attendu que dans les mois de janvier et février 1876 des réunions composées de plus de 20 personnes avaient lieu tous les dimanches et quelquefois le jeudi à la Marche, dans une maison occupée par Brouhotel et appartenant au consistoire de Bourges ; que dans ces réunions on s'occupait d'objets religieux ; attendu que Clavel allègue que les réunions dont il s'agit avaient pour objet exclusif la célébration d'un culte reconnu par la loi, culte dont il est le ministre officiel, et qu'il s'appuie sur une décision du consistoire de Bourges du 5 mars 1874, déclarant que le culte évangélique est établi à la Marche, et que cette localité est acceptée comme une des annexes de la paroisse de Sancerre ; mais attendu que d'après la loi de Germinal an X, l'exercice des cultes reconnus par l'État est soumis à la surveillance du Gouvernement, et que les actes extérieurs de ces cultes ne peuvent être célébrés que dans les lieux à ce régulièrement consacrés ; attendu qu'il n'existe dans la commune de la Marche aucun édifice autorisé ; qu'il est certain au contraire que Clavel ayant demandé cette autorisation au préfet de la Nièvre, elle lui a été refusée, et qu'il ne s'est pas pourvu contre ce refus ; attendu dès lors que, même en admettant que les réunions dont il s'agit n'eussent pour objet que la célébration du culte protestant, ces réunions étaient illégales, et qu'en les organisant et y participant les prévenus se sont rendus coupables du délit qui leur est imputé ; attendu en effet que les personnes composant ces réunions s'étaient liées envers Clavel par des signatures apposées au bas d'un écrit contenant adhésion à la religion protestante ; que c'était donc ensuite d'un accord préalable et écrit ayant tous les caractères d'une association que ces réunions avaient lieu ; que cette association n'ayant pas été autorisée, il y a lieu d'appliquer les articles 291 et 292 du Code pénal et la loi du 10 avril 1834 ; attendu que les mêmes textes seraient encore applicables au cas où les faits relevés par la prévention ne constitueraient pas une association, et lors même que les réunions n'auraient pas été périodiques *(ici l'arrêt vise l'article 2 du décret du 25 mars 1852);* attendu qu'il a encore été établi par les débats que depuis moins de trois ans, quelques réunions publiques organisées par Clavel et Verbizier avaient eu lieu à la Charité dans une maison occupée par Verbizier, et appartenant au consistoire de Bourges ; que ces réunions avaient pour objet des prédications religieuses et des actes du culte protestant ; attendu que ces réunions ont été rares et accidentelles, mais qu'elles n'avaient pas été autorisées, et que le local dans lequel elles avaient lieu n'était point un édifice régulièrement consacré au culte ; que si ces réunions ne présentent pas tous les caractères du délit d'association prévu par l'article 291 du Code pénal, elles tombent cependant sous le coup du décret du 25 mars 1852 ; attendu qu'il existe en faveur des prévenus des circonstances atténuantes, Condamne Clavel à 300 francs d'amende. »

En présence d'incidents comme ceux relatés dans les espèces ci-dessus énumérées, les esprits qui aiment les rapprochements peuvent voir là, toute proportion gardée, le retour des temps où il fallait se cacher pour aller au prêche, où, suivant l'expression de Bossuet, on ne pouvait chercher Dieu qu'en tremblant. Une législation qui réveille de pareils souvenirs n'est certainement pas en rapport avec la civilisation. On peut dire pour toutes les religions quelles qu'elles soient ce que ce même Bossuet disait dans un magnifique langage pour la religion orthodoxe : « Il ne faut pas que Jésus-Christ soit enveloppé d'autres voiles et d'autres ténèbres que ceux dont il s'enveloppe volontairement dans l'Eucharistie. » La suppression du droit d'une seule conscience, faisait observer au Sénat M. Bardoux, porte atteinte à toutes les consciences.

Par un hasard malheureux tous les projets de loi qui voulaient porter remède à cet état de choses, et qui avaient passé sans encombre par les premières étapes ont toujours été arrêtés en cours de route par les évènements politiques. Ils étaient tous à peu près identiques. Ils disposaient tous de façon à soustraire les réunions au bon plaisir des préfets, et remplaçaient le régime de l'autorisation administrative par celui d'une simple déclaration préalable. Il y a eu au Sénat, sur ces associations, un projet Pressensé sur lequel l'Assemblée décida le 11 décembre 1874, par 456 voix contre 154, au rapport de M. Bardoux, qu'elle passerait à une seconde délibération, — un projet Bardoux qui fut pris en considération le 6 mars 1877, — et enfin à la Chambre des députés un projet Seignobos, qui, voté sans discussion lors de la seconde délibération, le 22 janvier 1880, vint au Sénat où il fut l'objet de deux rapports favorables de M. Pelletan. Les paroles élevées qui retentirent alors porteront peut-être quelque jour leur fruit. On se souviendra aussi sans doute de ce qu'ont dit sur le sujet les Guizot et les Tocqueville, sous le patronage desquels les orateurs ont alors placé leur cause : « Il n'y a pas là, disait Tocqueville, une question de religion : c'est une question de droit, la question de savoir si dans un pays de liberté, la première de toutes les libertés, la plus sainte sera ou non consacrée; si, dans ce pays-ci, il sera permis ou non d'adorer Dieu sans l'autorisation du commissaire de police. » Quant à M. Guizot, M. Bardoux rappelait un passage de son discours à la séance du 4 mai 1859 de la *Société Biblique :* « Ce n'est pas la liberté de conscience et de for intérieur qui nous a été promise par toutes nos Constitutions, mais bien la liberté des cultes... Il n'y a que l'Inquisition qui ait prétendu abolir la liberté de conscience, et nous avons droit aujourd'hui à quelque chose de plus que de ne pas subir l'inquisition. »

CHAPITRE VIII

LÉGISLATION ÉTRANGÈRE

En terminant notre étude, un coup d'œil sur la législation étrangère nous convaincra que la France n'est pas en retard dans la voie de la liberté sur les autres nations. Disons toutefois qu'à ce point de vue les Etats-Unis et l'Angleterre demeurent hors pair.

Aux Etats-Unis, le droit de réunion et d'association en toute matière est un droit primordial auquel on ne conçoit même pas que la moindre atteinte puisse être portée. Les constitutions des divers états en font à peine mention; elles ne varient que sur l'étendue du régime de personnalité civile à accorder aux associations.

En Angleterre règne aussi la liberté la plus large. Le principe à cet égard était proclamé de nouveau par le Gouvernement dans ces dernières années. A la Chambre des Communes, en 1877, sous un ministère conservateur, un membre interpellait la Couronne sur l'existence d'une association connue sous le nom de *Fédération des associations publiques libérales* dont le but avoué consistait « à faire entrer toutes les associations politiques libérales dans une Union fédérale, chacune d'elles conservant son organisation et son administration individuelles, mais nommant des délégués qui seraient convoqués de temps à autre pour discuter et arrêter en commun la direction générale qui devrait leur être imprimée. Ces délégués devaient élire eux-mêmes un conseil et un comité central directeur, etc. ». L'orateur demandait si cette société ne tombait pas sous le coup d'un statut de Georges III, en date de 1799, qui avait été édicté en vue d'atteindre plusieurs sociétés secrètes. L'attorney général a répondu qu'il n'en était rien, et que l'association dont s'agissait demeurait libre.

Ce serait cependant une erreur de croire que la liberté chez nos voisins soit aussi illimitée qu'elle l'est de l'autre côté de l'Atlantique. Des lois restrictives existent. Ainsi, une loi de 1817 vise tout spécialement les associations connues sous le nom de *Spencean societies*, qui professent des doctrines ayant pour but le partage du sol. Elles sont considérées comme illégales. — On interdit aussi les sociétés dont les membres se lient entr'eux par un serment contraire à la Constitution. — On prend d'ailleurs soin de mettre formellement à l'abri de toute prohibition les sociétés ayant un but exclusivement religieux ou charitable, et les loges de francs-maçons. — Toute société qui emploie un comité pour communiquer avec une autre société tombe sous le coup des peines portées par la loi. Le droit d'exercer des poursuites n'appartient plus d'ailleurs aujourd'hui qu'aux représentants de la Couronne.

En matière religieuse une loi de 1829, tombée il est vrai en désuétude, contient plusieurs clauses ayant pour objet la suppression de l'ordre des Jésuites, et de tous les autres ordres religieux composés d'hommes appartenant à l'Eglise romaine.

A côté des restrictions permanentes à la liberté, il y a aussi les restrictions temporaires. C'est ainsi que la loi de 1887 pour l'Irlande donne pouvoir au lord-lieutenant dans des conditions déterminées de prohiber ou supprimer toute association qui lui paraîtrait dangereuse.

En Italie, la liberté d'association est reconnue par la Constitution. — Quant au droit de réunion publique, son exercice est simplement subordonné à une déclaration qui doit être faite 24 heures d'avance à l'autorité (loi de police du 30 juin 1889). Cette condition n'est point exigée pour les réunions électorales.

En Belgique, aux termes de la Constitution du 7 février 1831, les Belges ont le droit de s'associer. Ce droit ne peut être soumis à aucune mesure préventive. — Le droit de réunion est aussi consacré par l'art. 19 de la Constitution « en se conformant aux lois qui peuvent régler l'exercice de ce droit. » En fait, aucune loi n'a réglementé le droit de réunion qui demeure entier. Les rassemblements en plein air restent seuls soumis aux lois de police.

A côté des pays que nous venons de citer, d'autres affichent bien dans leurs Constitutions ou dans leurs lois des principes de liberté absolue. Mais ils consacrent à côté tout doucement comme correctif l'arbitraire de l'administration qui peut réduire à néant toutes ces pompeuses garanties; si bien que ce régime légèrement hypocrite est peut-être plus vexatoire pour les citoyens que notre article 291 du Code pénal qui du moins se recommande par sa franchise. En Allemagne, d'après la Constitution prussienne (art. 30) « tous les Prussiens peuvent se réunir ou s'associer dans tout but non contraire aux lois pénales; seules les associations politiques peuvent être soumises par la loi à des restrictions et à des interdictions temporaires. » Le droit d'association a été réglé dans le même sens par les principaux Etats de la Confédération. Les principes qui se retrouvent dans toutes ces lois sont les suivants : Toute société publique doit avoir des statuts. Les autorités chargées de la police doivent être tenues au courant de sa composition. Les sociétés n'ont pas le droit de se fédérer ou de correspondre entr'elles. Le lieu et l'heure des assemblées doivent être notifiés aux autorités. Celles-ci ont le droit de s'y faire représenter, et de dissoudre la séance si on ne se conforme pas à la loi. Toute association est considérée comme politique du moment qu'elle s'occupe d'affaires publiques.

L'arbitraire qui a déjà une porte ouverte au moyen de l'intervention de la police et des pouvoirs conférés à celle-ci trouve encore un champ plus large dans la loi du 21 octobre 1878, applicable à tout l'Empire et dirigée contre les aspirations démocratiques socialistes. Les sociétés dont les aspirations démocratiques et sociales..... ont pour objet de renverser l'ordre politique ou social existants sont interdites. — La même interdiction s'applique aux sociétés dans lesquelles se manifestent d'une manière dangereuse pour la paix publique les mêmes aspirations. — Les sociétés de secours mutuels indépendantes ne peuvent être interdites, mais seulement placées sous la surveillance spéciale de l'État. — Après la mise en surveillance, elles peuvent être supprimées pour infractions déterminées. — Les réunions dans lesquelles se manifestent des aspirations ayant pour objet le renversement de l'ordre politique ou social existant doivent être dissoutes. — La police a le droit d'interdire et de dissoudre les réunions. — Dans les localités dans lesquelles la sécurité serait menacée par les aspirations démocratiques et sociales susénoncées, les autorités centrales des États confédérés pourront, pour un an, subordonner l'exercice du droit de réunion à l'autorisation préalable de la police. Cette mesure ne pourra s'étendre aux réunions ayant pour but les élections au Reichstag ou aux Landstags particuliers.

En Autriche, deux lois de 1867 ont accordé enfin le droit si longtemps désiré de former des associations *politiques* et de tenir des réunions populaires. Toutefois, interdiction aux associations politiques de fonder des branches affiliées ou de se fédérer avec d'autres associations. L'autorité devra interdire la formation d'une association lorsque celle-ci est, par son but ou par son organisation, contraire au droit ou à la loi, ou dangereuse pour l'État. Aux termes du paragraphe 6 de la loi sur les réunions, l'administration pourra interdire celles dont le but est contraire à la loi pénale ou dont la tenue compromet la sécurité générale ou l'intérêt public.

En Espagne, l'article 13 de la Constitution du 30 juin 1876 dit que tout Espagnol a le droit de se réunir publiquement et de s'associer. Des lois postérieures ont organisé ce droit et l'ont quelque peu restreint. D'après une loi de 1880, les réunions publiques ne sont soumises qu'à une simple déclaration préalable. Mais, par réunion publique, on entend celle qui doit comprendre plus de 20 personnes. — Les autorités peuvent assister à toute réunion et peuvent suspendre ou dissoudre celles, entr'autres, qui s'occupent de sujets non indiqués dans la déclaration.

En ce qui touche le droit d'association, il est réglementé par une loi de 1887 qui excepte toutefois de ses dispositions les associations de la religion catholique autorisées en Espagne par le Concordat. — Les fondateurs d'une association devront huit jours au moins avant de la constituer présenter au gouverneur de la province un exemplaire des statuts. Au bout de 8 jours elle pourra se constituer. Si elle paraît illicite, le gouvernement peut en suspendre administrativement la formation jusqu'à décision du juge qu'il devra saisir. — L'autorité administrative pourra suspendre une association en saisissant le juge d'instruction compétent. La suspension administrative restera sans effet si dans les 20 jours elle n'est confirmée par l'autorité judiciaire. — L'autorité judiciaire sera seule compétente pour décréter la dissolution des associations constituées conformément à la loi.

En Suisse, l'art. 56 de la Constitution fédérale donne aux citoyens le droit de former des associations pourvu qu'il n'y ait dans le but de ces associations rien de dangereux ou d'illicite pour l'Etat. Les lois cantonales statuent sur les mesures nécessaires à la répression des abus. En ce qui touche les congrégations, elles sont prohibées implicitement par le Code fédéral des Obligations décrété le 10 juin 1881 qui se refère à la Constitution fédérale de 1874 (art. 52), interdisant de fonder de nouveaux couvents ou ordres religieux et de rétablir ceux qui ont été supprimés. Or la Constitution de 1848 supprimait l'ordre des Jésuites et les sociétés qui en dérivent.

La Constitution fédérale est muette sur le droit de réunion qui pourrait dès lors être restreint par les lois cantonales. Mais en fait toutes le reconnaissent d'une façon absolue, et n'en soumettent même pas l'exercice à la nécessité d'une déclaration préalable.

En Hollande, aux termes de l'art. 10 de la loi fondamentale du royaume des Pays-Bas du 14 octobre 1848, et de la Constitution révisée en 1887, le droit des citoyens de s'associer et de se réunir est reconnu. La loi règle et détermine l'exercice de ce droit dans l'intérêt de l'ordre public. Une loi ultérieure du 22 avril 1855 dispense (art. 1er) de la nécessité d'une autorisation préalable la formation d'une association. Mais pour le droit de réunion, elle porte (art. 18) qu'aucune réunion ayant pour but une discussion en commun ne pourra avoir lieu sans l'autorisation du chef de la commune obtenue 5 jours à l'avance.

Par l'aperçu que nous venons de donner, on se rend suffisamment compte que si la législation française offre assurément des entraves regrettables, les législations européennes sont loin d'ouvrir aux esprits impatients et aventureux le champ qu'ils peuvent rêver. C'est au Nouveau-Monde qu'il leur faut aller. Ce n'est que là que leurs aspirations seront pleinement satisfaites. Autrefois on y trouvait l'or et l'argent. Les mines tendent maintenant à s'épuiser, mais ces terres heureuses recèlent des trésors d'un autre genre. On y récolte plus d'une idée salutaire qui doit ranimer le vieux Continent.

FIN

AVA
INT
CHA
m
CHA

CHA

CHA

CHA

TABLE DES MATIÈRES

AVANT-PROPOS.. v

INTRODUCTION. — L'ancien régime...................... 1

CHAPITRE PREMIER. — La Révolution et le régime intermédiaire... 8

CHAPITRE II. — Le Consulat et l'Empire................ 32

   § 1er. — Assemblées politiques et religieuses......... 32
   § 2. — Congrégations.................................. 38

CHAPITRE III. — La Restauration...................... 43

   § 1er. — Associations politiques. — Comités électoraux. 43
   § 2. — Réunions publiques............................ 69
   § 3. — Associations religieuses. — Congrégations... 83

CHAPITRE IV. — La Monarchie de Juillet............... 98

   § 1er. — Associations politiques..................... 98
   § 2. — Droit de réunion.............................. 134
   § 3. — Associations religieuses...................... 150
   § 4. — Congrégations................................ 170

CHAPITRE V. — La seconde République................. 178

   § 1er. — Associations et réunions politiques.......... 178
   § 2. — Poursuites judiciaires et mesures de coercition
administrative. — Incidents parlementaires. 197
   § 3. — Associations religieuses...................... 211

CHAPITRE VI. — Le Coup d'État et le second Empire...... 216

§ 1er. — Associations politiques..................... 216
§ 2. — Réunions publiques........................ 229
§ 3. — Les associations politiques devant les tribunaux.. 254
§ 4. — Mesures contre les Sociétés de secours mutuels. 262
§ 5. — Associations religieuses.... 266
§ 6. — Congrégations.......................... 273

CHAPITRE VII. — Troisième République................. 280

§ 1er. — Associations politiques et religieuses........ 280
§ 2. — Congrégations......................... 313
§ 3. — Réunions publiques..................... 315

CHAPITRE VIII. — Législation étrangère............ 331

FIN DE LA TABLE

Imprimerie de Poissy — S. Lejay et Cie.